微世界

微信·微店·微营销

李军 编著

清华大学出版社

北京

前　　言

微信营销是移动互联网时代企业对营销模式一种新的探索。基于移动互联网的自身属性，微信不受时间和空间的限制，用户一旦注册并使用微信，便可与其他微信用户形成联系并产生互动，用户可以订阅自己所需的信息，商家也可以为用户提供需要的信息，推广自己的产品，实现多重营销。

本书首先介绍微信这个手机软件的基础知识，然后通过介绍微信电商常用工具的基本知识和使用方法来说明如何搭建微信电商平台，最后对微信的营销途径进行深入讲解。全书结构清晰，内容丰富，主要包括以下4个部分的内容。

1. 微信的应用

第 1~4 章，介绍注册与设置微信、通过微信添加朋友、与朋友在微信上聊天，以及与微信好友一同玩游戏等的方法。

2. 微信电商

第 5、6 章，介绍微信电商常用工具和搭建微信电商平台的知识，主要内容包括微信商城、微信支付、微站、微社区、微视、微信店铺、微信公众号的应用与运营经验，搭建微信商城、小店的方法，第三方微信电商平台简介，以及快速开微店的具体方法与经验技巧等。

3. 微信电商营销

第 7、8 章，介绍微信电商营销和运营的方法与技巧，具体内容包括微信电商营销的主要方法和经验，以及产品管理、财务管理、客户服务、物流配送和融合发展等微信电商运营经验和成功案例。

4. 效果评估

第 9 章介绍微电商团队管理与营销效果评估，主要内容包括微电商团队的岗位设置、企业微电商的组织构架、微电商方案、绩效考核、微信营销的衡量指标和考核标准及计算方法等相关知识与经验。

本书由文杰书院组织编写，参与本书编写工作的有李军、袁帅、王超、文雪、刘国云、李强、蔺丹、贾亮、安国英、冯臣、高桂华、贾丽艳、李统财、李伟、沈书慧、蔺影、宋艳辉、张艳玲、贾亚军等。

我们真切希望读者在阅读本书之后，不但可以开阔视野，同时也可以增长实践操作技能，从中学习和总结操作的经验和规律，并灵活运用。鉴于编者水平有限，书中纰漏和考虑不周之处在所难免，热忱欢迎读者予以批评、指正，以便日后能为您编写更好的图书。

如果您在使用本书时遇到问题，可以访问网站 http://www.itbook.net.cn 或发邮件至 itmingjian@163.com 与我们交流和沟通。

编　者

目　　录

第 1 章

注册与设置微信

　　微信(WeChat)是腾讯公司于 2011 年 1 月 21 日推出的一款为智能终端提供即时通信服务的免费应用程序。微信支持跨通信运营商、跨操作系统平台，通过网络快速发送免费(需消耗少量网络流量)语音短信、视频、图片和文字，同时，也可以通过"摇一摇""漂流瓶""朋友圈""公众平台""语音记事本"等插件实现各种功能与服务。本章主要介绍注册与登录微信、设置个人信息、新消息通知设置、聊天设置、隐私管理、通用设置、账号与安全等方面的知识与操作技巧。通过本章的学习，读者可以掌握注册与设置微信方面的知识。

注册与登录微信

> 微信提供公众平台、朋友圈、消息推送等功能，用户可以通过"摇一摇"、搜索号码、"附近的人"、扫二维码等方式添加好友和关注公众平台，同时将内容分享给好友以及将用户看到的精彩内容分享到微信朋友圈。想使用这些功能，首先需要注册与登录微信，本节将详细介绍其相关知识。

1.1.1 注册微信

手机下载安装了微信软件后，在微信登录界面中，点击【注册】按钮，输入用户的手机号码，根据提示完成注册即可(目前支持全球 100 多个国家手机号码注册微信)。下面详细介绍注册微信的操作方法。

第1步 启动微信软件，进入登录界面，点击【注册】按钮，如图 1-1 所示。

第2步 进入【注册】界面，**1.** 选择国家和地区信息，**2.** 输入用户的手机号码，**3.** 点击【注册】按钮，如图 1-2 所示。

图 1-1

图 1-2

第3步 系统弹出【确认手机号码】对话框，提示用户将发送验证码短信到手机号码，点击【好】按钮，如图 1-3 所示。

第 4 步 进入【填写验证码】界面，***1.*** 在输入框中输入系统发送到手机中的验证码，***2.*** 点击【提交】按钮，如图 1-4 所示。

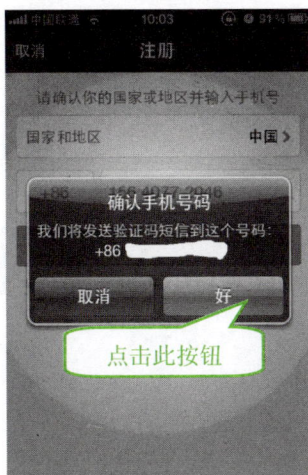

图 1-3

图 1-4

第 5 步 进入【填写昵称】界面，***1.*** 在【昵称】输入框中输入用户想好的名称，***2.*** 点击【下一步】按钮，如图 1-5 所示。

第 6 步 进入【加朋友】界面，点击【添加通讯录朋友】按钮，这样即可完成注册微信的操作，如图 1-6 所示。

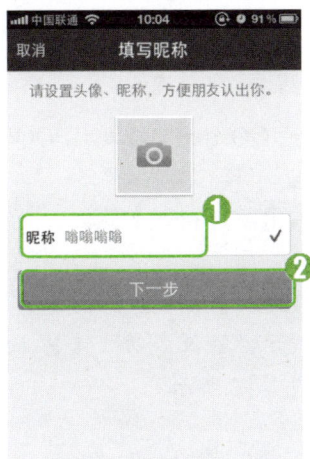

图 1-5

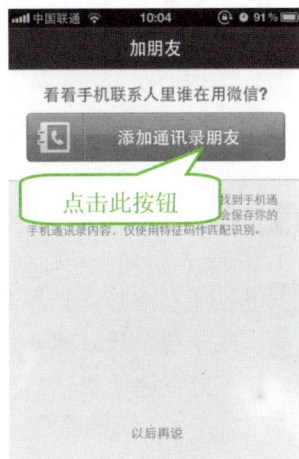

图 1-6

1.1.2　登录微信

当用户退出微信，或者使用新手机想要重新登录微信时，可以使用以下方法进行操作。

第1步 启动微信软件，进入登录界面，点击【登录】按钮，如图 1-7 所示。

第2步 进入【使用手机号登录】界面，用户可以使用手机号码登录微信。下面介绍如何使用 QQ 号登录，点击【使用其他方式登录】按钮，如图 1-8 所示。

图 1-7

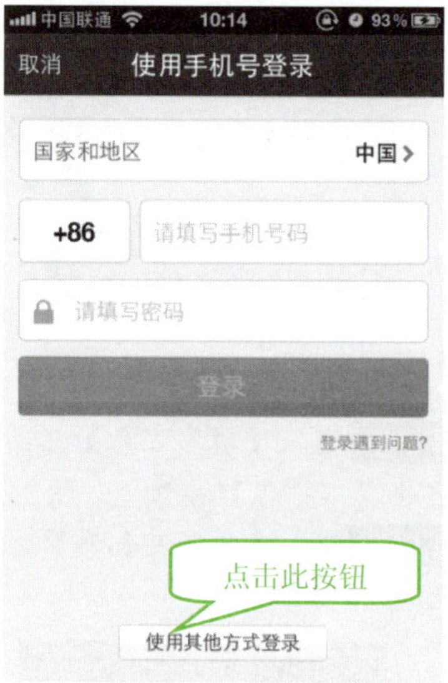

图 1-8

第3步 进入【填写账号】界面，*1.* 输入 QQ 账号，*2.*输入 QQ 密码，*3.*点击【登录】按钮，如图 1-9 所示。

第4步 系统弹出对话框，提示登录微信需要进行好友验证，点击【确定】按钮，如图 1-10 所示。

第5步 进入【安全验证】界面，点击【开始】按钮，如图 1-11 所示。

第6步 在线等待一段时间后，系统会提示"验证成功"信息，点击【进入微信】按钮，即可完成登录微信的操作，如图 1-12 所示。

图 1-9

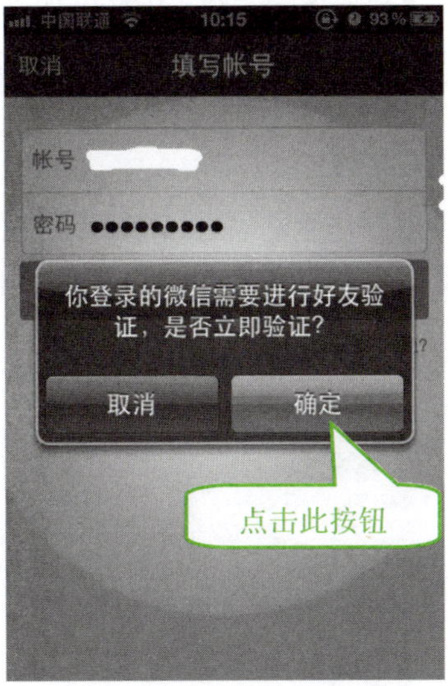

图 1-10

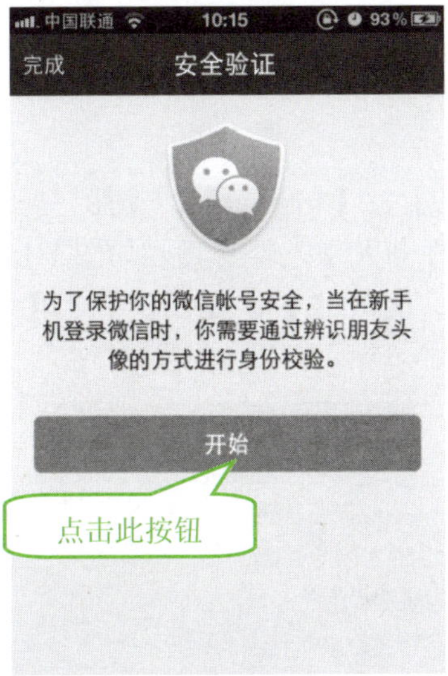

图 1-11

图 1-12

1.1.3　微信界面说明

最新版本微信的界面风格简洁而又实用，主要包括四大界面，分别为【微信】、【通讯录】、【发现】和【我】，下面将分别予以介绍。

（1）【微信】界面：主要包括和微信好友、群聊、公众号等的聊天消息列表，以及搜索框等。点击界面右上角的➕按钮，在弹出的下拉菜单中，用户可以选择【发起群聊】、【添加朋友】或【扫一扫】选项，以执行相应操作，如图 1-13 所示。

（2）【通讯录】界面：主要包括搜索框、【新的朋友】、【群聊】、【标签】、【公众号】和用户所添加的所有好友列表，如图 1-14 所示。

图 1-13

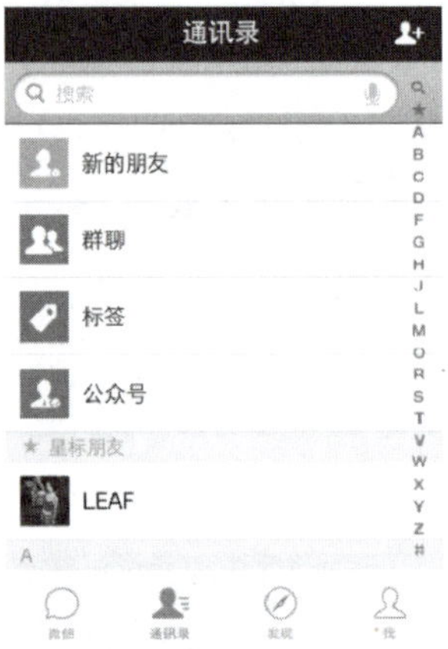

图 1-14

（3）【发现】界面：主要包括【朋友圈】、【扫一扫】、【摇一摇】、【附近的人】、【漂流瓶】、【购物】和【游戏】等相关功能选项，如图 1-15 所示。

（4）【我】界面：主要包括【相册】、【收藏】、【钱包】、【表情】和【设置】等相关功能选项，如图 1-16 所示。

图 1-15

图 1-16

Section 1.2 设置个人信息

本节导读

　　注册和登录微信后，用户就需要进行设置个人信息的操作了，具体包括设置个人头像、名字、微信号、二维码名片和填写个性签名等。本节将详细介绍设置个人信息的相关知识及操作方法。

1.2.1 设置个人头像

　　个人头像可以设置为自己的相片、自己喜欢的明星人物、卡通人物等任何图片，从而表现出自己的个性、品位和喜好。下面将详细介绍设置个人头像的操作方法。

　　第1步 进入微信后，**1.**选择【我】选项，进入【我】界面，**2.**选择【微信号】选项，如图 1-17 所示。

　　第2步 进入【个人信息】界面，选择【头像】选项，如图 1-18 所示。

图 1-17　　　　　　　　　　图 1-18

　　第3步 进入下一界面，系统会在下方弹出一个面板，用户可以选择拍一张照片作为头像，也可以从自己的手机相册中选择一张图片作为头像，这里点击【从手机相册选择】按钮，如图 1-19 所示。

第4步 进入【照片图库】界面，在其中选择需要作为个人头像的图片，如图 1-20 所示。

图 1-19

图 1-20

第5步 进入【移动和缩放】界面，用户可以移动并缩放图片，从而选择最合适的图片作为个人头像，选择完毕后，点击【选取】按钮，如图 1-21 所示。

第6步 返回到【个人信息】界面，可以看到选择的图片已经作为个人头像了，这样即可完成设置个人头像的操作，如图 1-22 所示。

图 1-21

图 1-22

1.2.2　设置名字

名字是用户进行微信聊天时显示的昵称。为自己起一个具有个性的超酷昵称，可以让微信好友对自己记忆深刻，展示自己的独特魅力。下面将详细介绍设置名字的操作方法。

第1步 进入微信后，**1.**选择【我】选项，进入【我】界面，**2.**选择【微信号】选项，如图 1-23 所示。

第2步 进入【个人信息】界面，选择【名字】选项，如图 1-24 所示。

图 1-23　　　　　　　　　　　　　图 1-24

第3步 进入【名字】界面，在输入框中输入用户想好的名字，如图 1-25 所示。

第4步 返回到【个人信息】界面，可以看到输入的内容已经作为个人名字显示在【名字】选项中，这样即可完成设置名字的操作，如图 1-26 所示。

图 1-25　　　　　　　　　　　　　图 1-26

1.2.3 设置微信号

微信号是登录微信时使用的账号，支持 6～20 个字母、数字、下划线和减号，必须以字母开头。下面将详细介绍设置微信号的相关操作方法。

第1步 进入微信后，**1.**选择【我】选项，进入【我】界面，**2.**选择【微信号】选项，如图 1-27 所示。

第2步 进入【个人信息】界面，选择【微信号】选项，如图 1-28 所示。

图 1-27 　　　　　　　　　　　　图 1-28

第3步 进入【设置微信号】界面，在输入框中输入用户的微信号，如图 1-29 所示。

第4步 系统会弹出一个对话框，提示"确定使用这个微信号"信息，点击【确定】按钮，即可完成设置微信号的操作，如图 1-30 所示。

图 1-29 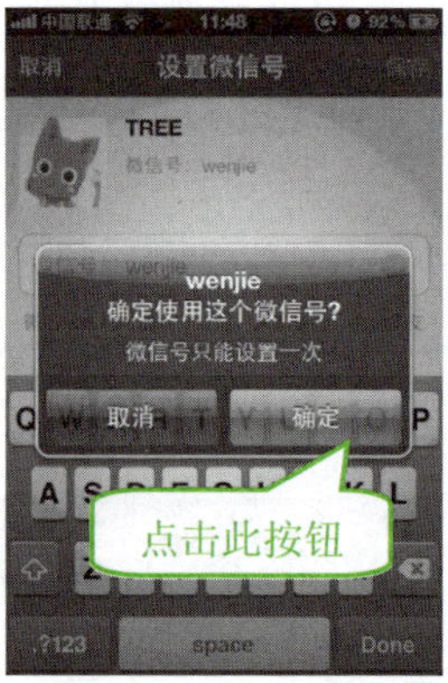　　　　　　　　　　　　图 1-30

微信号和名字的区别

智慧锦囊

微信号：是系统中的唯一识别号，好友可以通过微信号搜索到用户；微信号只能设置一次。

名字：属于微信号的别名，设置了名字可以让用户的好友更容易识别出用户；名字允许多次更改。

1.2.4　设置地区

设置地区是指用户选择自己的所在地。下面将详细介绍设置地区的相关操作方法。

第1步 使用前面讲过的方法进入【个人信息】界面，选择【地区】选项，如图 1-31 所示。

第2步 进入【地区】界面，此时系统会自动定位用户的位置，如果用户想要自己选择地区，可以在【全部】区域中，选择【中国】选项，如图 1-32 所示。

图 1-31

图 1-32

第3步 如果用户使用自动定位所在的位置，在线等待一段时间后，在【定位到的位置】区域中可以看到已经设置好了地区，如图 1-33 所示。

第4步 如果用户选择了【中国】选项，则会进入下一界面，在其中可以详细设置自己所在的省份和地区，这样即可完成设置地区的操作，如图1-34所示。

图1-33　　　　　　　　　　　　图1-34

无法自动定位用户的位置信息

智慧锦囊　　如果系统无法自动定位用户的位置信息，用户需要在手机的系统设置中，打开定位服务，并允许微信使用定位服务。

1.2.5　设置二维码名片

二维码名片把传统名片和二维码结合在一起，不仅包含了传统的联系方式(如手机、邮箱、地址等)，还加入了二维码信息。它可以让用户一键保存个人联系方式、扫描添加微信好友，下面将详细介绍设置二维码名片的操作方法。

第1步 使用前面讲过的方法进入【个人信息】界面，选择【我的二维码】选项，如图1-35所示。

第2步 进入【我的二维码】界面，系统会自动生成一个二维码，如果用户不喜欢这个样式，可以点击界面右上角的███按钮，如图1-36所示。

图 1-35 　　　　　　　　　　　　图 1-36

第3步 系统会在【我的二维码】界面下方弹出一个面板，点击【换个样式】按钮，如图 1-37 所示。

第4步 此时，可以看到二维码名片已经换了一个样式，这样即可完成设置二维码名片的操作，如图 1-38 所示。

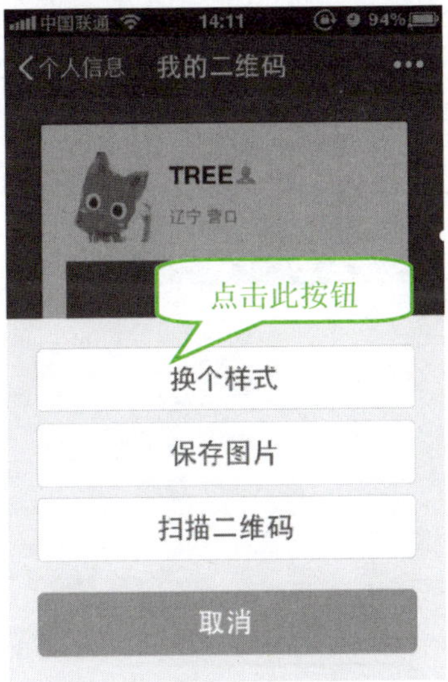

图 1-37 　　　　　　　　　　　　图 1-38

1.2.6　填写个性签名

填写个性签名是为了展示用户自己的个性和心情。下面将详细介绍填写个性签名的操作方法。

第1步　进入微信后，**1.**选择【我】选项，进入【我】界面，**2.**选择【微信号】选项，如图1-39所示。

第2步　进入【个人信息】界面，选择【个性签名】选项，如图1-40所示。

图 1-39　　　　　　　　　　　图 1-40

第3步　进入【个性签名】界面，在输入框中输入用户准备使用的个性签名文本，如图1-41所示。

第4步　返回到【个人信息】界面，可以看到个性签名已经被修改，这样即可完成填写个性签名的操作，如图1-42所示。

图 1-41　　　　　　　　　　　图 1-42

Section
1.3

新消息通知设置

本节导读

在使用微信接收消息时，用户通常会有各种各样的需求，例如，用户上班或开会时不想接收微信新消息通知，或者当收到微信消息时，不想显示发信人和消息摘要，其实这些需求都是可以通过新消息通知设置来满足的。本节将详细介绍新消息通知设置的相关知识及操作方法。

第1步 进入微信后，**1.**选择【我】选项，进入【我】界面，**2.**选择【设置】选项，如图 1-43 所示。

第2步 进入【设置】界面，选择【新消息通知】选项，如图 1-44 所示。

图 1-43

图 1-44

第3步 进入【新消息通知】界面，可以对【接收新消息通知】、【通知显示消息详情】、【功能消息免打扰】、【声音】等选项进行详细的设置，如图 1-45 所示。

第4步 在此界面中，用户还可以选择在有朋友更新朋友圈时，是否出现红点提示，如图 1-46 所示。

图 1-45

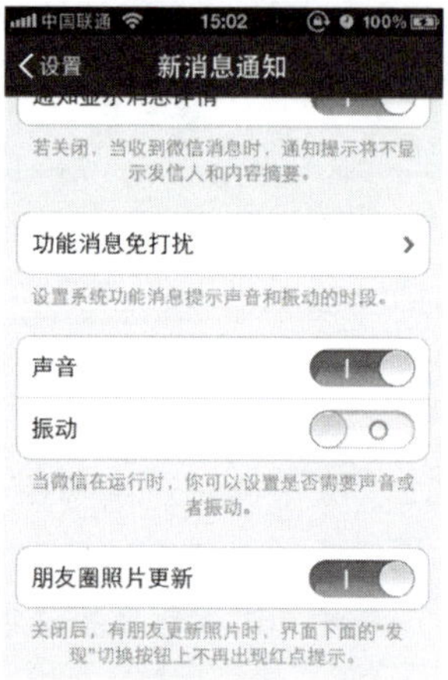

图 1-46

Section 1.4 聊天设置

本节导读

使用微信聊天时，用户可以进行一些聊天设置，如设置使用听筒模式播放语音、设置字体大小、设置聊天背景、进行表情管理和聊天记录的备份与恢复等。本节将详细介绍聊天设置的相关知识及操作方法。

1.4.1 使用听筒模式播放语音

最新发布的微信版本支持语音的听筒模式和扬声器模式的手动和自动切换。其中，自动切换是指即使没有开启听筒模式，但只要把手机贴近耳朵即可自动切换为听筒模式。下面将详细介绍设置默认使用听筒模式播放语音的操作方法。

第1步 进入微信后，*1.*选择【我】选项，进入【我】界面，*2.*选择【设置】选项，如图 1-47 所示。

第2步 进入【设置】界面，选择【通用】选项，如图 1-48 所示。

图 1-47 　　　　　　　　　　图 1-48

第3步 进入【通用】界面，打开【听筒模式】选项，如图 1-49 所示。

第4步 此时，用户可以返回到聊天界面，播放语音时会在界面上方提示"当前为听筒播放模式"，这样即可完成使用听筒模式播放语音的操作，如图 1-50 所示。

图 1-49 　　　　　　　　　　图 1-50

1.4.2　设置字体大小

在使用微信进行聊天时，如果用户感觉微信目前字体的大小偏大或者偏小，那么可以对其进行修改。下面将详细介绍设置字体大小的操作方法。

第1步 进入【设置】界面，选择【通用】选项，如图 1-51 所示。

第2步 进入【通用】界面，选择【字体大小】选项，如图 1-52 所示。

图 1-51   图 1-52

第3步 进入【字体大小】界面，可以根据个人需要选择具体的字体大小，如图 1-53 所示。

第4步 返回到聊天界面，可以看到字体大小已经发生了改变，这样即可完成设置字体大小的操作，如图 1-54 所示。

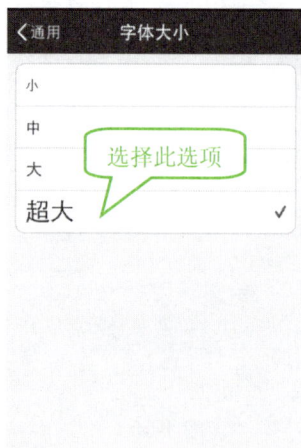

图 1-53   图 1-54

1.4.3　设置聊天背景

　　设置聊天背景可以让界面变得更加生动漂亮。在新版的微信中，用户不仅可以设置一个通用的聊天背景，而且还可以为不同的聊天对象设置不同的聊天背景，下面将分别予以详细介绍。

1. 设置通用聊天背景

　　所谓设置通用聊天背景，是指在每个聊天窗口中都使用相同的聊天背景，下面将详细介绍其操作方法。

　　第1步 进入【设置】界面，选择【通用】选项，如图 1-55 所示。

　　第2步 进入【通用】界面，选择【聊天背景】选项，如图 1-56 所示。

图 1-55　　　　　　　　　　　图 1-56

　　第3步 进入【聊天背景】界面，用户可以选择默认的背景图作为背景，可以从手机相册中选择一张图片作为背景，还可以拍一张照片作为背景，这里我们选择【选择背景图】选项，如图 1-57 所示。

　　第4步 进入【选择背景图】界面，用户可以在其中任意选择一张背景图作为聊天背景，第一次使用的背景图需要进行下载(建议在 Wi-Fi 环境中下载)，如图 1-58 所示为正在下载选择的一张背景图。

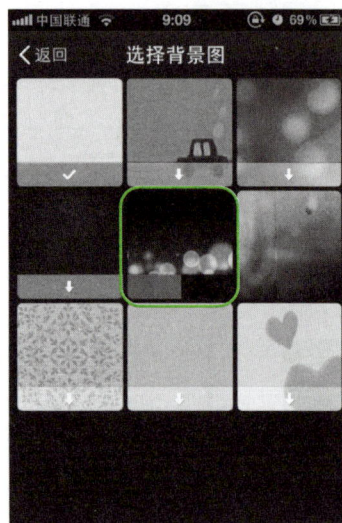

图 1-57   图 1-58

第5步 选择的图片下载完毕后，在图片下方会出现一个"对号"，此时用户就可以使用这张图片作为聊天背景了，如图 1-59 所示。

第6步 选择背景图后，【聊天背景】界面下方会弹出一个面板，点击【将背景应用到所有聊天场景】按钮，如图 1-60 所示。

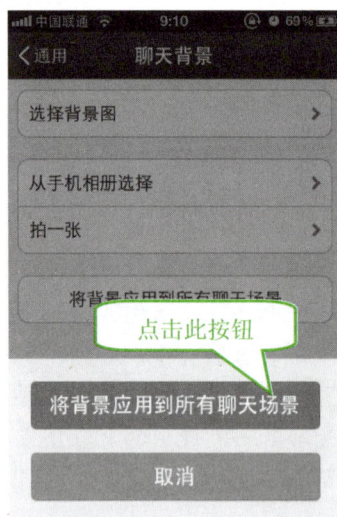

图 1-59   图 1-60

第 7 步 返回到任意一个聊天界面，可以看到选择的背景图已被作为聊天背景使用了，这样即完成设置通用聊天背景的操作，如图 1-61 所示。

图 1-61

2. 为不同的聊天对象设置不同的聊天背景

对于一些用户来说，对于不同的聊天对象，可能想要使用不同的聊天背景，以增加个人的感觉。下面将详细介绍为不同的聊天对象设置不同聊天背景的操作方法。

第 1 步 进入一个聊天界面，点击界面右上角的 👤 按钮，如图 1-62 所示。

第 2 步 进入【聊天详情】界面，选择【设置当前聊天背景】选项，如图 1-63 所示。

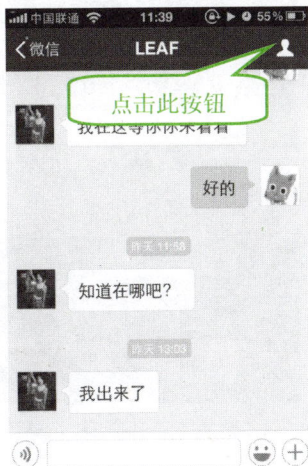

图 1-62

图 1-63

第3步 进入【聊天背景】界面，选择【从手机相册选择】选项，如图 1-64 所示。

第4步 进入【照片图库】界面，用户可以在其中选择准备作为聊天背景的图片，如图 1-65 所示。

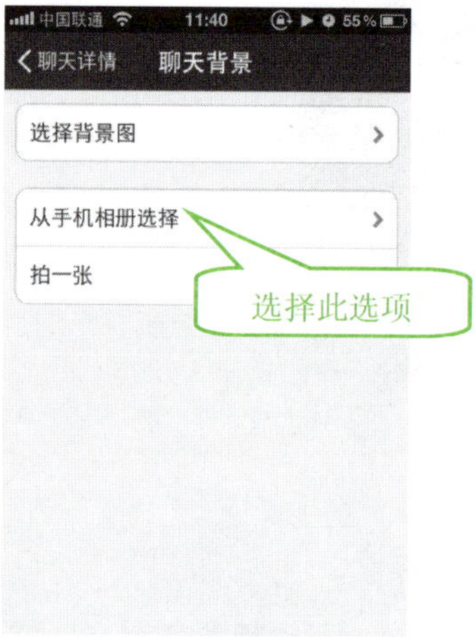

图 1-64

图 1-65

第5步 进入下一界面，点击右上角的【使用】按钮，如图 1-66 所示。

第6步 返回到聊天界面中，可以看到聊天背景已经变为用户选择的图片，如图 1-67 所示。使用同样的方法，可以为别的聊天对象设置不同的聊天背景。

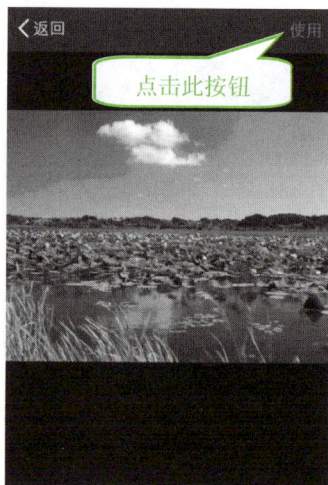

图 1-66

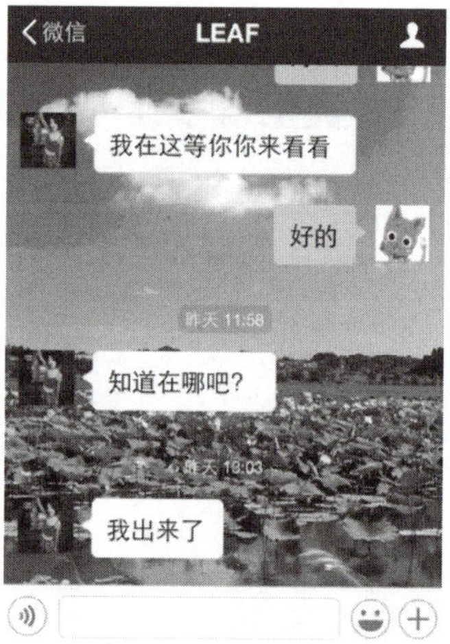

图 1-67

1.4.4　表情管理

使用微信进行交流时，发送表情有时候能更准确地表达出人们的感情信息，下面将详细介绍进行表情管理的相关操作方法。

第1步 进入微信后，**1.**选择【我】选项，进入【我】界面，**2.**选择【表情】选项，如图 1-68 所示。

第2步 进入【表情】界面，用户可以选择准备使用的表情进行下载，例如选择【樱桃小丸子 2】，点击右侧的【免费】按钮，如图 1-69 所示。

图 1-68

图 1-69

第3步 此时【免费】按钮会变成【下载】按钮，点击【下载】按钮，如图 1-70 所示。

第4步 下载完成后，【下载】按钮会变为一个"对号"，如图 1-71 所示。

图 1-70

图 1-71

第5步 此时，用户即可使用下载后的表情进行聊天了，如图1-72所示。

第6步 表情多了以后，如果用户有不需要的表情，可以将其删除。进入【表情】界面，点击界面右上角的【管理】按钮⚙，如图1-73所示。

图 1-72   图 1-73

第7步 进入【我的表情】界面，可以看到用户已下载的表情，在不需要再使用的表情右侧，点击【移除】按钮，如图1-74所示。

第8步 系统提示"已成功"，即表情已被移除，如图 1-75 所示。如果用户还需要再次使用该表情，可以点击【下载】按钮再次下载。

图 1-74   图 1-75

1.4.5　备份与恢复聊天记录

如果用户重置手机或换了一个新手机，又想留下自己的微信记录，留下那些美好的回忆，那么备份与恢复微信聊天记录是很有必要的。下面将详细介绍备份与恢复聊天记录的操作方法。

第 1 步　进入微信后，**1.**选择【我】选项，进入【我】界面，**2.**选择【设置】选项，如图 1-76 所示。

第 2 步　进入【设置】界面，选择【通用】选项，如图 1-77 所示。

图 1-76　　　　　　　　　　　图 1-77

第 3 步　进入【通用】界面，选择【聊天记录迁移】选项，如图 1-78 所示。

第 4 步　进入【聊天记录迁移】界面，点击【上传】按钮，将聊天记录备份于微信服务器中，如图 1-79 所示。

第 5 步　进入【选择聊天】界面，**1.** 选择准备上传备份的联系人聊天记录，**2.**点击界面右下角的【确定】按钮，如图 1-80 所示。

第 6 步　进入【设置密码】界面，点击【设置密码】按钮，如图 1-81 所示。

图 1-78

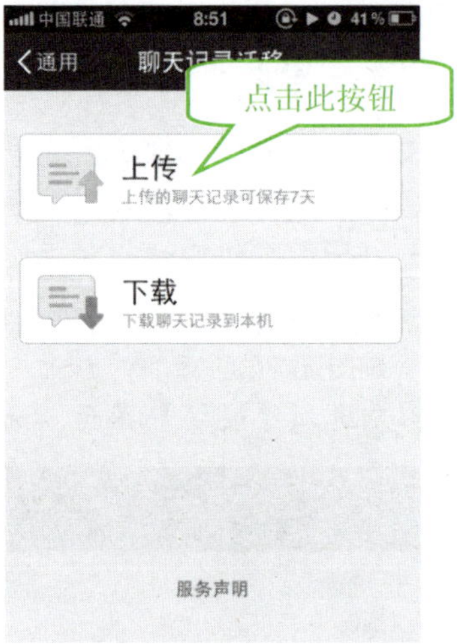

图 1-79

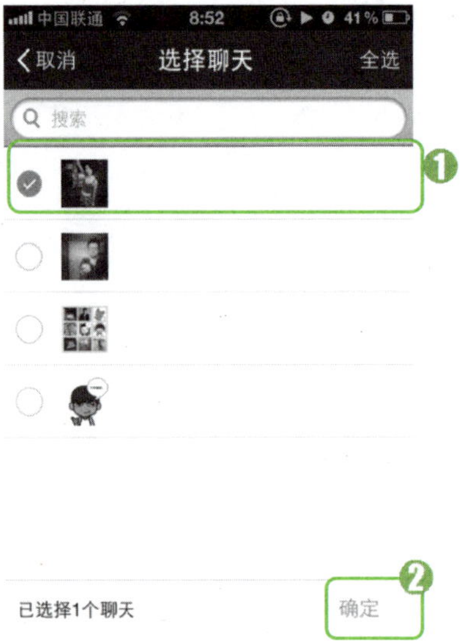

图 1-80

图 1-81

第 7 步 进入下一界面，**1.**分别在两个输入框中输入密码，**2.**点击【上传】按钮，如图 1-82 所示。

第 8 步 进入【上传聊天记录】界面，根据用户上传的聊天记录的数据量，上传时间长短不等，如图 1-83 所示。

图 1-82　　　　　　　　　　图 1-83

第 9 步　在线等待一段时间后，系统会提示"已完成"信息，这样即可完成备份聊天记录的操作，如图 1-84 所示。

第 10 步　进入【聊天记录迁移】界面，点击【下载】按钮，如图 1-85 所示。

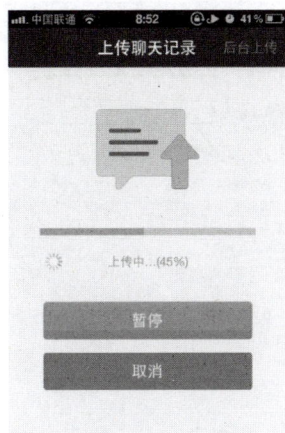

点击此按钮

图 1-84　　　　　　　　　　图 1-85

第 11 步　进入【下载聊天记录】界面，选择准备下载恢复的聊天记录，如图 1-86 所示。

第 12 步　系统弹出一个对话框，提示"请输入上传聊天记录时设置的密码"，**1.**在输入框中输入密码，**2.**点击【确定】按钮，如图 1-87 所示。

图 1-86   图 1-87

第13步 系统弹出一个对话框，提示是否确定下载上传的聊天记录，点击 【确定】按钮，如图 1-88 所示。

第14步 进入【下载聊天记录】界面，系统会自动下载聊天记录并合并本地 聊天记录，这个过程不会太长，如图 1-89 所示。

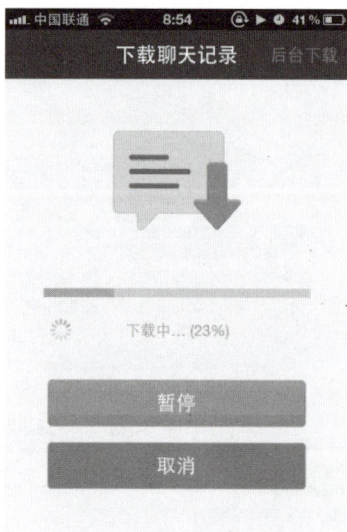

图 1-88   图 1-89

第15步 在线等待一段时间后，系统会提示已完成下载，如图 1-90 所示。通过以上操作步骤即可完成备份与恢复聊天记录的操作。

图 1-90

Section 1.5 隐私管理

本节导读　　进行一些必要的隐私设置，可以让自己的手机在日常使用过程中更加健康，例如进行通讯录设置、设置可以搜索到用户的方式以及设置朋友圈权限等。本节将详细介绍隐私管理的相关知识及操作方法。

1.5.1 通讯录设置

用户可以在微信中进行一些符合个人习惯的通讯录设置，以解决一些隐私问题。下面将详细介绍通讯录设置的操作方法。

第1步 进入微信后，*1.*选择【我】选项，进入【我】界面，*2.*选择【设置】选项，如图 1-91 所示。

第2步 进入【设置】界面，选择【隐私】选项，如图 1-92 所示。

第3步 进入【隐私】界面，在【通讯录】区域中，用户可以设置【加我为

朋友时需要验证】、【向我推荐 QQ 好友】、【向我推荐通讯录朋友】等选项，
如图 1-93 所示。

图 1-91

图 1-92

第4步 在【隐私】界面下方，选择【通讯录黑名单】选项，如图 1-94 所示。

图 1-93

图 1-94

第5步 进入【黑名单】界面，用户可以在该界面中管理被加入黑名单的人
员，如图 1-95 所示。

图 1-95

1.5.2　设置可以搜索到用户的方式

在微信中对于可以搜索到用户的方式进行设置，可以保护用户的隐私。下面将详细介绍设置可以搜索到用户的方式的操作方法。

第 1 步　进入【设置】界面，选择【隐私】选项，如图 1-96 所示。

第 2 步　进入【隐私】界面，用户可以选择是否开启【通过 QQ 号搜索到我】、【可通过手机号搜索到我】和【通过微信号搜索到我】等选项，如图 1-97 所示。

图 1-96 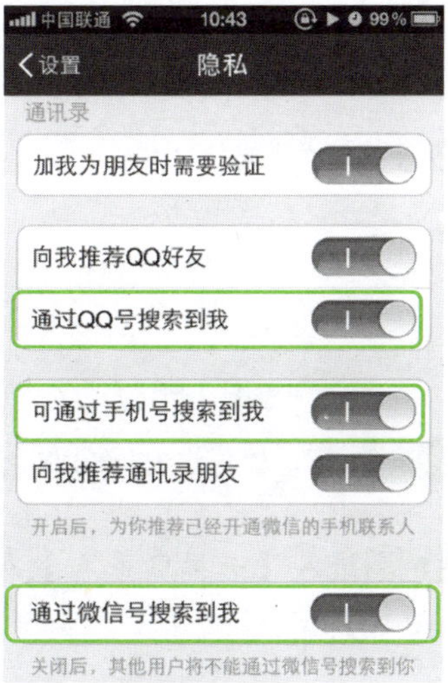　　　　　　　图 1-97

谨慎关闭【通过微信号搜索到我】选项

智慧锦囊

如果用户关闭【通过微信号搜索到我】选项，则其他用户将不能通过微信号搜索到你，这样就不能用你告诉其他用户的微信号来添加你为微信好友了。

1.5.3 设置朋友圈权限

如果在微信朋友圈中不想看到某人的更新信息，也不想让他看到自己的更新信息，但是又不想拉黑他，可以通过设置朋友圈权限来实现这个目的，下面将详细介绍设置朋友圈权限的操作方法。

第1步 进入【设置】界面，选择【隐私】选项，如图 1-98 所示。

第2步 进入【隐私】界面，在【朋友圈】区域中选择【不让他(她)看我的朋友圈】选项，如图 1-99 所示。

图 1-98 　　　　　　　　　　　图 1-99

第3步 进入【不让他(她)看我的朋友圈】界面，点击 ✚ 按钮，如图 1-100 所示。

第4步 进入【选择联系人】界面，**1.** 选择一些联系人，**2.** 点击【确定】按钮，如图 1-101 所示。

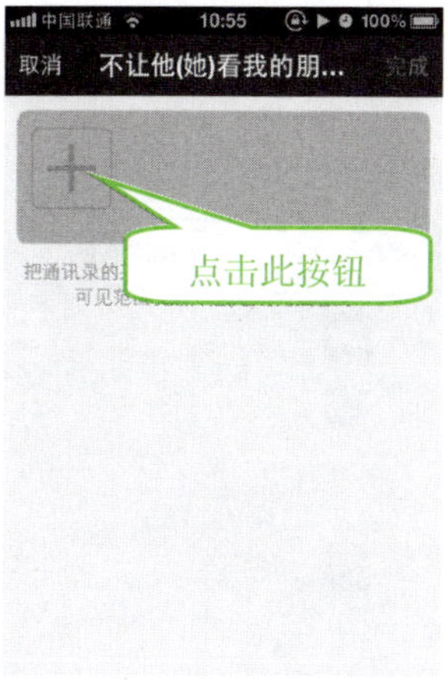

图 1-100 　　　　　　　　　　　　　图 1-101

第 5 步 返回到【不让他(她)看我的朋友圈】界面，可以看到上一步选择的联系人，点击【完成】按钮即可，如图 1-102 所示。如果需要继续添加联系人，可以点击➕按钮；如果需要删除已添加的联系人，可以点击➖按钮。

第 6 步 进入【隐私】界面，在【朋友圈】区域中选择【不看他(她)的朋友圈】选项，如图 1-103 所示。

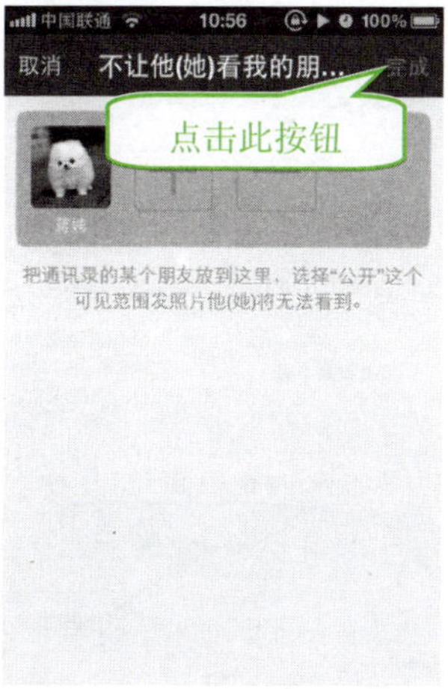

图 1-102 　　　　　　　　　　　　　图 1-103

第 7 步 进入【不看他(她)的朋友圈】界面，点击➕按钮，如图 1-104 所示。

第 8 步 进入【选择联系人】界面，*1.*选择一些联系人，*2.*点击【确定】按钮，如图 1-105 所示。

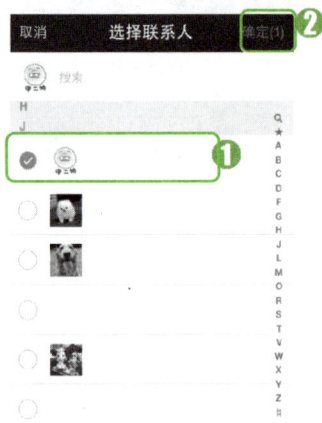

图 1-104　　　　　　　　　　　　图 1-105

第9步 返回到【不看他(她)的朋友圈】界面，可以看到上一步选择的联系人，点击【完成】按钮即可。如果需要继续添加联系人，可以点击 ╋ 按钮；如果需要删除已添加的联系人，可以点击 ━ 按钮，如图 1-106 所示。

第10步 在【隐私】界面中，用户还可以设置【允许陌生人查看十张照片】选项，进一步保护自己的隐私，如图 1-107 所示。

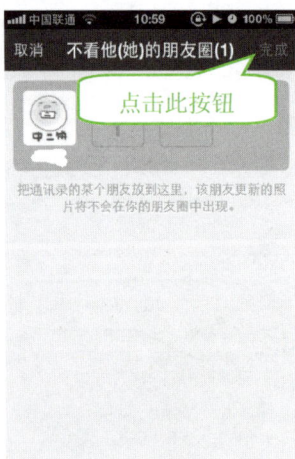

图 1-106　　　　　　　　　　　　图 1-107

通用设置

> 本节导读
>
> 　　使用微信时，还有一个重要的设置就是通用设置。通用设置可以设置朋友圈小视频是否自动播放、设置多语言和设置一些通用功能等。本节将详细介绍通用设置的相关知识及操作方法。

1.6.1　进入通用设置环境

　　如果要进行一些通用设置，首先需要进入通用设置环境。下面将详细介绍进入通用设置环境的操作方法。

　　第1步　启动微信后，**1.**选择【我】选项，进入【我】界面，**2.**选择【设置】选项，如图1-108所示。

　　第2步　进入【设置】界面，选择【通用】选项，如图1-109所示。

图1-108

选择此选项

图1-109

　　第3步　进入【通用】界面，这样即可完成进入通用设置环境的操作，如图1-110所示。

图 1-110

1.6.2 设置朋友圈小视频

微信推出的新功能朋友圈小视频，默认是自动播放的，如果使用的是数据流量，那么就会太浪费流量，用户可以将其设置为不自动播放或者在 Wi-Fi 的情况下自动播放。下面将详细介绍设置朋友圈小视频的操作方法。

第1步 启动微信后，1.选择【我】选项，进入【我】界面，2.选择【设置】选项，如图 1-111 所示。

第2步 进入【设置】界面，选择【通用】选项，如图 1-112 所示。

图 1-111

图 1-112

第3步 进入【通用】界面，选择【朋友圈小视频】选项，如图 1-113 所示。

第4步 进入【朋友圈小视频】界面，选择【关闭】选项，即可不让其自动播放，如图 1-114 所示。

图 1-113　　　　　　　　　　图 1-114

1.6.3　设置多语言

微信内部提供了多种语言供选择，能适应不同国籍人群的使用需求。下面将详细介绍设置多语言的操作方法。

第 1 步　启动微信后，**1.**选择【我】选项，进入【我】界面，**2.**选择【设置】选项，如图 1-115 所示。

第 2 步　进入【设置】界面，选择【通用】选项，如图 1-116 所示。

图 1-115　　　　　　　　　　图 1-116

第 3 步　进入【通用】界面，选择【多语言】选项，如图 1-117 所示。

第4步 进入【多语言】界面，**1.**选择准备使用的语言种类，如选择【繁体中文】选项，**2.**点击【保存】按钮，如图 1-118 所示。

图 1-117   图 1-118

第5步 系统提示"正在设定语言"，如图 1-119 所示。

第6步 进入【设定】界面，可以看到选择的语言种类已被应用，这样即可完成设置多语言的操作，如图 1-120 所示。

图 1-119   图 1-120

1.6.4　设置通用功能

使用微信时，用户在进入通用设置环境后，可以看到一个重要的选项，即【功能】选项。选择【功能】选项，进入【功能】界面后，用户可以设置是否开启微信的一些功能。下面将以开启和关闭"QQ 邮箱提醒"功能为例，来介绍设置通用功能的操作方法。

第 1 步 进入【设置】界面，选择【通用】选项，如图 1-121 所示。

第 2 步 进入【通用】界面，选择【功能】选项，如图 1-122 所示。

图 1-121

图 1-122

第 3 步 进入【功能】界面，这里会列出一些微信已经启用的功能，用户可以选择其中的任何功能进行详细设置，这里选择"QQ 邮箱提醒"功能选项，如图 1-123 所示。

第 4 步 进入【详细资料】界面，这里有一些关于"QQ 邮箱提醒"功能的相关设置，点击【接收邮件提醒】选项右侧的按钮，即可开启提醒设置，如图 1-124 所示。

第 5 步 返回微信主界面，可以看到 QQ 邮箱提醒发来消息，提示已成功开通 QQ 邮箱信使，当 QQ 邮箱有新邮件发来时，微信系统会自动发来提示消息，如图 1-125 所示。

第 6 步 如果用户想关闭此功能，可以进入【详细资料】界面，点击最下方的【停用】按钮，如图 1-126 所示。

图 1-123

图 1-124

图 1-125

图 1-126

账号与安全

本节导读　现在的微信已经成为手机中的必备软件之一，而且微信最近增加了支付和微店功能，很多人开始用微信绑定自己的个人银行账号，然后通过网银支付购物，但同时，有很多黑客和不法分子会想出各种办法窃取手机的微信账号。为了不让用户蒙受损失，本节将详细介绍账号与安全的相关知识及操作方法。

1.7.1　查看微信号

如果用户忘记了自己的微信号，可以在【账号与安全】界面中查看。下面将详细介绍查看微信号的操作方法。

第1步 进入【设置】界面，选择【账号与安全】选项，如图 1-127 所示。

第2步 进入【账号与安全】界面，用户可以在【微信号】选项中查看到自己设置的微信号，如图 1-128 所示。

图 1-127　　　　　　　　　　图 1-128

1.7.2　绑定 QQ 号

在微信中绑定 QQ 号，便可以使用与 QQ 相关的功能，还可以找到更多的 QQ 好友。下面将详细介绍绑定 QQ 号的操作方法。

第1步 进入【设置】界面，选择【账号与安全】选项，如图 1-129 所示。

第2步 进入【账号与安全】界面，选择【QQ 号】选项，如图 1-130 所示。

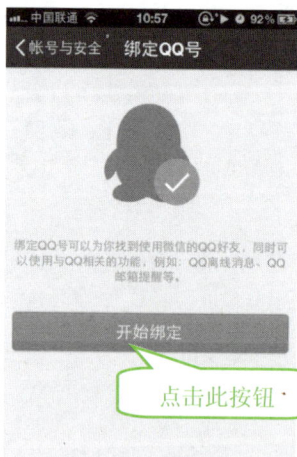

图 1-129　　　　　　　　　　图 1-130

第3步 进入【绑定 QQ 号】界面，点击【开始绑定】按钮，如图 1-131 所示。

第4步 进入【验证 QQ 号】界面，*1.*在输入框中分别输入要绑定的 QQ 号和 QQ 密码，*2.*点击【完成】按钮，如图 1-132 所示。

图 1-131　　　　　　　　　　图 1-132

第5步 进入【QQ 号】界面，可以看到已经绑定了上一步输入的 QQ 号，如图 1-133 所示。

第6步 返回到微信主界面，系统会发来提示消息，提醒用户已经绑定 QQ 号，这样即可完成绑定 QQ 号的操作，如图 1-134 所示。

图 1-133

图 1-134

1.7.3　绑定手机号

绑定手机号可以帮助用户寻找朋友，并可以进一步地提升微信的安全性。下面将详细介绍绑定手机号的操作方法。

第1步 进入【设置】界面，选择【账号与安全】选项，如图 1-135 所示。

第2步 进入【账号与安全】界面，选择【手机号】选项，如图 1-136 所示。

图 1-135

图 1-136

第3步 进入【绑定手机号】界面，点击【绑定手机号】按钮，如图 1-137 所示。

第4步 进入下一界面，**1.**在输入框中输入准备绑定的手机号码，**2.**点击【下一步】按钮，如图 1-138 所示。

图 1-137

图 1-138

第5步 系统弹出一个对话框，提示"确认手机号码"信息，点击【好】按钮，如图 1-139 所示。

第6步 进入【填写验证码】界面，**1.**在输入框中输入系统发送到手机的验证码信息，**2.**点击【提交】按钮，如图 1-140 所示。

图 1-139

图 1-140

第7步 系统弹出【启用手机通讯录匹配】对话框，提示用户是否"看看手机通讯录里谁在使用微信"，点击【是】按钮，如图 1-141 所示。

第8步 返回到【绑定手机号】界面，可以看到已经绑定的手机号码，这样即可完成绑定手机号的操作，如图 1-142 所示。

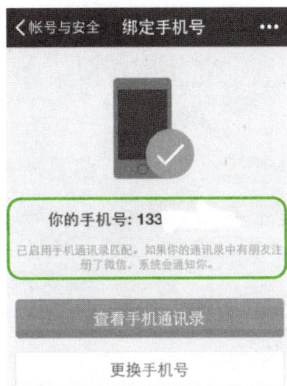

图 1-141　　　　　　　　图 1-142

1.7.4　绑定邮箱地址

绑定邮箱地址后，用户便可以使用已验证过的邮箱地址登录微信，也可以用它来找回微信密码。下面将详细介绍绑定邮箱地址的操作方法。

第1步 进入【账号与安全】界面，选择【邮箱地址】选项，如图 1-143 所示。

第2步 进入【修改邮箱地址】界面，**1.**在输入框中输入准备绑定的邮箱地址，**2.**点击【保存】按钮，如图 1-144 所示。

图 1-143　　　　　　　　图 1-144

第3步 系统弹出一个对话框，提示用户一封验证邮件已发送至刚刚填写的邮箱里，点击【确定】按钮，如图 1-145 所示。

第4步 返回到【修改邮箱地址】界面，提示"该邮箱还未验证"，用户需要登录到刚刚填写的邮箱中进行验证。如果验证失败，可以点击【重新发送验证邮件】按钮，如图 1-146 所示。

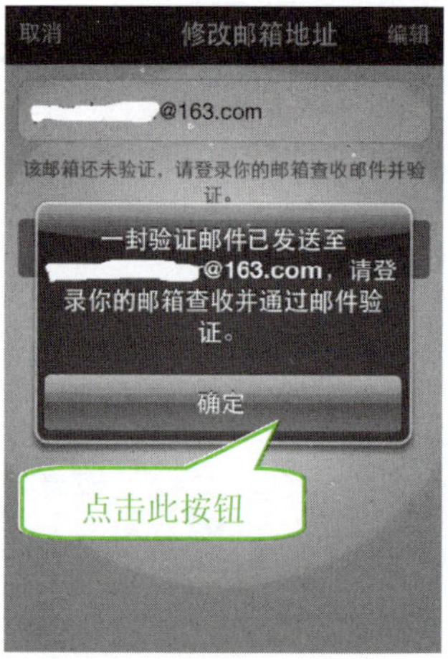

图 1-145

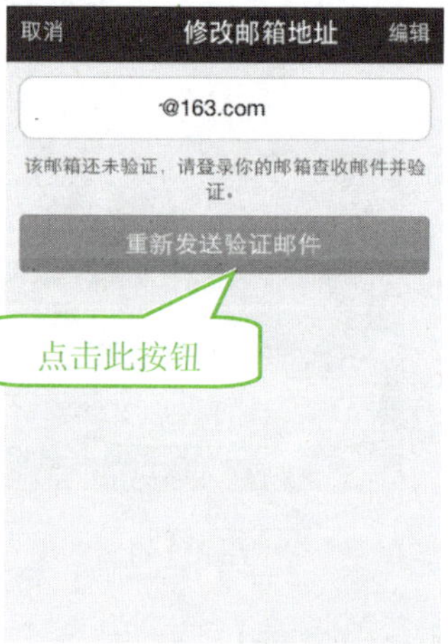

图 1-146

第5步 完成邮箱验证后，返回到【修改邮箱地址】界面，可以看到下方的【重新发送验证邮件】按钮已变为【解除绑定】按钮，如图 1-147 所示。

第6步 返回到【账号与安全】界面，在【邮箱地址】选项中，用户可以查看已绑定的邮箱地址，这样即可完成绑定邮箱地址的操作，如图 1-148 所示。

图 1-147

图 1-148

1.7.5 设置独立密码

使用微信时,用户可以设置一个微信的独立密码(与 QQ 密码不一致),这样不仅可以提高微信账号的安全度,还可以使用微信号和微信密码进行登录。下面将详细介绍设置独立密码的操作方法。

第 1 步 进入【设置】界面,选择【账号与安全】选项,如图 1-149 所示。

第 2 步 进入【账号与安全】界面,选择【微信密码】选项,如图 1-150 所示。

图 1-149   图 1-150

第 3 步 进入【设置微信密码】界面,*1.*在【密码】和【确认密码】输入框中分别输入密码和确认密码,*2.*点击【完成】按钮,如图 1-151 所示。

第 4 步 系统提示"已设置密码"信息,这样即可完成设置独立密码的操作,如图 1-152 所示。

图 1-151

图 1-152

1.7.6　开启账号保护

微信用户量大了，安全问题也就值得人们越来越重视了，所以增加微信账号的安全是目前必须要做的事情。下面将详细介绍开启账号保护的操作方法。

第1步 进入微信后，**1.**选择【我】选项，进入【我】界面，**2.**选择【设置】选项，如图 1-153 所示。

第2步 进入【设置】界面，选择【账号与安全】选项，如图 1-154 所示。

图 1-153　　　　　　　　　　图 1-154

第3步 进入【账号与安全】界面，选择【账号保护】选项，如图 1-155 所示。

第4步 进入【账号保护】界面，点击【账号保护】选项右侧的按钮，如图 1-156 所示。

图 1-155　　　　　　　　　　图 1-156

第5步 返回到【账号与安全】界面，可以看到【账号保护】选项的右侧变为"已保护"，如图 1-157 所示。

第6步 返回到微信主界面，系统会发送一个条消息，提示用户账号保护功能已开启，换用其他手机登录微信时，需要验证手机号，这样即可完成开启账号保护的操作，如图 1-158 所示。

图 1-157　　　　　　　　　　　图 1-158

Section 1.8　实用技巧

本节导读　通过本章的学习，读者基本可以掌握注册与设置微信的基本知识以及一些常用操作方法。本节将介绍一些实用技巧，以达到巩固学习、拓展提高的目的。

1.8.1　通讯录安全助手

如果手机丢了，害怕通讯录也丢了？有了微信，用户的通讯录就再也不会丢失了。进入【设置】界面，选择【通用】选项；进入【通用】界面，选择【功能】选项；进入【功能】界面，找到【通讯录安全助手】选项，备份好自己的手机通讯录即可，如图 1-159 所示。

图 1-159

1.8.2　语音记事本

　　微信中的"语音记事本"功能可以帮助用户做语音速记，还可以使用视频、图片和文字记事，如图 1-160 所示。

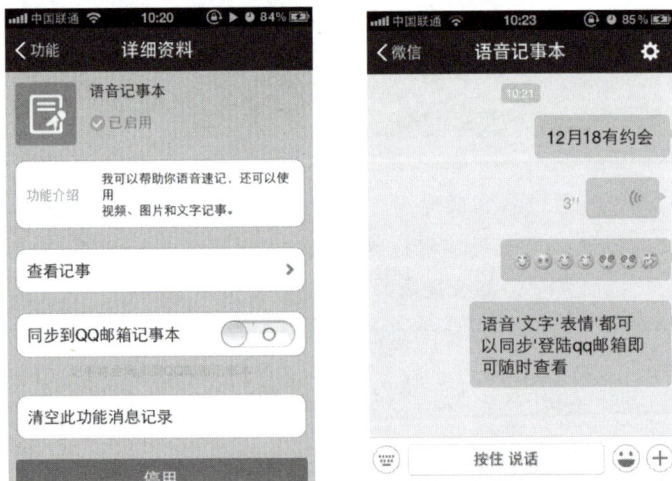

图 1-160

1.8.3　玩微信会消耗多少流量

微信是目前最省流量的手机通信软件，具体消耗的流量可以参考图 1-161。

运行流量

	网络方式	iPhone	Android	塞班
前台运行 (每小时消耗)	net	2.4KB	2.4KB	2.4KB
	wap	无	60KB	60KB
后台运行 (每小时消耗)	net	无	2.4KB	2.4KB
	wap	无	3～15KB	3～15KB

微信后台运行消耗极少流量，约2.4KB/小时，最多不超过3MB/月。
仅Android和塞班版本支持后台运行，iPhone拥有体验更好的Push机制，不后台运行也能接收消息。
net包括cmnet/uninet/3gnet，wap包括cmwap/uniwap/3gwap。

各类型消息流量

语音流量	0.9～1.2KB/s
文字流量	1MB可发约1000条文字消息
图片流量	根据原图质量压缩至50～200KB/张
视频流量	根据原视频质量压缩至20～30KB/s
上传通讯录	2KB/100人
查看QQ好友 查看通讯录好友 查看附近的人	根据对方的个人信息完整程度决定，下载后会缓存

图片缩略图、视频缩略图约为3～5KB/张。

图 1-161

1.8.4　与电脑相连

没有带数据线，怎么在电脑和手机之间传送文件呢？这时，用户就可以利用微信网页版来实现。登录微信网页版(http://wx.qq.com)之后，打开手机中的"扫一扫"功能，扫一下网页上的二维码，即可登录自己的微信，接着选择需要传输的内容并发送即可，根本无须数据线，如图 1-162 所示。

图 1-162

1.8.5　共享或发送位置

朋友约你去吃饭，但是你不知道那个地方在哪里，没关系，让朋友通过微信共享或者发送他的地理位置给你即可，如图 1-163 所示。

图 1-163

第 2 章

微信找朋友

　　本章主要介绍添加微信好友、微信"扫一扫"、查看附近的人、微信"摇一摇"、漂流瓶等方面的知识与操作技巧，同时还讲解查看朋友圈的方法。通过本章的学习，读者可以掌握微信找朋友方面的知识。

Section 2.1 添加微信好友

本节导读

微信最基本的功能就是聊天，聊天就得有聊天对象，添加微信好友是微信用户使用微信需要掌握的最基本的操作。本节将详细介绍添加微信好友的相关知识及操作方法。

2.1.1 添加手机联系人为微信好友

微信提供了多种添加好友的方式，其中以通过通讯录添加好友为其特色功能，通过手机通讯录添加好友，让畅聊变得更容易。下面将详细介绍添加手机联系人为微信好友的操作方法。

第 1 步 启动微信软件，进入主界面，***1.***点击+按钮，***2.***在弹出的下拉菜单中选择【添加朋友】选项，如图 2-1 所示。

第 2 步 进入【添加朋友】界面，选择【QQ/手机联系人】选项，如图 2-2 所示。

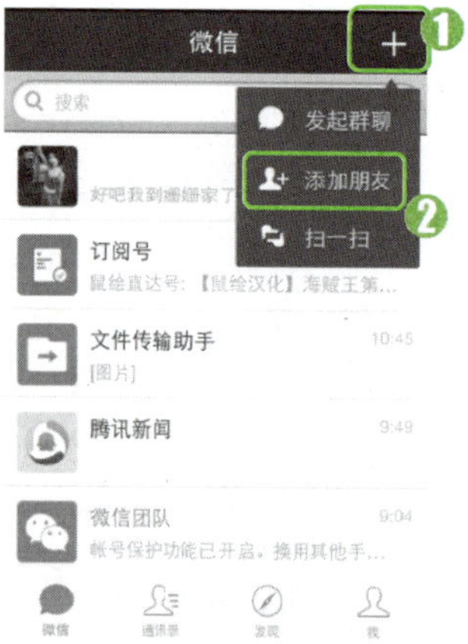

图 2-1

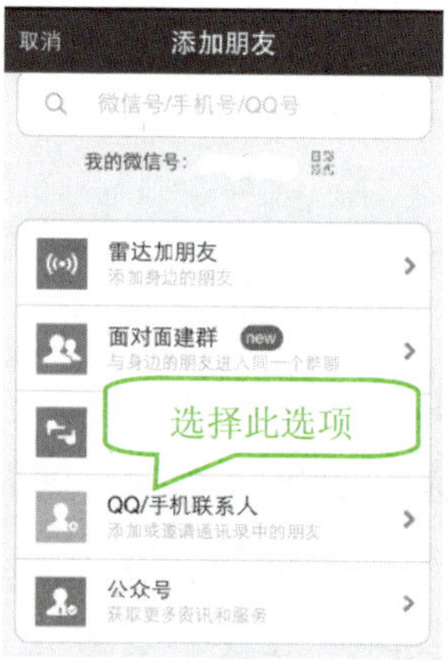

图 2-2

第 3 步 进入【联系人】界面，选择【添加手机联系人】选项，如图 2-3 所示。

第 4 步 进入【通讯录朋友】界面，这里会列出手机联系人中使用微信的用户，点击准备添加的联系人右侧的【添加】按钮，如图 2-4 所示。

图 2-3

图 2-4

第 5 步 进入【详细资料】界面，点击【添加到通讯录】按钮，如图 2-5 所示。

第 6 步 进入【朋友验证】界面，**1.**在输入框中输入一些信息来进行验证申请，**2.**点击【发送】按钮，待对方通过审核后即可完成添加手机联系人为好友的操作，如图 2-6 所示。

图 2-5

图 2-6

2.1.2 添加 QQ 好友为微信好友

相对于 QQ，微信在好友互动、交流方面提供了更加高效的对话交流方式，因此将 QQ 好友变成微信好友具有十分重要的意义。下面将详细介绍添加 QQ 好友为微信好友的操作方法。

第 1 步 启动微信软件，进入主界面，**1.**点击➕按钮，**2.**在弹出的下拉菜单中选择【添加朋友】选项，如图 2-7 所示。

第 2 步 进入【添加朋友】界面，选择【QQ/手机联系人】选项，如图 2-8 所示。

图 2-7   图 2-8

第 3 步 进入【联系人】界面，选择【添加添加 QQ 好友】选项，如图 2-9 所示。

第 4 步 进入【QQ 分组】界面，这里会列出 QQ 好友中使用微信的用户，点击准备添加的 QQ 好友右侧的【添加】按钮，如图 2-10 所示。

图 2-9   图 2-10

第5步 进入【详细资料】界面，点击【添加到通讯录】按钮，如图 2-11 所示。

第6步 进入【朋友验证】界面，**1.**在输入框中输入一些信息来进行验证申请，**2.**点击【发送】按钮，待对方通过审核后即可完成添加 QQ 好友为微信好友的操作，如图 2-12 所示。

图 2-11

图 2-12

邀请QQ好友开通微信并添加其为好友

智慧锦囊　　在打开的 QQ 好友列表中，出现【添加】按钮，说明对方已是微信用户；出现【邀请】按钮，则说明对方目前还不是微信用户。点击【邀请】按钮来添加一位非微信用户时，系统会自动打开对应的邀请界面，点击【发送邀请】按钮，就会向对方发送一份邀请邮件。此时被邀请方会收到一份邀请其成为微信用户的邮件。当对方成为微信用户后，用户就可以再次添加对方为微信好友了。

2.1.3　雷达加朋友

微信中的"雷达加朋友"功能可以用于通过雷达添加身边的一个或多个好友，只需要大家同时开启雷达，效率高、速度快。下面将详细介绍雷达加朋友的操作方法。

第1步 进入【添加朋友】界面，选择【雷达加朋友】选项，如图 2-13 所示。

第2步 进入雷达扫描界面，第一个出现的会是用户自己的头像图标，如图 2-14 所示。

图 2-13　　　　　　　　图 2-14

第3步 雷达会自动搜索并显示附近也开启雷达的微信用户，点击准备添加为好友的微信用户头像图标，如图 2-15 所示。

第4步 点击【加为朋友】按钮，如图 2-16 所示。

图 2-15　　　　　　　　图 2-16

第5步 此时，对方的头像图标右下角会出现一个"对号"，如图 2-17 所示。

第6步 待对方通过审核后，返回到微信主界面，系统会发送过来一条消息，提示用户对方已通过了好友验证请求，这样即可完成雷达加朋友的操作，如

图 2-18 所示。

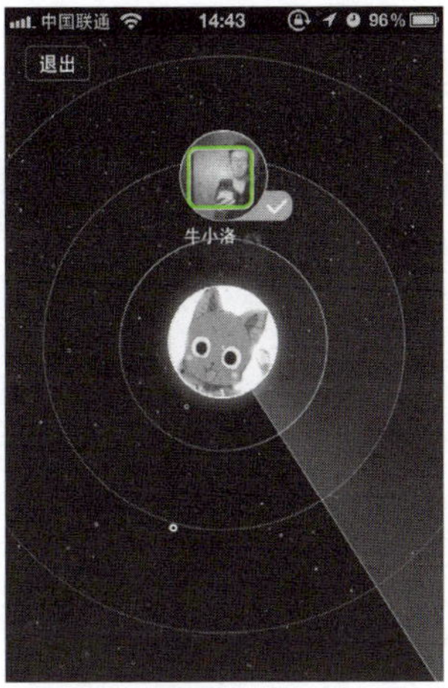

图 2-17  　　　　　　　　　　　图 2-18

2.1.4　添加公众号

现在好多企业或个人都拥有公众微信号，关注公众号会给微信用户带来很多生活上的方便。下面将详细介绍添加公众号的操作方法。

第1步　进入【添加朋友】界面，选择【公众号】选项，如图 2-19 所示。

第2步　进入搜索界面，用户可以在搜索框中输入准备添加的公众微信号，如果不知道准确的微信号，可以进行模糊搜索，如输入"动漫"，如图 2-20 所示。

图 2-19

图 2-20

第3步 进入搜索结果界面，系统会根据用户输入的信息自动查询相关公众号，选择准备添加的公众号，如图 2-21 所示。

第4步 进入选择的公众号主页，点击【关注】按钮，如图 2-22 所示。

图 2-21　　　　　　　　　　图 2-22

第5步 系统会提示"已添加"信息，如图 2-23 所示。

第6步 返回到微信主界面，会收到刚添加的公众号发来的消息，这样即可完成添加公众号的操作，如图 2-24 所示。

图 2-23　　　　　　　　　　图 2-24

Section

2.2 微信“扫一扫”

本节导读

如今在日常生活中，用手机“扫一扫”，就能添加微信好友、下载优惠券、购买车票、浏览网页、下载手机应用等。本节将详细介绍微信“扫一扫”功能的相关知识及操作方法。

2.2.1　微信扫码

使用微信“扫一扫”功能，将二维码/条码放入扫描框内，系统即可自动进行扫码。下面将详细介绍微信扫码的操作方法。

第 1 步 启动微信软件，**1.**进入【发现】界面，**2.**选择【扫一扫】选项，如图 2-25 所示。

第 2 步 进入扫描界面，点击下方的【扫码】按钮，如图 2-26 所示。

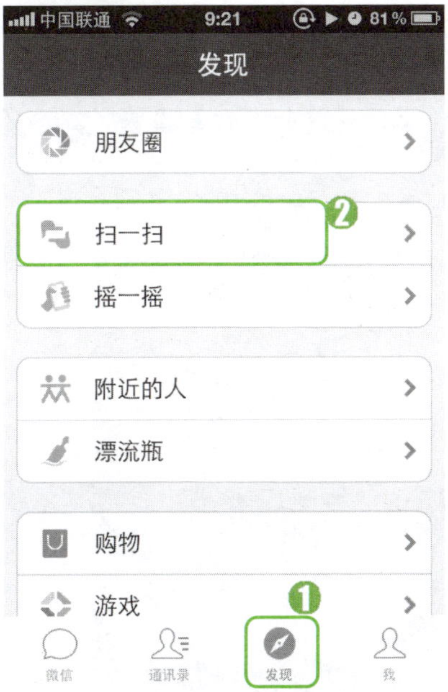

图 2-25

图 2-26

第 3 步 界面中会出现一个绿色方框，用户需要将准备扫描的二维码或条码全部放入框内，如图 2-27 所示。

第4步 待系统自动扫描后，会直接进入所扫描到的结果界面，通过以上步骤即可完成微信扫码的操作，如图 2-28 所示。

图 2-27 　　　　　　　　　　图 2-28

2.2.2　"扫一扫"封面

用户还可以使用微信的"扫一扫"功能，对书、CD、电影海报等的封面进行扫描。下面将详细介绍使用微信"扫一扫"功能扫描封面的操作方法。

第1步 启动微信，**1.** 进入【发现】界面，**2.** 选择【扫一扫】选项，如图 2-29 所示。

第2步 进入扫描界面，点击下方的【封面】按钮，如图 2-30 所示。

图 2-29　　　　　　　　　　图 2-30

第3步 界面中会出现一个绿色方框，用户需要将准备扫描的书籍、电影海报或 CD 封面全部放入框内，如图 2-31 所示。

第4步 待系统自动扫描后，会直接进入所扫描到的结果界面，通过以上步骤即可完成使用微信"扫一扫"功能扫描封面的操作，如图 2-32 所示。

图 2-31　　　　　　　　　　　图 2-32

2.2.3 "扫一扫"翻译

使用微信"扫一扫"功能，还可以直接进行单词翻译，给人们的生活和学习带来很大的方便。下面将详细介绍使用"扫一扫"功能进行翻译的操作方法。

第1步 进入扫描界面，点击下方的【翻译】按钮，如图 2-33 所示。

第2步 将准备进行翻译的单词放入绿色的扫描框内，系统会自动扫描出翻译的结果，这样即可完成使用"扫一扫"功能进行翻译的操作，如图 2-34 所示。

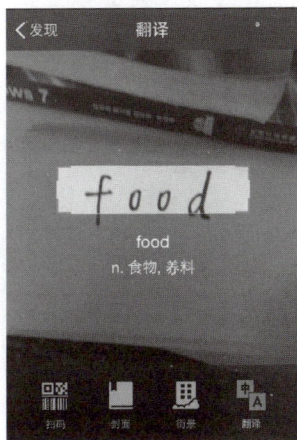

图 2-33　　　　　　　　　　　图 2-34

Section 2.3 查找附近的人

本节导读　使用微信，用户还可以通过"附近的人"这项功能找到自己身边感兴趣的人，与其成为朋友。本节将详细介绍查找附近的人的操作方法。

第1步　启动微信，**1.**进入【发现】界面，**2.**选择【附近的人】选项，如图 2-35 所示。

第2步　进入【附近的人】界面，提示"正在加载"信息，如图 2-36 所示。

图 2-35　　　　　　　　　图 2-36

第3步　加载完毕后，**1.**点击界面右上角的 ··· 按钮，**2.**在下方弹出的面板中，用户可以选择不同的查找方式，如图 2-37 所示。

第4步　找到用户感兴趣的人，可以直接点击，进入【详细资料】界面，然后点击【打招呼】按钮，即可完成查找附近的人的操作，如图 2-38 所示。

点击此按钮

图 2-37　　　　　　　　　图 2-38

微信"摇一摇"

本节导读 "摇一摇"是微信推出的一个随机交友应用，通过摇手机或点击按钮模拟摇一摇，可以匹配到同一时段触发该功能的其他微信用户，从而增加用户间的互动和微信黏度。本节将详细介绍微信"摇一摇"的相关知识及操作方法。

2.4.1 "摇一摇"找朋友

使用微信"摇一摇"功能，可以快速帮助用户找到朋友。例如在聚会上，朋友们一起摇一摇，微信会快速列出一起摇的朋友；还可以千里摇一摇，微信会为用户匹配这个世界上同时也在摇一摇的朋友。下面将详细介绍"摇一摇"找朋友的操作方法。

第 1 步 启动微信，**1.**进入【发现】界面，**2.**选择【摇一摇】选项，如图 2-39 所示。

第 2 步 进入【摇一摇】界面，点击下方的【人】按钮，如图 2-40 所示。

图 2-39

图 2-40

第 3 步 用户需要拿起手机摇晃，此时界面中会出现提示信息"正在搜寻同一时刻摇晃手机的人"，如图 2-41 所示。

第4步 搜索完毕后，进入【摇到的历史】界面，列出通过"摇一摇"找到的朋友，用户可以点击感兴趣的微信用户进行沟通，如图 2-42 所示。

图 2-41    图 2-42

2.4.2　"摇一摇"搜歌

当用户听到某首歌曲，又不知道歌名时，就可以使用"摇一摇"搜歌功能，系统会自动获取歌曲名称。下面将详细介绍"摇一摇"搜歌的操作方法。

第1步 启动微信，*1.*进入【发现】界面，*2.*选择【摇一摇】选项，如图 2-43 所示。

第2步 进入【摇一摇】界面，点击下方的【歌曲】按钮，如图 2-44 所示。

图 2-43

图 2-44

第3步 进入【摇歌曲】界面，用户需要拿起手机进行摇晃，如图 2-45 所示。

第4步 将话筒对着所放歌曲的声源位置，系统会自动识别听到的声音，如图 2-46 所示。

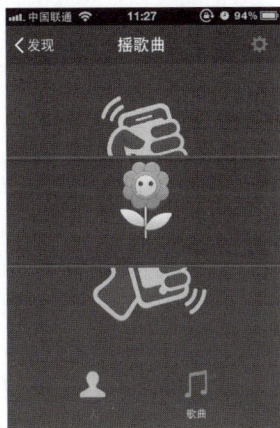 

　　　　图 2-45　　　　　　　　　　　　　图 2-46

第5步 等待一段时间，系统识别歌曲后就会出现正在播放的歌曲歌词，如图 2-47 所示。

第6步 完成搜索歌曲后，用户还可以将所搜索到的歌曲收藏或分享给朋友，点击界面右上角的【分享】按钮，然后在下方弹出的面板中选择一个选项即可，如图 2-48 所示。

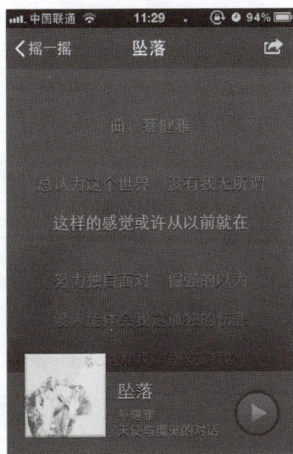 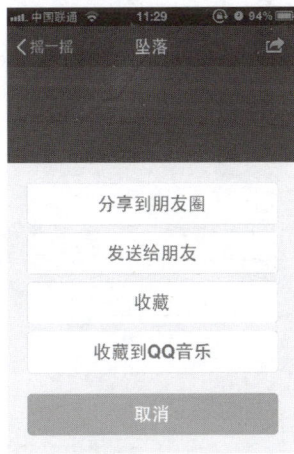

　　　　图 2-47　　　　　　　　　　　　　图 2-48

Section 2.5 漂流瓶

本节导读

微信漂流瓶是一款非常实用的功能，用户可以在微信中发送自己的瓶子，也可以捞取别人扔到海里的瓶子。通过微信漂流瓶，用户可以非常方便地进行交友之类的社交。本节将详细介绍漂流瓶的相关知识及操作方法。

2.5.1 设置漂流瓶

使用微信漂流瓶时，用户首先可以对漂流瓶进行一些设置，如设置漂流瓶头像，这样更能引起别人的注意。下面将详细介绍设置漂流瓶的操作方法。

第 1 步 启动微信，**1.**进入【发现】界面，**2.**选择【漂流瓶】选项，如图 2-49 所示。

第 2 步 进入【漂流瓶】界面，点击界面右上角的【设置】按钮，如图 2-50 所示。

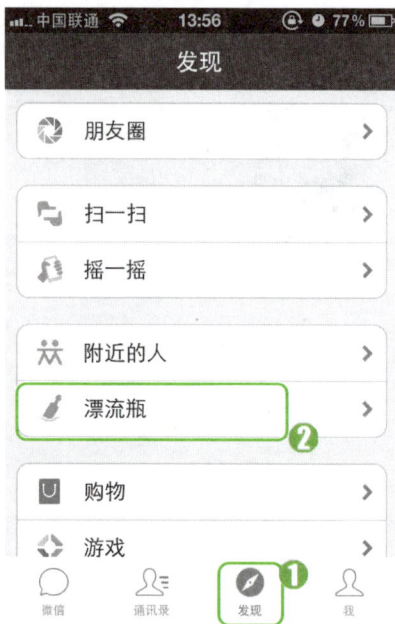

图 2-49

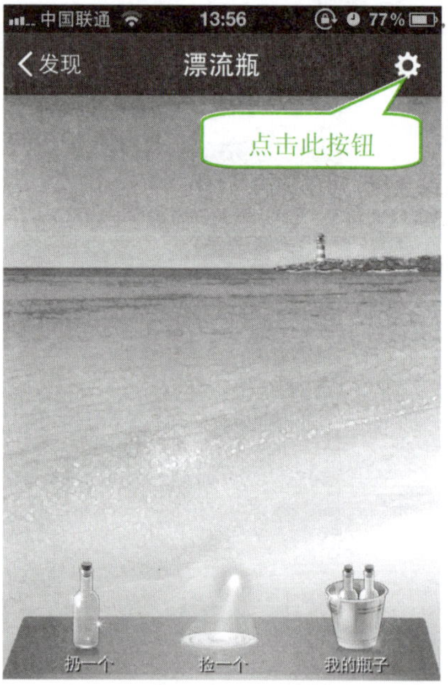

图 2-50

第3步 进入【设置】界面，用户可以为漂流瓶设置专用的头像，选择【设置我的漂流瓶头像】选项，如图 2-51 所示。

第4步 界面下方会弹出一个面板，用户可以选择头像的来源，如拍照或从手机相册选择，这里选择【从手机相册选择】选项，如图 2-52 所示。

图 2-51　　　　　　　　　　　图 2-52

第5步 进入【我的图片】界面，选择准备使用的图片，如图 2-53 所示。

第6步 进入【移动和缩放】界面，用户需要调整好图片的位置和大小，然后点击【选取】按钮，如图 2-54 所示。

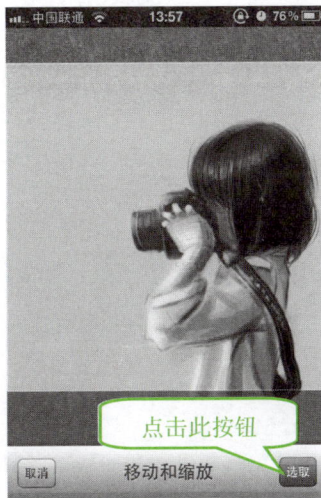

图 2-53　　　　　　　　　　　图 2-54

第7步 返回到【设置】界面，系统会提示"上传头像完成"，如图 2-55 所示。

第8步 用户还可以在【设置】界面中，设置是否在聊天列表里显示收到的瓶子，如图 2-56 所示。

图 2-55   图 2-56

2.5.2　扔瓶子

完成漂流瓶的设置后，用户就可以将自己的心情或者状态"装在"漂流瓶里扔出去了，等待其他用户捡到。下面将详细介绍扔瓶子的操作方法。

第1步 进入【漂流瓶】界面，点击下方的【扔一个】按钮，如图 2-57 所示。

第2步 进入下一界面，系统会提示用户按住中间的【按住说话】按钮说话。如果不想留语音漂流瓶，用户可以点击左侧的【切换文本】按钮，如图 2-58 所示。

图 2-57   图 2-58

第3步 进入下一界面，*1.*用户可以在输入框中输入想要留言的内容，*2.*点击【扔出去】按钮，如图 2-59 所示。

第4步 此时，会出现漂流瓶被扔出去的动画，通过以上步骤即可完成扔瓶子的操作，如图 2-60 所示。

图 2-59

图 2-60

2.5.3 捡瓶子

使用微信漂流瓶应用，用户不仅可以扔出自己的漂流瓶，还可以捞取别人扔到海里的瓶子，进行相互交流。下面将详细介绍捡瓶子的操作方法。

第1步 进入【漂流瓶】界面，点击下方的【捡一个】按钮，如图 2-61 所示。

第2步 进入下一界面，系统会发过来一个漂流瓶，用户可以点击该漂流瓶将其打开，如图 2-62 所示。

图 2-61

图 2-62

第3步 打开该漂流瓶后，用户就可以浏览该瓶子里的内容了，如果不想与瓶子的主人进行交流，可以直接点击【扔回海里】按钮；如果想要与其进行交流，可以点击【回应】按钮，如图 2-63 所示。

第4步 进入聊天界面，用户可以在此界面中向该漂流瓶的主人留言，进行交流，这样即可完成捡瓶子的操作，如图 2-64 所示。

图 2-63　　　　　　　　　　图 2-64

2.5.4　查看瓶子

用户在频繁地使用漂流瓶应用进行多次交流后，如果想要查看以往的聊天记录，可以执行以下操作。

第1步 进入【漂流瓶】界面，点击下方的【我的瓶子】按钮，如图 2-65 所示。

第2步 进入【我的瓶子】界面，系统会列出用户进行漂流瓶交流的历史记录，可以详细进行查看，如图 2-66 所示。

图 2-65　　　　　　　　　　图 2-66

查看朋友圈

本节导读　　微信朋友圈指的是微信上的一个社交功能，用户可以在朋友圈里看到好友发布和分享的文字、图片、文章、音乐等。本节将详细介绍查看朋友圈的相关知识及操作方法。

在朋友圈中，用户可以对好友新发的照片进行"评论"或"赞"的操作，并且只能查看到好友的评论或赞。下面将详细介绍查看朋友圈的操作方法。

`第1步` 启动微信，**1.**进入【发现】界面，**2.**选择【朋友圈】选项，如图 2-67 所示。

`第2步` 进入【朋友圈】界面，用户可以在此界面中查看微信好友发表的文章、图片和分享等，如图 2-68 所示。

图 2-67

图 2-68

`第3步` 如果用户看到自己喜欢的文章或者朋友发表的心情，可以点击文章右下角的【留言】按钮，如图 2-69 所示。

`第4步` 系统会弹出一个长方条，用户可以选择进行"赞"或者"评论"的操作，如图 2-70 所示。

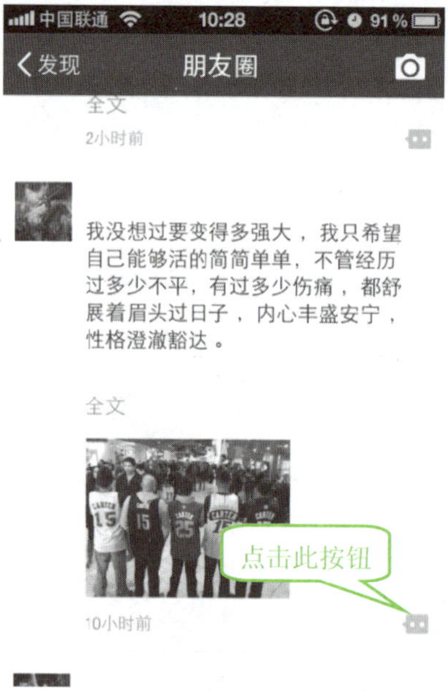

图 2-69

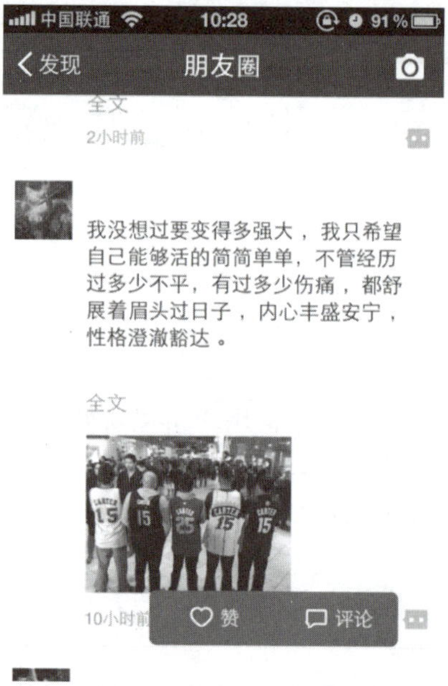

图 2-70

Section 2.7　实用技巧

本节导读　通过本章的学习，读者基本可以掌握微信找朋友的基本知识以及一些常用的操作方法。本节将介绍一些实用技巧，以达到巩固学习、拓展提高的目的。

2.7.1　如何查看喜欢的公众号以前发的消息

在微信中想查看刚添加的公众号以前发布的优质文章时，用户可以进入该公众号的主界面，选择下方的【查看历史消息】选项，进入【查看历史消息】界面，向下浏览该公众号发布的历史消息，如图 2-71 所示。

图 2-71

2.7.2　给昵称添加表情

　　进入聊天界面输入表情，然后复制该表情，在修改昵称的时候粘贴即可，如图 2-72 所示。

图 2-72

2.7.3　如何永久收藏订阅号和朋友圈资讯

　　微信中订阅号和朋友圈的精彩内容稍纵即逝，如果没有及时保存，以后再找就如大海捞针一般；如果有的内容因各种原因被删除，就更难觅踪迹了。此时可以关注微信服务号"我的麦库"，对于页面形式的内容，可以点击右上角的 或 按钮，在弹出的面板中选择【我的麦库】选项即可永久保存，页面中的图片也会自动抓取下来，之后就可以在电脑上舒心地阅读，还能够方便地进行整理，例如调整分类和增加标签，按自己喜欢的方式来组织收藏，如图 2-73 所示。

图 2-73

2.7.4　怎么查看微信朋友圈里的消息

　　许多用户常遇到下面这种情况：微信朋友圈里有人给自己发布了评论消息，第一次可以通过消息提示方便地看到这个消息，但之后如果还想再次查看或回复，就不知道该去哪里找了。这时，用户可以进入【朋友圈】界面，点击自己的头像，进入【我的相册】界面，然后点击界面右上角的 按钮，在弹出的面板中，选择【消息列表】选项，进入【消息】界面，就可以看到好友给你发布的评论消息了，点击消息即可快速回复，如图 2-74 所示。

图 2-74

2.7.5　怎么查看指定好友在朋友圈里发布的消息

进入【通讯录】界面，找到需要查看的好友，进入好友的【详细资料】界面，选择【个人相册】选项，即可查看该好友在朋友圈里发布的消息，如图 2-75 所示。

图 2-75

第3章

微信用起来

　　本章主要介绍使用微信聊天、使用朋友圈、微信辅助功能和微信钱包等方面的知识与操作技巧，同时还讲解收藏功能的使用方法。通过本章的学习，读者可以掌握微信使用方面的知识。

聊天

本节导读 聊天是微信最基本的功能，用户可以使用微信进行文本、语音和视频聊天等，还可以发布一些表情和图片等给好友带来欢乐。本节将详细介绍使用微信聊天的相关知识及操作方法。

3.1.1 发起聊天

进入【通讯录】界面，用户可以根据右侧的字母，快速地定位要进行聊天的好友，然后点击准备进行聊天的好友头像，进入好友的【详细资料】界面，点击【发消息】按钮即可，如图 3-1 所示。

图 3-1

3.1.2 发送文本消息

使用微信，用户可以发送文本消息与好友进行聊天，就像用手机发送短信一样。下面将详细介绍发送文本消息的操作方法。

第1步 进入聊天界面，点击界面左下角的【切换文本】按钮，如图 3-2 所示。

第2步 界面下方会出现一个输入框，**1.**在输入框中输入需要发送的文本信息，**2.**点击【发送】按钮，如图 3-3 所示。

图 3-2

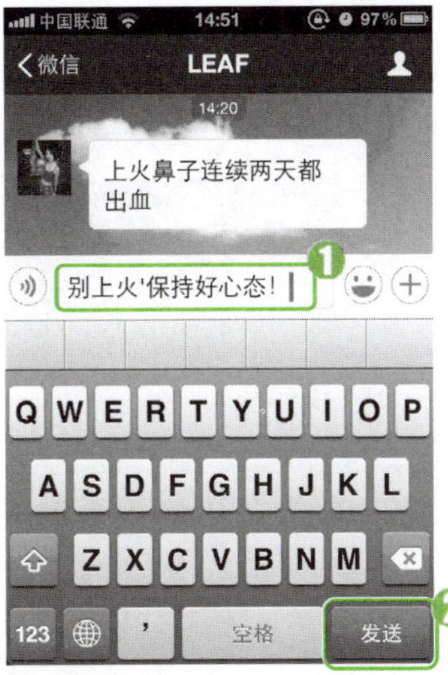

图 3-3

第3步 通过以上步骤即可完成发送文本消息的操作，如图 3-4 所示。

图 3-4

3.1.3　发送语音消息

使用微信，花费很少的流量即可给好友发送语音消息，从而体验与好友的声音交流。下面将详细介绍发送语音消息的操作方法。

第1步　进入聊天界面，点击界面左下角的【切换语音】按钮，如图 3-5 所示。

第2步　界面下方会出现【按住说话】按钮，用户需要在按住该按钮的同时说话，松开该按钮即可结束语音留言，并发送出去，如图 3-6 所示。

图 3-5　　　　　　　　　图 3-6

第3步　通过以上步骤即可完成发送语音消息的操作，如图 3-7 所示。

图 3-7

3.1.4　发送表情消息

使用微信进行聊天时，发送表情可以帮助人们更准确地表达自己的心情，下面将详细介绍发送表情消息的操作方法。

第1步 进入聊天界面，点击界面右下角的【笑脸】按钮😀，如图 3-8 所示。

第2步 界面下方会弹出一个面板，其中显示了一些默认的表情，**1.**选择需要发送的表情，**2.**点击【发送】按钮，如图 3-9 所示。

图 3-8

图 3-9

第3步 这样即可完成发送默认表情的操作，如图 3-10 所示。

第4步 用户还可以向右拖动面板下方的图标，直至看到 ➕ 按钮并点击它，如图 3-11 所示。

图 3-10　　　　　　　　　　图 3-11

第5步 进入【表情】界面，用户可以在其中找到自己喜欢的动态表情，并进行下载安装，如图 3-12 所示。

第6步 下载完毕后，用户就可以选择自己喜欢的动态表情进行表情聊天了，如图 3-13 所示。

图 3-12

图 3-13

3.1.5　发送图片消息

使用微信进行聊天时，给好友发送一张照片或者一些生活中需要的图片，都可以很方便地与好友进行社交活动。下面将详细介绍发送图片消息的操作方法。

第1步 进入聊天界面，点击界面右下角的 ➕ 按钮，如图 3-14 所示。

第2步 界面下方会弹出一个面板，点击【照片】按钮，如图 3-15 所示。

图 3-14

图 3-15

第3步 进入【相机胶卷】界面，*1.*选择需要发送给好友的图片(可以选择多张照片)，*2.*点击【发送】按钮，如图 3-16 所示。

第4步 通过以上步骤即可完成发送图片消息的操作，如图 3-17 所示。

图 3-16

图 3-17

3.1.6　发送名片

很多时候用户想把自己的微信好友推荐给其他微信好友，这个时候需要发送被推荐人的名片给对方，对方点击后即可进入关注页面。下面将详细介绍发送名片的操作方法。

第1步 进入聊天界面，点击界面右下角的 ➕ 按钮，如图 3-18 所示。

第2步 界面下方会弹出一个面板，点击【名片】按钮，如图 3-19 所示。

图 3-18

图 3-19

第3步 进入【选择朋友】界面，用户可以在其中选择准备发送的好友，如图 3-20 所示。

第4步 系统会弹出一个对话框，提示用户是否确定发送该名片到当前聊天，点击【是】按钮，如图 3-21 所示。

| 图 3-20 | 图 3-21 |

第5步 通过以上步骤即可完成发送名片的操作，如图 3-22 所示。

图 3-22

3.1.7 实时对讲机

实时对讲机是微信推出的语音功能，使用起来非常方便，就像打电话一样。

下面将详细介绍使用实时对讲机的操作方法。

第1步 进入聊天界面，点击界面右下角的 ➕ 按钮，如图 3-23 所示。

第2步 界面下方会弹出一个面板，点击【实时对讲机】按钮，如图 3-24 所示。

图 3-23 　　　　　　　　　　　图 3-24

第3步 进入实时对讲界面，像打电话一样，用户需要等待对方接受，界面上方显示一个自己的头像，如图 3-25 所示。

第4步 如果界面中出现两个头像，就表示对方接受了，界面中会提示好友进入，如图 3-26 所示。

图 3-25　　　　　　　　　　　图 3-26

第 5 步 如果别人向你发送实时对讲，则界面中他的头像会变亮，并显示他说话的时长，如图 3-27 所示。

第 6 步 点击右上角的 按钮，会弹出一个对话框，提示用户对讲机仍将继续运行，点击【我知道了】按钮，如图 3-28 所示。

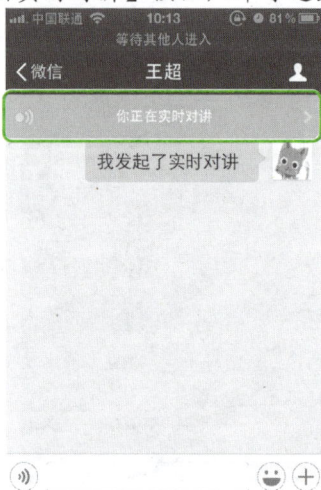

图 3-27　　　　　　　　　　　图 3-28

第 7 步 返回到聊天界面，可以看到界面上方显示"你正在实时对讲"，这样用户就可以把对讲机最小化，一边对讲一边做其他的事情，如图 3-29 所示。

第 8 步 点击实时对讲界面左上角的【关闭】按钮 ，在弹出的面板中点击【退出实时对讲】按钮，即可退出与好友的实时对讲，如图 3-30 所示。

图 3-29　　　　　　　　　　　图 3-30

3.1.8　视频通话

使用微信可以免费发起视频通话，并且视频质量也很不错。下面将详细介绍使用微信进行视频通话的操作方法。

第1步 进入聊天界面，点击界面右下角的 ⊕ 按钮，如图 3-31 所示。

第2步 界面下方会弹出一个面板，点击【视频聊天】按钮，如图 3-32 所示。

图 3-31	图 3-32

第3步 进入视频聊天界面，等待对方接受邀请，如图 3-33 所示。

第4步 对方接受邀请后，即可进行视频通话了，界面右上角的小方框内显示用户自己的图像，后面的大背景显示对方的图像，如图 3-34 所示。

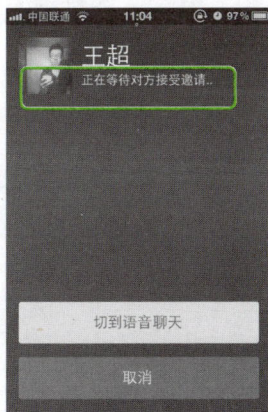

图 3-33	图 3-34

第5步 点击界面下方的【挂断】按钮，即可结束视频通话，如图 3-35 所示。

第6步 返回到聊天界面，可以看到和好友进行的视频通话时长，如图 3-36 所示。

图 3-35

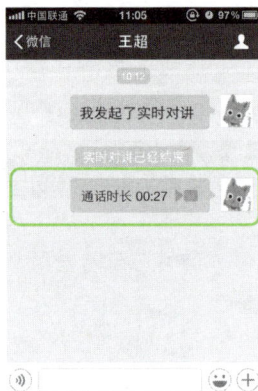

图 3-36

3.1.9 转发与收藏消息

使用微信聊天，用户还可以将聊天中的消息转发给好友或进行收藏。下面将详细介绍转发与收藏消息的操作方法。

第1步 进入聊天界面，在聊天内容中长按准备转发的消息，此时该消息会变暗，并弹出快捷菜单，选择【转发】选项，如图 3-37 所示。

第2步 进入【联系人列表】界面，在【最近聊天】区域中寻找需要转发的联系人，如果没有则选择【创建新的聊天】选项，如图 3-38 所示。

图 3-37

图 3-38

第3步 进入【选择联系人】界面，找到需要转发的联系人，并点击他的头像，如图 3-39 所示。

第4步 系统会弹出一个对话框，提示是否确定发送给该联系人，点击【确定】按钮，如图 3-40 所示。

图 3-39

图 3-40

第5步 进入和该好友的聊天界面，可以看到消息已经转发给该好友，这样即可完成转发消息的操作，如图 3-41 所示。

第6步 进入到需要收藏消息的聊天界面，长按聊天内容会弹出快捷菜单，选择【收藏】选项，如图 3-42 所示。

图 3-41

图 3-42

第7步 进入【我】界面，选择【收藏】选项，如图 3-43 所示。

第8步 进入【收藏】界面，用户可以在其中查看自己收藏过的内容，这样即可完成收藏消息的操作，如图 3-44 所示。

图 3-43　　　　　　　　　　图 3-44

Section 3.2　使用朋友圈

本节导读 用户可以通过朋友圈发表文字和图片，还可以通过其他软件将文章或者音乐等分享到朋友圈中，使用户和微信好友之间的社交更加丰富多彩。本节将详细介绍使用朋友圈的相关知识及操作方法。

3.2.1　在朋友圈分享照片

在朋友圈中分享用户一些生活中的照片，可以更加直观地展现用户的个人生活情况和当下的心情。下面将详细介绍在朋友圈分享照片的操作方法。

第1步 进入【朋友圈】界面，点击界面右上角的 ◎ 按钮，如图 3-45 所示。

第2步 界面下方会弹出一个面板，用户可以拍一张照片进行发布或者从手机相册里选择一张照片进行发布，这里选择【从手机相册选择】选项，如图 3-46 所示。

图 3-45　　　　　　　　　　　图 3-46

第 3 步 进入【相机胶卷】界面，*1.*选择准备分享的照片，*2.*点击【完成】按钮，如图 3-47 所示。

第 4 步 返回到【朋友圈】界面，选择【谁可以看】选项，如图 3-48 所示。

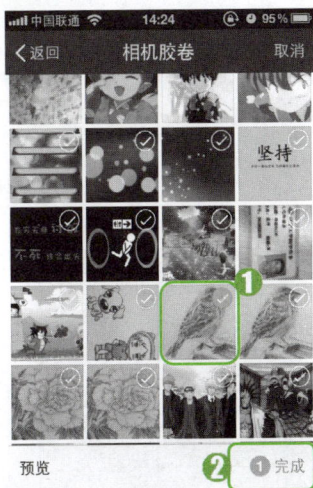

图 3-47

图 3-48

第 5 步 进入【谁可以看】界面，用户可以选择【公开】、【私密】、【部分可见】或者【不给谁看】等选项，如图 3-49 所示。

第 6 步 当用户在【朋友圈】界面中，点击【发送】按钮后，就可以在朋友圈中看到自己分享的照片了，这样即可完成在朋友圈分享照片的操作，如图 3-50 所示。

图 3-49　　　　　　　　　图 3-50

3.2.2　在朋友圈只发文字

许多微信用户认为，在朋友圈发表文字时必须至少配一张图片，其实这后面隐藏了一个微信处于测试的功能，只要一个简单的操作，用户就可以只发文字，而不用再为没有新鲜的图片可发而发愁了。下面将详细介绍在朋友圈只发文字的操作方法。

第1步 进入【朋友圈】界面，长按界面右上角的 ◎ 按钮，如图 3-51 所示。

第2步 进入下一个界面，系统提示用户只发文字为内部体验功能，点击【我知道了】按钮，如图 3-52 所示。

长按该按钮

点击此按钮

图 3-51　　　　　　　　　图 3-52

第 3 步 进入【发表文字】界面，*1.*输入准备发表的文字，*2.*点击【发送】按钮，如图 3-53 所示。

第 4 步 返回到【朋友圈】界面，可以看到自己在朋友圈中发表的文字，这样即可完成在朋友圈只发文字的操作，如图 3-54 所示。

图 3-53　　　　　　　　　　图 3-54

3.2.3　分享网页链接到朋友圈

目前微信支持超链接，无论图文信息还是其他网站的链接，都可以分享到朋友圈里。下面将详细介绍分享网页链接到朋友圈的操作方法。

第 1 步 用手机浏览器打开网页(这里用的是 UC 浏览器)，点击【菜单】按钮三，如图 3-55 所示。

第 2 步 界面下方会弹出一个面板，点击【分享】按钮，如图 3-56 所示。

图 3-55　　　　　　　　　　图 3-56

第3步 界面下方弹出一个面板，用户可以选择分享到的地方，这里点击【朋友圈】按钮，如图 3-57 所示。

第4步 进入微信分享界面，**1.**在输入框中输入说明文字，**2.**点击【发送】按钮，如图 3-58 所示。

图 3-57

图 3-58

第5步 返回到【朋友圈】界面，可以看到已经成功分享链接到微信朋友圈了，如图 3-59 所示。

图 3-59

智慧锦囊　通过只发文字的方法分享链接到朋友圈

首先把要分享的链接复制下来，然后进入【朋友圈】界面，长按界面右上角的 ⬛ 按钮，进入【发表文字】界面，将链接粘贴到里面，最后点击【发送】按钮即可。

Section 3.3　微信辅助功能

本节导读　微信不仅仅是一个聊天软件，它还有很多非常实用的辅助功能，如帮助用户进行群发、收发 QQ 离线消息等。本节将详细介绍微信辅助功能的相关知识及操作方法。

3.3.1　群发助手

使用微信群发助手可以很方便地帮助用户给多个微信好友送上节日祝福、发送通知信息等，而且时效性很快。下面将详细介绍使用群发助手的操作方法。

第 1 步　进入【通用】界面，选择【功能】选项，如图 3-60 所示。

第 2 步　进入【功能】界面，选择【群发助手】选项，如图 3-61 所示。

图 3-60

图 3-61

第3步 进入【详细资料】界面，选择【开始群发】选项，如图3-62所示。

第4步 进入【群发助手】界面，点击【新建群发】按钮，如图3-63所示。

图 3-62　　　　　　　　　图 3-63

第5步 进入【选择收信人】界面，**1.**选择准备进行群发的联系人，选中的好友头像前面都会有一个"对号"，**2.**点击【下一步】按钮，如图3-64所示。

第6步 进入【群发】界面，这里显示出用户选择的好友名字及数量，**1.**在输入框中输入准备发送的内容，**2.**点击【发送】按钮，如图3-65所示。

图 3-64　　　　　　　　　图 3-65

第7步 返回到【群发助手】界面，可以看到已经群发的信息，这样即可完成使用群发助手的操作，如图 3-66 所示。

图 3-66

3.3.2　QQ 离线助手

QQ 离线助手是微信用户们使用最多的插件之一，通过它用户可以在微信上与 QQ 好友保持联系，收发 QQ 离线消息，包括图片、语音等消息。下面将详细介绍使用 QQ 离线助手的操作方法。

第1步 进入【功能】界面，选择【QQ 离线消息】选项，如图 3-67 所示。

第2步 进入【详细资料】界面，点击【接收离线消息】选项右侧的按钮，这样就可以通过微信接收 QQ 离线消息了，如图 3-68 所示。

图 3-67

图 3-68

第3步 选择【查看消息】选项，会进入【QQ 离线消息】界面，用户可以在其中进行查看 QQ 好友列表和打开 QQ 客户端等操作，如图 3-69 所示。

第4步 返回到【详细资料】界面，选择【发 QQ 消息】选项，如图 3-70 所示。

图 3-69    图 3-70

第5步 进入【QQ 分组】界面，用户可以在其中选择准备进行聊天的 QQ 好友，如图 3-71 所示。

第6步 进入与 QQ 好友聊天的界面，即可与 QQ 好友进行即时聊天了，如图 3-72 所示。

图 3-71   图 3-72

微信钱包

本节导读　微信中增加了微信钱包的功能，用户可以非常方便地通过微信进行转账、刷卡、打车、充值和买票等服务。本节将详细介绍微信钱包的相关知识及操作方法。

3.4.1　添加银行卡

要使用微信钱包里的一些功能，首先需要添加一张银行卡，这样用户就可以很方便地使用微信钱包了。下面将详细介绍添加银行卡的操作方法。

第 1 步　启动微信，**1.**进入【我】界面，**2.**选择【钱包】选项，如图 3-73 所示。

第 2 步　进入【钱包】界面，这里就是微信钱包的主界面了，点击【钱包】按钮，如图 3-74 所示。

图 3-73

图 3-74

点击此按钮

第 3 步　进入下一界面，选择【添加银行卡】选项，如图 3-75 所示。

第 4 步　进入【验证支付密码】界面，用户需要在输入框中输入 6 位数的支付密码，以添加新的银行卡，如图 3-76 所示。

第 5 步　进入【添加银行卡】界面，**1.**在【持卡人】和【卡号】输入框中分别输入持卡人姓名和准备添加的银行卡号，**2.**点击【下一步】按钮，如图 3-77 所示。

图 3-75　　　　　　　　　　　　图 3-76

第6步 进入【填写银行卡信息】界面，在【卡类型】选项中，系统会自动识别所添加的卡是什么银行的卡，**1.**用户需要输入银行预留手机号，**2.**选中【同意《用户协议》】复选框，**3.**点击【下一步】按钮，如图 3-78 所示。等待一段时间，系统会给预留手机号发来验证信息，用户填写该验证信息即可完成添加银行卡的操作。

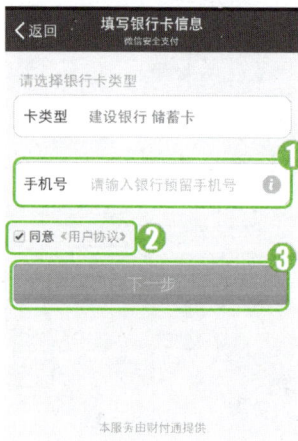

图 3-77　　　　　　　　　　　　图 3-78

3.4.2　解除绑定银行卡

使用微信钱包添加银行卡后，如果其中绑定的银行卡不再准备继续使用，用户可以对其进行解除绑定操作。下面将详细介绍解除绑定银行卡的操作方法。

第1步 进入【钱包】界面，选择准备解除绑定的银行卡，如图 3-79 所示。

第2步 进入【银行卡详情】界面，点击界面右上角的 ··· 按钮，如图 3-80 所示。

图 3-79　　　　　　　　　　　图 3-80

第3步 界面下方弹出一个面板，点击【解除绑定】按钮，如图 3-81 所示。

第4步 进入【解绑银行卡】界面，用户需要在此输入自己设置过的支付密码，即可完成解除绑定银行卡的操作，如图 3-82 所示。

图 3-81　　　　　　　　　　　图 3-82

3.4.3 零钱的充值与提现

　　微信钱包提供一个零钱功能，用户可以随时进行充值并消费，相对于存在理财通中的资金更加灵活。下面将详细介绍零钱的充值与提现的操作方法。

第1步 进入【钱包】界面，选择【零钱】选项，如图 3-83 所示。

第2步 进入【零钱】界面，点击【充值】按钮，如图 3-84 所示。

图 3-83　　　　　　　　　　　　　图 3-84

第3步 进入【零钱充值】界面，*1.*在【金额】输入框中输入准备充值的金额，*2.*点击【下一步】按钮，如图 3-85 所示。

第4步 系统会弹出【选择充值方式】对话框，用户可以选择已绑定的银行卡或者选择新卡进行充值，这里选择已绑定的银行卡，如图 3-86 所示。

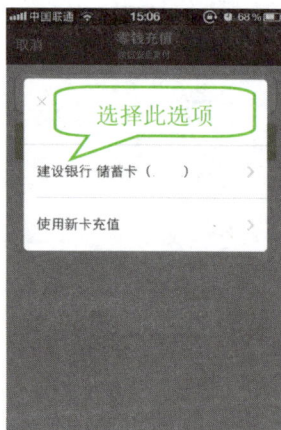

图 3-85　　　　　　　　　　　　　图 3-86

第 5 步 系统会弹出【请输入支付密码】对话框，并显示用户准备充值的金额，用户需要在输入框中输入支付密码，如图 3-87 所示。

第 6 步 进入【充值详情】界面，显示"充值成功"信息，并提示用户所充值的银行卡及充值金额，点击【完成】按钮即可完成零钱的充值，如图 3-88 所示。

图 3-87

图 3-88

第 7 步 进入【零钱】界面，点击【提现】按钮，如图 3-89 所示。

第 8 步 进入【零钱提现】界面，*1.*在【金额】输入框中输入准备提现的金额，*2.*点击【下一步】按钮，如图 3-90 所示。

图 3-89

图 3-90

第9步 进入【验证支付密码】界面，用户需要输入支付密码以提现，如图 3-91 所示。

第10步 进入【提现详情】界面，显示"提现申请已提交"信息，并提示用户所提现的银行卡及提现金额，点击【完成】按钮即可完成零钱的提现，如图 3-92 所示。

图 3-91　　　　　　　　　图 3-92

3.4.4　转账

使用微信钱包能够实现和支付宝一样的转账功能。下面将详细介绍使用微信钱包进行转账的操作方法。

第1步 进入【钱包】界面，点击【转账】按钮，如图 3-93 所示。

第2步 界面下方弹出一个面板，点击【转账给朋友】按钮，如图 3-94 所示。

图 3-93

图 3-94

第3步 进入【选择朋友】界面，用户可以在此界面中选择最近聊天的朋友进行转账，如果最近聊天的朋友中没有要转账的好友，可以选择【打开通讯录】选项，如图 3-95 所示。

第4步 进入【通讯录】界面，在其中选择准备进行转账的好友，如图 3-96 所示。

图 3-95　　　　　　　　　　　　　　图 3-96

第5步 进入【转账给朋友】界面，*1.*在【金额】输入框中输入准备转账的金额，*2.*点击【转账】按钮，如图 3-97 所示。

第6步 系统会弹出【选择支付方式】对话框，选择准备进行转账支付的方式，这里选择通过已绑定的银行卡进行转账，如图 3-98 所示。

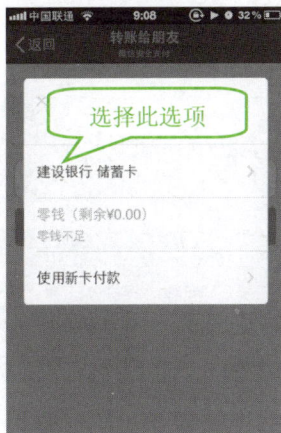

图 3-97　　　　　　　　　　　　　　图 3-98

第7步 系统会弹出【请输入支付密码】对话框，在输入框中输入之前设置好的6位支付密码，如图3-99所示。

第8步 进入【交易详情】界面，显示"支付成功"信息，并显示所转账的金额，点击【完成】按钮，如图3-100所示。

图 3-99　　　　　　　　　　　　图 3-100

第9步 进入与转账好友的聊天界面，可以看到系统会自动给转账好友发出一条转账消息，如图3-101所示。

第10步 待转账好友收钱后，系统会发过来一条消息，提示好友"已收钱"，这样即可完成转账的操作，如图3-102所示。

图 3-101　　　　　　　　　　　　图 3-102

3.4.5　查看交易消息

微信钱包支付正在慢慢地被广大用户接受，有时候用户会有查看交易消息的需求。下面将详细介绍查看交易消息的操作方法。

第1步 进入【钱包】界面，点击界面右上角的 ••• 按钮，如图 3-103 所示。

第2步 界面下方弹出一个面板，点击【交易消息】按钮，如图 3-104 所示。

图 3-103　　　　　　　　　　　图 3-104

第3步 进入【交易消息】界面，用户可以在此界面中查看详细的交易情况，点击每条消息，即可进入该条交易的详细信息界面，点击界面右上角的【编辑】按钮，如图 3-105 所示。

第4步 该界面中的每条消息前面会有一个 ⊖ 按钮，**1.**点击 ⊖ 按钮，**2.**点击【删除】按钮，**3.**点击【完成】按钮，即可完成交易消息的编辑操作，如图 3-106 所示。

图 3-105

图 3-106

3.4.6　密码管理

随着使用移动支付的用户不断增加，移动支付安全也备受关注，内置在移动聊天工具中的微信钱包的安全性尤为重要。下面将详细介绍密码管理的相关知识及操作方法。

1.　修改支付密码

无论是什么样的密码，都应该定期进行更新、更换，这是提高账户安全性能的一个比较好的方法。下面将详细介绍修改支付密码的操作方法。

第1步 进入【钱包】界面，点击界面右上角的 ··· 按钮，如图 3-107 所示。

第2步 界面下方弹出一个面板，点击【密码管理】按钮，如图 3-108 所示。

图 3-107　　　　　　　　　　图 3-108

第3步 进入【密码管理】界面，选择【修改支付密码】选项，如图 3-109 所示。

第4步 进入【修改密码】界面，输入原密码以验证身份，如图 3-110 所示。

图 3-109　　　　　　　　　　图 3-110

第 5 步 进入下一界面，输入新的支付密码，用于支付验证，如图 3-111 所示。

第 6 步 进入下一界面，**1.**再次输入刚刚设置的支付密码以进行确认操作，**2.**点击【完成】按钮，这样即可完成修改支付密码的操作，如图 3-112 所示。

图 3-111

图 3-112

2.　忘记支付密码，重新设置支付密码

在使用微信时，由于长时间不使用支付功能，就可能会忘记支付密码，这时用户需要重新设置支付密码。下面将详细介绍重新设置支付密码的操作方法。

第 1 步 进入【密码管理】界面，选择【忘记支付密码】选项，如图 3-113 所示。

第 2 步 进入【忘记支付密码】界面，**1.**选择需要重新绑定的银行卡，**2.**点击【下一步】按钮，如图 3-114 所示。

图 3-113

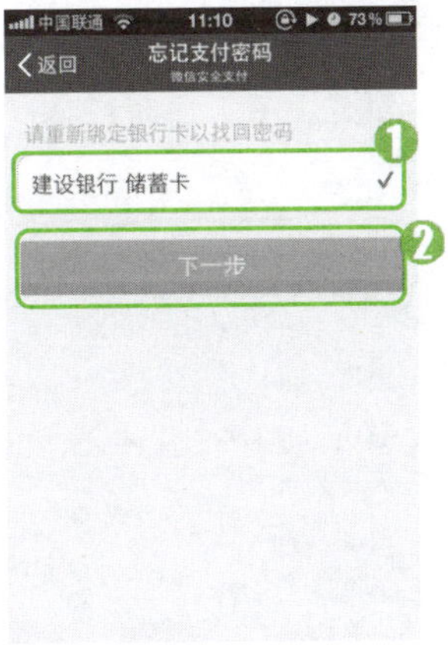

图 3-114

第3步 进入下一界面，**1.**用户需要填写银行卡号、身份证号等信息，**2.**在【手机号】输入框中输入银行预留的手机号码，**3.**点击【下一步】按钮，如图 3-115 所示。

第4步 进入【验证手机号】界面，**1.**在输入框中输入系统发送给手机的验证信息，**2.**点击【下一步】按钮，如图 3-116 所示。

图 3-115　　　　　　　　　　图 3-116

第5步 进入【设置支付密码】界面，输入 6 位数的支付密码，如图 3-117 所示。

第6步 进入下一界面，**1.**用户需要再次输入刚刚设置的 6 位数的支付密码，用于确认操作，**2.**点击【完成】按钮，这样即可完成重新设置支付密码的操作，如图 3-118 所示。

图 3-117　　　　　　　　　　图 3-118

3. 设置手势密码

给微信钱包设置手势密码，相当于增加了二次安全保护措施。下面将详细介绍设置手势密码的操作方法。

第1步 进入【密码管理】界面，点击【手势密码】选项右侧的按钮，如图 3-119 所示。

第2步 进入【验证身份】界面，需要输入支付密码，以验证身份，如图 3-120 所示。

图 3-119　　　　　　　　　　　图 3-120

第3步 进入【开启手势密码】界面，用户可以在此界面中用手指画出手势密码图案，如图 3-121 所示。

第4步 进入下一界面，需要再次输入以确认，用户再画一次与上一步相同的图案即可，如图 3-122 所示。

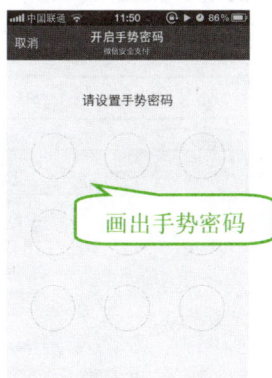

图 3-121　　　　　　　　　　　图 3-122

第5步 返回到【密码管理】界面，可以看到【手势密码】选项右侧的按钮呈开启状态，下次再进入微信钱包就需要输入手势密码了，这样即可完成设置手势密码的操作，如图 3-123 所示。

图 3-123

3.4.7 使用微信钱包充值手机话费

使用微信钱包可以给用户的生活带来很大的便捷，例如可以充手机话费、投资理财产品、买彩票，也可以用来打车、充值买 QQ 币以及刷卡等操作。下面将详细介绍使用微信钱包充值手机话费的操作方法。

第1步 进入【钱包】界面，点击【手机话费充值】按钮，如图 3-124 所示。

第2步 进入【手机话费充值】界面，**1.**输入准备充值的手机号码，**2.**输入准备充值的话费金额，**3.**点击【立即充值】按钮，如图 3-125 所示。

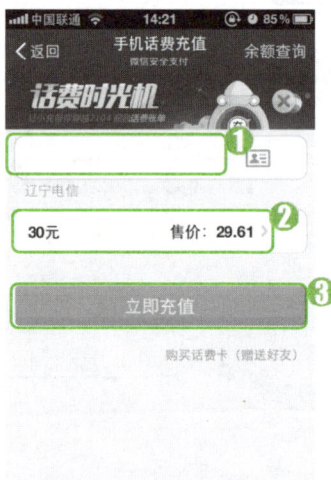

图 3-124　　　　　　　　　图 3-125

第 3 步　系统会弹出【请输入支付密码】对话框，显示需要花费的金额以及所使用的银行卡，在输入框中输入 6 位数的支付密码，如图 3-126 所示。

第 4 步　进入【交易详情】界面，在此页面中显示"支付成功"信息，以及商品、交易单号、交易时间、当前状态和支付方式等，如图 3-127 所示。

图 3-126　　　　　　　　　　　　　图 3-127

第 5 步　进入【充值成功】界面，系统会提示用户已成功充值的话费金额以及所充值的手机号，这样即可完成使用微信钱包充值手机话费的操作，如图 3-128 所示。

图 3-128

收藏功能

本节
导读

微信中有一个很实用的收藏功能。可以把平时的聊天文字、图片、语音信息、扫描信息或是朋友圈中好友分享的内容等收藏起来，以便于日后查看和使用。本节将详细介绍收藏功能的相关知识及操作方法。

3.5.1 收藏朋友圈中的内容

(1) 收藏文字。收藏文字比较简单，如果在朋友圈看到好友发布的文字非常经典，想收藏起来，反复研究，那么可以长按想收藏的文字，在弹出的快捷菜单中选择【收藏】选项即可，如图 3-129 所示。

图 3-129

(2) 收藏图片。收藏图片的方法和收藏文字的方法类似，长按喜欢的图片，在弹出的快捷菜单中选择【收藏】选项即可，如图 3-130 所示。

图 3-130

（3）　收藏链接。长按好友发布的链接，在弹出的快捷菜单中选择【收藏】选项即可，如图 3-131 所示。

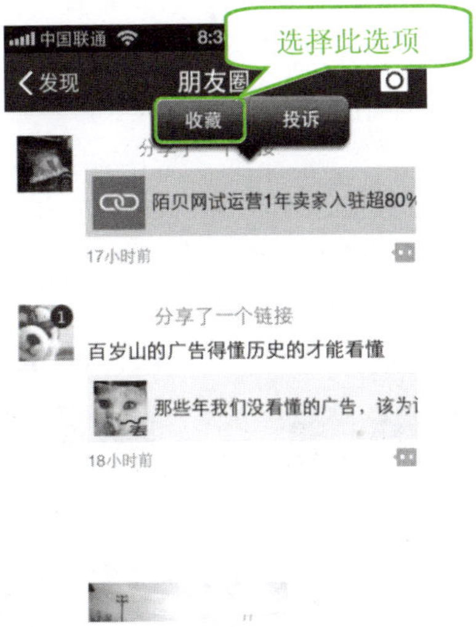

图 3-131

3.5.2　收藏扫描信息

通过微信的"扫一扫"功能，用户可以扫描二维码、条码、封面、街景等信息。当用户扫描出一个信息时，也可以将此信息收藏起来。下面将详细介绍收藏扫描信息的操作方法。

第1步 使用"扫一扫"功能扫描出一个商品的条码信息后，点击界面右上角的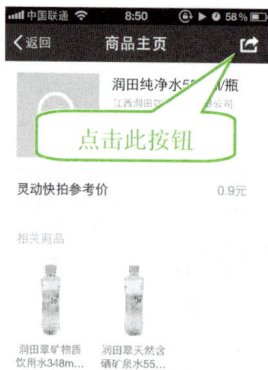按钮，如图 3-132 所示。

第2步 界面下方弹出一个面板，点击【收藏】按钮，这样即可完成收藏扫描信息的操作，如图 3-133 所示。

图 3-132

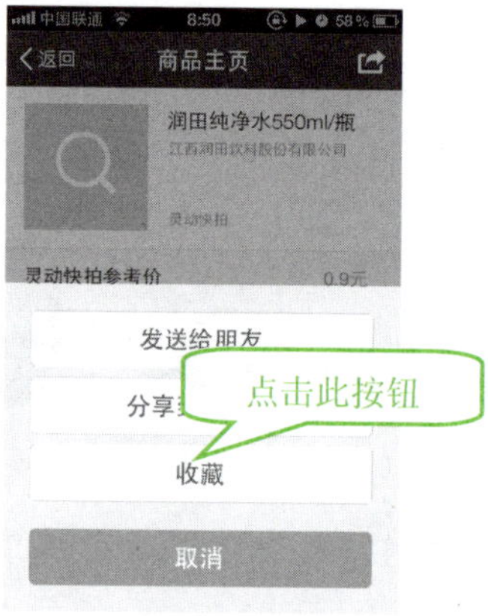

图 3-133

3.5.3　直接在收藏中添加内容

微信的收藏功能还可以直接添加文字、语音、图片、地理位置以及复制的内容。下面将详细介绍直接在收藏中添加内容的操作方法。

第1步 进入【我】界面，选择【收藏】选项，如图 3-134 所示。

第2步 进入【收藏】界面，点击界面右上角的 + 按钮，如图 3-135 所示。

图 3-134

图 3-135

第3步 界面下方会弹出一个面板，用户可以在其中选择直接添加到收藏中的内容，包括文字、语音、图片、地理位置以及粘贴的内容，如图 3-136 所示。

图 3-136

实用技巧

本节
导读

　　通过本章的学习，读者基本可以掌握使用微信的基本知识以及一些常用的操作方法。本节将介绍一些实用技巧，以达到巩固学习、拓展提高的目的。

3.6.1　眼神不好，怎么轻松查看微信

　　在阅读大段文本消息时，可以双击该条消息，系统会自动全屏放大显示，这样用户就可以不费眼轻松查看微信消息了，如图 3-137 所示。

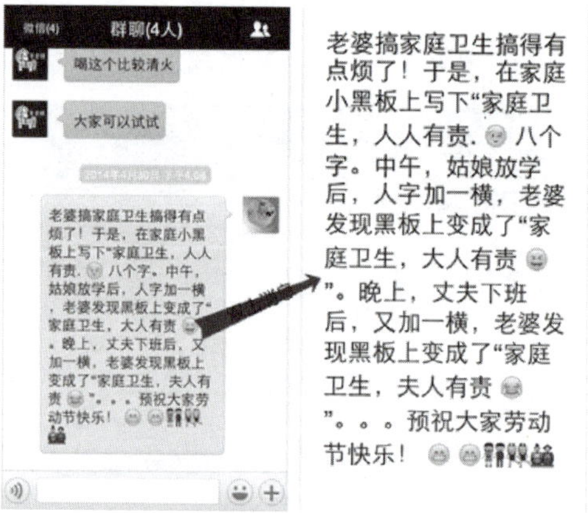

图 3-137

3.6.2 收到语音消息但不方便收听怎么办

如果正在开会或者处于嘈杂环境中，收到语音消息不方便收听，则用户可以长按该消息，在弹出的快捷菜单中选择【转文字】选项，就可以大致知道语音内容了，如图 3-138 所示。

图 3-138

3.6.3 语音录到一半，怎么取消发送

发送语音消息录制了一半，但又不想发布时，只需要手指按住并上滑即可取消，如图 3-139 所示。

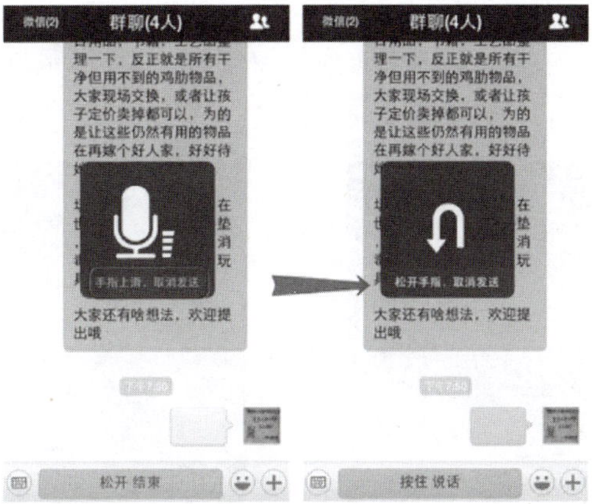

图 3-139

3.6.4　不想打字，说说话一秒变文字

　　进入聊天界面，**1.**点击界面右下角的⊕按钮，**2.**在弹出的面板中点击【语音输入】按钮，对着麦克风说话，就能自动进行语音识别，用户想要输入的文字就会显示在输入框中，如图 3-140 所示。

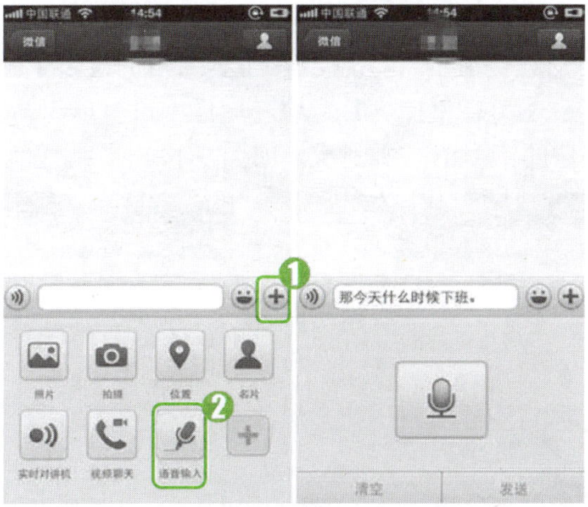

图 3-140

3.6.5　特定文字变表情从天而降

　　在使用微信与好友聊天时，用户可以使用特定文字变表情从天而降的技巧给

好友带来一些惊喜。比如，输入"生日快乐"后，屏幕上会掉下来蛋糕的图案；输入"么么哒"，则会掉下来"送飞吻"的表情；输入"miss u""想你了"，则会掉下来小星星的图案，如图 3-141 所示。

图 3-141

3.6.6 关闭群消息提醒，享受安静假期

进入准备关闭消息提醒的群，点击界面右上角的【群】按钮，进入【聊天信息】界面，开启【消息免打扰】选项，这样不仅可以正常收到群聊天内容，也能够不被一刻不停的诸多消息所骚扰，如图 3-142 所示。

图 3-142

3.6.7　由于网络原因，聊天图片发送失败怎么办

在聊天过程中，有时候会因为网络原因，导致聊天中发送的文字或者图片出现失败的情况，这时用户可以在网络良好的时候，点击发送失败的消息左侧的 ⓘ 按钮，然后在弹出的对话框中点击【重发】按钮，即可将发送失败的信息再次发送给好友，如图 3-143 所示。

图 3-143

3.6.8　怎么把微信当电话打

进入与好友视频通话的界面，然后点击【切到语音聊天】按钮，即可与好友像打电话一样地聊天了，如图 3-144 所示。

图 3-144

第 4 章

和好友一起玩微信游戏

　　本章主要介绍微信游戏中心方面的知识与操作技巧，同时还讲解部分微信游戏的玩法。通过本章的学习，读者可以掌握和好友一起玩微信游戏方面的知识。

游戏中心

本节导读　微信作为目前流行的手机聊天软件，拥有庞大的群众基础，微信平台也是 QQ 用户们经常活跃的地方，所以，微信游戏营运而生，让玩家们在聊天的同时，还能玩玩休闲娱乐类型的游戏，缓解玩家的情绪，给用户们带来无尽的欢乐。本节将详细介绍游戏中心的相关知识及操作方法。

4.1.1　进入游戏中心查看消息

微信中提供游戏中心模块，用户可以在游戏中心畅游游戏世界。进入游戏中心后，还可以查看游戏中心给用户推送的消息。下面将详细介绍进入游戏中心查看消息的操作方法。

第1步 启动微信，*1.*进入【发现】界面，*2.*选择【游戏】选项，如图 4-1 所示。

第2步 进入【游戏】界面，这里便是游戏中心，用户可以在这里查看各类微信游戏的相关信息，选择【我的消息】选项，如图 4-2 所示。

图 4-1

图 4-2

第3步 进入【消息中心】界面，用户可以在此界面中查看游戏中心给用户推送的消息，如图 4-3 所示。

图 4-3

4.1.2　查看攻略

攻略用于为玩家提供一些游戏经验与心得，引导玩家特别是新手玩家熟悉并尽快地掌握游戏。下面将详细介绍查看攻略的操作方法。

第1步 进入【游戏】界面，选择【我的攻略】选项，如图 4-4 所示。

第2步 进入【我的攻略】界面，用户可以在此界面中找到需要查看的相关游戏攻略信息，例如选择"全民飞机大战"游戏的攻略，如图 4-5 所示。

图 4-4　　　　　　　　　　　　图 4-5

第3步 进入下一界面，显示该游戏攻略的详细信息，在这里用户就可以详细地查看该游戏的相关攻略了，如图 4-6 所示。

图 4-6

4.1.3 查看好友在玩的游戏

想要和微信好友一起玩游戏，但是却不知道好友都在玩什么，怎么办？其实想要知道好友都在玩哪些游戏很简单，只需要进入【游戏】界面，即可看到【好友在玩】区域，用户可以在此区域中看到微信好友正在玩的游戏，如图 4-7 所示。

图 4-7

4.1.4　进入微信游戏库

微信为用户提供了很多种类的休闲游戏，进入微信游戏库，用户可以选择自己喜欢的游戏进行下载。下面将详细介绍进入微信游戏库的操作方法。

第1步 进入【游戏】界面，滑动主界面底部，点击【更多游戏】按钮，如图 4-8 所示。

第2步 进入【全部游戏】界面，这里便是微信游戏库，用户在这里可以看到微信所有的游戏，并且可以筛选查看，点击【热度排序】右侧的下拉按钮，如图 4-9 所示。

图 4-8　　　　　　　　　　　　　　图 4-9

第3步 系统会弹出一个下拉菜单，用户可以根据个人的需要选择筛选条件，如选择【好友排序】选项，如图 4-10 所示。

第4步 系统会按照玩游戏的好友人数对游戏进行排序，用户还可以点击游戏图标右侧的【下载】按钮下载游戏，对于下载好的游戏，点击【启动】按钮即可通过微信直接启动该游戏，如图 4-11 所示。

图 4-10　　　　　　　　　　　　　　图 4-11

全民飞机大战

本节导读　　全民飞机大战是一款突破经典的飞行射击类精品手机游戏，玩法多样，关卡丰富，以清新明快的卡通风格呈现精美游戏画面，可以为玩家带来自由飞翔的激爽感觉。本节将详细介绍全民飞机大战这款游戏的相关知识及操作方法。

4.2.1　游戏特色

全民飞机大战有着超流畅的手感、超华丽的弹幕、超爽快的升级，以及最新潮的战机合体，可以带给玩家最佳游戏体验。下面将详细介绍该游戏的特色。

- 合体玩法：真正能与好友合体的飞行射击游戏。合体之后，机体更酷炫，弹幕更华丽，冲分更轻松。(注：IOS 和安卓两大平台不能互相合体，只能和相同的系统合体。)
- 多样成长：丰富而精美的战机与多种可爱宠物供玩家选择，并让玩家享受升级养成的乐趣。
- 超爽战斗：最简单的操作，只要一只手指，就能自由驰骋天空，丰富多样的敌机让玩家感受刺激战斗，更多关卡等你来挑战。
- 游戏体验：继承飞机大战的经典玩法，在此基础上画面更精美、玩法更多样、战斗更畅快，再掀全民疯玩飞机大战的狂潮。
- 酷炫机体：丰富多样的战机是游戏一大亮点。每架飞机都拥有自己独特的外形和特色，让玩家在游戏的道路上不会疲倦。不同的飞机配有不同的飞行员，或帅气或性感或软萌，他们将一直陪伴玩家的蓝天之旅。
- 丰富道具：在商城中可以购买种类丰富的辅助道具，被击毁的敌机也有概率掉落不同效果的随机道具，助玩家飞得更远、战斗更爽。
- 排名冲冲：和好友一起比拼，看看谁才是王牌飞行员，向好友发起挑战，不断超越。
- 剧情模式：开启剧情模式将带来全新的体验，好友们可以感受到剧情，收获新的掉落，体验新的关卡。
- 全新关卡：障碍关、速度关，别撞到两侧的崖壁，还要小心躲避前方的障碍物。
- 碎片系统：全新碎片合成系统让极品宠物不再是梦，部分宠物可以分解成万能碎片用于合成。

- 技能释放：装备携带特殊技能，在战斗中点击技能图标，可以释放强力技能。
- 装备拆解：点击装备升级按钮，消耗经验值升级装备。装备拆解可补充装备经验池。
- FLY 贵族特权：FLY 贵族，尊贵特权，助玩家成为超级飞行员。
- 碎片装备：分解月亮以上的装备获得碎片，关卡中也会掉落装备碎片，碎片可以合成装备。

4.2.2　启动并开始游戏

下面将详细介绍启动并开始全民飞机大战游戏的操作方法。

第 1 步　下载游戏，并点击该游戏图标，即可进入加载界面，用户需要等待一段时间，如图 4-12 所示。

第 2 步　进入选择游戏登录方式界面，用户可以选择以游客、微信或者 QQ 方式登录，这里点击【与微信好友玩】按钮，如图 4-13 所示。

亲, 请稍等^_^努力加载中...8%

点击此按钮

图 4-12　　　　　　　　　　　　　图 4-13

第 3 步　进入【微信登录】界面，点击【确认登录】按钮，如图 4-14 所示。

第 4 步　进入全民飞机大战游戏主界面，用户可以在此界面中该游戏进行各种操作，如点击【模式选择】按钮，如图 4-15 所示。

图 4-14 　　　　　　　　　　　图 4-15

第 5 步 进入【模式选择】界面，用户可以选择经典模式、远征模式、剧情模式和 PK 模式等，这里点击【经典模式】按钮，如图 4-16 所示。

第 6 步 进入【选择好友合体】界面，用户可以选择一个好友进行合体，然后点击【开始游戏】按钮，如图 4-17 所示。

图 4-16　　　　　　　　　　　图 4-17

第 7 步 进入【购买道具】界面，用户可以选择购买一些道具来使用，从而让游戏玩得更加轻松愉快，然后点击【开始游戏】按钮，如图 4-18 所示。

第 8 步　进入游戏环境，首先就会出现"合体"技能，如图 4-19 所示。

图 4-18　　　　　　　　　　　图 4-19

第 9 步　接下来便正式进入游戏了，用户需要用手指按住自己的飞机，通过上下左右拖动来操纵飞机，如图 4-20 所示。

第 10 步　通过以上步骤即可完成启动并开始全民飞机大战游戏的操作，如图 4-21 所示。

图 4-20

图 4-21

4.2.3　新手攻略

全民飞机大战这款游戏的质量很不错，不论是从画面，还是从玩法上来看都丰富了许多。下面将详细介绍新手玩该游戏的一些攻略。

进入游戏的第一件事情就是领取每天登录的金币，金币很重要，特别是在前期，它能够帮助玩家升级机型，强化属性，从而让飞机更加持久，得分更高。其次就是机型，游戏中有 14 种机型可以选择，每种机型都有 3 种属性，即生命、攻击、攻速，且初始属性都不一样，玩家最开始只能选择默认冒险之翼。机型确定完毕之后，就要把所有的金币用来强化属性。那些开局道具建议前期都不要买，因为没必要，升级机型最重要，前期早点打好基础，后期才能更早地拿高分。

在游戏过程中会掉落道具，每种道具都有不同的效果，这里简单说明一下。

(1) 磁铁：吸取周围道具。

说明：在拿到磁铁道具之后就不用刻意去捡星星了，大可以把注意力集中到飞弹以及敌方身上去。

(2) 能量护盾：抵抗一切伤害。

说明：闪电图标的道具，拾取之后机身会闪光，并且无敌，这个时候可以操作战机去撞别人，秒杀，效果不错。需要注意的是要看好右侧的无敌持续时间，不要无敌消失了还去撞别人。

(3) 狂热驱动：无敌并冲锋一段时间。

说明：这是强化版的无敌，还附带冲锋效果，并且碰撞范围扩大好几倍。不过遇到导弹雨时会降低速度。

(4) 火力提升：子弹威力 5 等级。

说明：油箱图标的道具，攻击强化 5 个等级。

(5) 火力全开：子弹威力最大化。

说明：红色油箱图标的道具，攻击强化至满级，可以体验一下秒杀的快感。

(6) 红心：加血。

说明：血不够的时候要用到它，但是只能恢复一小半血。

(7) 保护：抵消一次伤害。

说明：只可抵消一次子弹或致命伤害，无时间限制。

(8) 核弹：全屏爆破，清理当前所有障碍。

说明：其作用和开局前购买的道具一样，但掉落的只能在当前使用，不会累计，游戏结束就没有了。

4.2.4 系统设置

进入游戏的【系统设置】界面，根据个人的操作习惯进行一些设置，可以给玩家进行游戏带来很大的方便，使玩家玩游戏更加得心应手。下面将详细介绍进行系统设置的操作方法。

第1步 进入游戏主界面，点击界面左下角的△按钮，如图 4-22 所示。

第2步 系统会弹出一个面板，点击【系统设置】按钮，如图 4-23 所示。

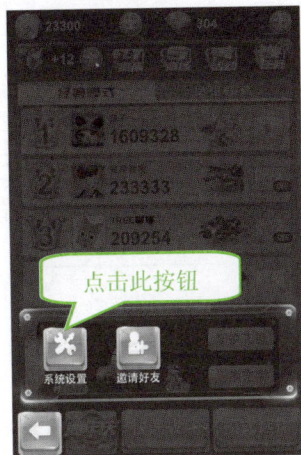

图 4-22   图 4-23

第3步 进入【系统设置】界面，用户可以在其中根据个人的需要进行一系列的游戏设置，设置完成后点击左下角的【返回】按钮即可，如图 4-24 所示。

图 4-24

天天爱消除

本节导读　天天爱消除是腾讯手机游戏平台的一款游戏。该游戏采用活泼可爱的风格，整体画面充满了欢乐气氛，画质方面也比较细腻精美。游戏将主角设置为超萌的小动物，当玩家在移动或消除图像，乃至轻轻触摸到它们时，它们就会做出各种各样好玩的表情。本节将详细介绍天天爱消除这款游戏的相关知识及操作方法。

4.3.1　启动并开始游戏

在传承原有经典三消类玩法的基础上，天天爱消除结合了腾讯平台特色，深度植入了微信和手机 QQ 的社交关系链，丰富的社交互动玩法可以让玩家随时随地与好友互动分享乐趣。下面将详细介绍启动并开始天天爱消除游戏的方法。

第1步　下载游戏，并点击该游戏图标，即可进入游戏登录界面，用户可以选择以游客、微信或者 QQ 方式登录，这里点击【与微信好友玩】按钮，如图 4-25 所示。

第2步　进入【微信登录】界面，点击【确认登录】按钮，如图 4-26 所示。

图 4-25

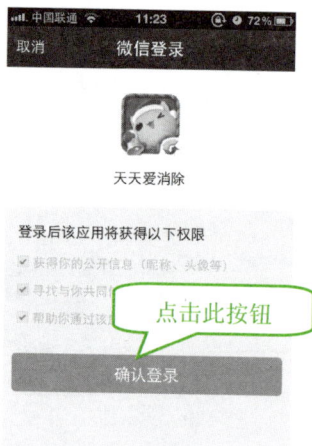

图 4-26

第3步 进入下一界面，用户需要点击屏幕任意位置进入游戏，如图 4-27 所示。

第4步 进入【欢迎来到天天爱消除】界面，点击【开始游戏】按钮，如图 4-28 所示。

图 4-27　　　　　　　　　　　　图 4-28

第5步 这时即可进入游戏了，通过点击画面中的动物，只要找出 3 个排在一起的相同动物即可进行消除，如图 4-29 所示。

第6步 界面中出现"时间到"提示后，游戏就会结束，如图 4-30 所示。

图 4-29　　　　　　　　　　　　图 4-30

第7步 游戏结束后会进入得分界面，在其中显示用户通过游戏得到的分数，如果得分为历史最高分，则会出现"历史最高"提示，点击【确定】按钮，如图 4-31 所示。

第8步 如果用户的得分比好友的分数多，会提示用户"排名上升了"的信息，如图 4-32 所示。

图 4-31

图 4-32

4.3.2　爱心、金币、钻石以及收取礼物

天天爱消除有着爱心、金币、钻石以及收取礼物的系统，下面将详细介绍其相关知识及操作方法。

第1步 进入游戏主界面后，界面左上角显示的是钻石，用来兑换爱心和金币；右上角显示的是金币，用来购买道具；在钻石和金币下方有一排爱心，爱心是游戏的能量，一颗爱心代表一个能量值。玩家必须有能量值才能继续游戏，每局游戏会消耗一个爱心，5 颗爱心不满时每 10 分钟可恢复一颗，游戏升级时也会获得一定的爱心。用户可以点击爱心右侧的【邮件】按钮，如图 4-33 所示。

第2步 进入【收件箱】界面，用户可以查看好友邮件和系统邮件，当邮件中有礼物时，可以点击【领取】按钮，如图 4-34 所示。

第3步 系统会弹出【邮件领取】对话框，提示用户领取的礼物详情，点击【领取】按钮即可收取礼物，如图 4-35 所示。

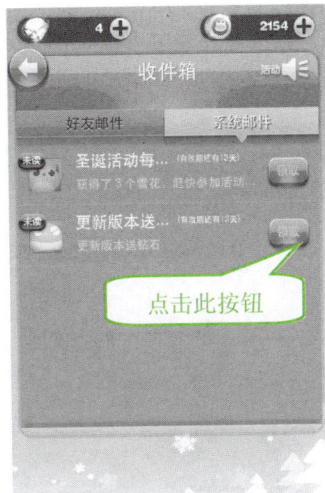

图 4-33　　　　　　　　　　图 4-34

图 4-35

4.3.3　购买钻石与兑换金币

　　天天爱消除中的钻石和金币在游戏中的作用很大，可以用于购买很多神秘道具。下面将详细介绍购买钻石与兑换金币的操作方法。

　　第 1 步 进入游戏主界面后，点击界面左上角钻石旁边的 ➕ 按钮，进入【购买钻石】界面，用户可以在此界面中购买想要的钻石，如图 4-36 所示。

第2步 点击界面右上角金币旁边的➕按钮，进入【兑换金币】界面，用户可以在此界面中兑换想要的金币，如图 4-37 所示。

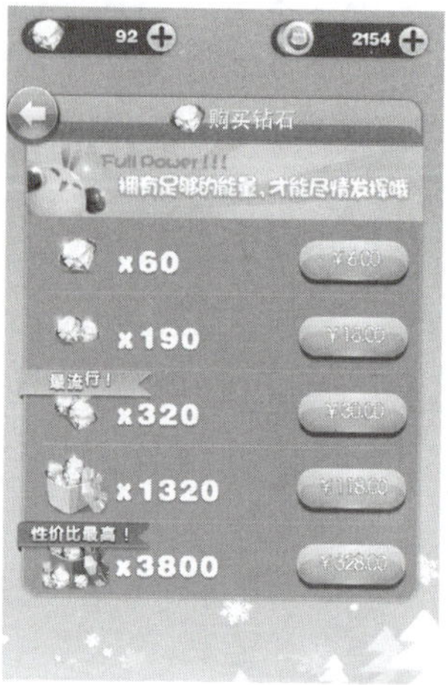

图 4-36

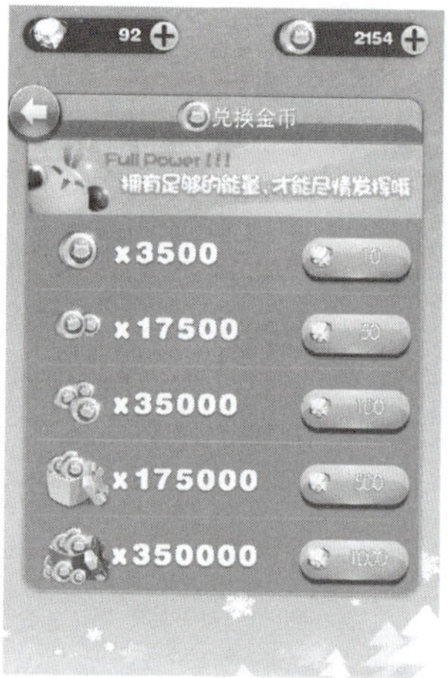

图 4-37

智慧锦囊

天天爱消除钻石兑换金币介绍

金币可以用来购买道具，比如快速提示、鲨鱼导弹、时间倒流等。不同道具的价格不一样，如快速提示每轮游戏需要 60 个金币，鲨鱼导弹需要 200 个。钻石可以用来兑换爱心和金币，60 个钻石=6 个金币，以此类推。

4.3.4 查看成就并分享到朋友圈

用户可以查看自己的游戏成就并将其分享到朋友圈中，瞬间变身成为朋友圈里的"大红人"。下面将详细介绍查看成就并分享到朋友圈的操作方法。

第1步 进入游戏主界面，点击下方的【特殊成就】按钮，如图 4-38 所示。

第2步 进入【特殊成就】界面，用户可以在此界面中查看自己得到的所有成就，点击【分享到朋友圈】按钮，如图 4-39 所示。

第3步 进入下一界面，*1.*在输入框中输入说明文字，*2.*点击【发送】按钮，如图 4-40 所示。

第4步 进入【朋友圈】界面，可以看到自己的游戏成就已被发布，如图 4-41 所示。

图 4-38

图 4-39

图 4-40

图 4-41

4.3.5　邀请好友获得奖励

　　觉得游戏好玩，但是发现好友里没有人在玩，这时用户就可以邀请微信好友一起玩，邀请成功后还能获得一定的游戏奖励，下面将详细介绍其操作方法。

　　第1步 进入游戏主界面，点击下方的【邀请奖励】按钮，如图 4-42 所示。

第2步 进入【邀请奖励】界面，点击【加好友】按钮，如图4-43所示。

图4-42 图4-43

第3步 进入【选择】界面，用户可以在此界面中直接邀请最近聊天的好友，如果没有想要邀请的好友，可以选择【创建新的聊天】选项，如图 4-44 所示。

第4步 进入【选择联系人】界面，**1.**选择准备邀请的联系人，**2.**点击【确定】按钮，如图4-45所示。

图4-44 图4-45

第5步 系统会进入下一界面并弹出【天天爱消除】对话框，**1.**在输入框中输入准备发送给好友的留言，**2.**点击【发送】按钮，如图 4-46 所示。

第6步 系统提示"已发送"信息，用户可以选择返回游戏或者留在微信，这里选择【留在微信】选项，如图 4-47 所示。

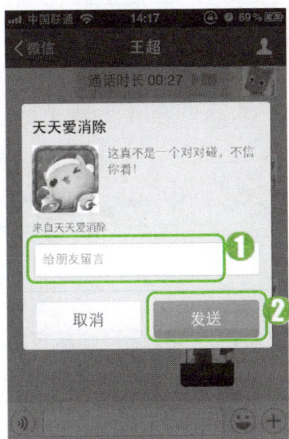

图 4-46

图 4-47

第7步 进入与被邀请好友的聊天界面，可以看到邀请消息已经发送给该好友，如图 4-48 所示。

第8步 邀请成功后，返回到天天爱消除游戏中，系统会弹出一个对话框，提示用户邀请发送成功信息，并给予一定的奖励，点击【确定】按钮即可完成邀请好友获得奖励的操作，如图 4-49 所示。

图 4-48

图 4-49

欢乐斗地主

本节导读

　　欢乐斗地主是腾讯开发的一款比较流行、玩家比较多的一款桌面休闲扑克牌游戏。因为在线玩家多，玩法简单，能够斗智斗勇，因此获得很多玩家的喜爱。欢乐斗地主游戏角色采用可爱的卡通形象，画面唯美，游戏富有娱乐性与对抗性。本节将详细介绍欢乐斗地主这款游戏的相关知识及操作方法。

4.4.1　启动并开始游戏

　　欢乐斗地主是包含斗地主经典玩法、癞子玩法和挑战赛玩法的合集版本，具有好友排行榜、社交分享等功能，并引入微信、QQ 好友关系链。下面将详细介绍启动并开始该游戏的方法。

　　第 1 步 下载游戏，并点击该游戏图标，进入游戏登录界面，用户可以选择以微信或者 QQ 方式登录，这里点击【微信登录】按钮，如图 4-50 所示。

　　第 2 步 进入【微信登录】界面，提示"正在登录欢乐斗地主"信息，系统会自动以微信登录的方式登录到欢乐斗地主游戏，如图 4-51 所示。

图 4-50

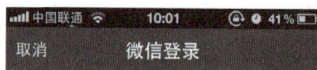

图 4-51

　　第 3 步 进入下一界面，用户需要在线等待一段时间，如图 4-52 所示。

第4步 进入游戏主界面，欢乐斗地主有四大玩法，分别为经典玩法、癞子玩法、经典挑战赛和癞子挑战赛，这里点击【经典玩法】按钮，如图 4-53 所示。

图 4-52　　　　　　　　　　　　图 4-53

第5步 进入下一界面，用户可以选择新手场、初级场、中级场和高级场，这里点击【初级场】按钮，如图 4-54 所示。

第6步 进入下一界面，用户需要在线等待一段时间，如图 4-55 所示。

图 4-54　　　　　　　　　　　　图 4-55

第7步 进入到游戏桌面，用户可以选择明牌玩法或者直接开始游戏，这里点击【开始游戏】按钮，如图 4-56 所示。

第8步 进入到发牌界面，用户需要等待系统进行发牌，这时可以点击【明牌】按钮，切换主明牌玩法，如图 4-57 所示。

图 4-56　　　　　　　　　　　　图 4-57

第9步 进入叫牌界面，用户可以进行叫地主、抢地主和不抢操作，如图 4-58 所示。

第10步 进入开始游戏界面，这时用户就可以选择合适的牌进行游戏了，如图 4-59 所示。

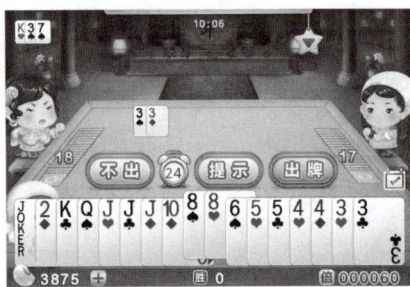

图 4-58　　　　　　　　　　图 4-59

4.4.2　查看每日任务

在玩欢乐斗地主时用户可以查看每日任务，通过完成每日任务获取一定的游戏奖励，下面将详细介绍查看每日任务的操作方法。

第1步 在游戏主界面中，点击上方的【任务】按钮，如图 4-60 所示。

第2步 系统会弹出【任务】对话框，用户可以在此对话框中详细查看每日的任务内容，如图 4-61 所示。

图 4-60　　　　　　　　　　图 4-61

4.4.3　查看邮件消息并领取礼物

欢乐斗地主中的邮件消息通常是好友或者系统给用户发送的一些礼物消息，用户可以通过查看邮件消息来领取礼物，下面将详细介绍其操作方法。

第1步 在游戏主界面中，点击【财富排行】右侧的【邮件】按钮✉，如图 4-62 所示。

第2步 弹出【消息】对话框，用户可以在此对话框中查看详细的邮件内容，点击消息中的【领取】按钮，如图 4-63 所示。

图 4-62

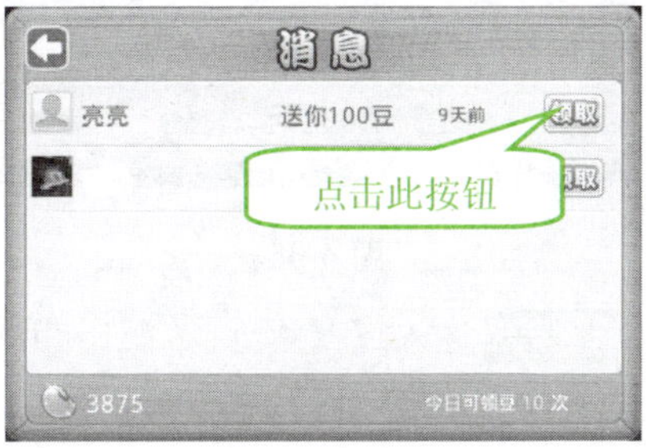

图 4-63

第3步 系统会提示用户领取成功，这样即可完成查看邮件消息并领取礼物的操作，如图 4-64 所示。

图 4-64

4.4.4　邀请好友

在欢乐斗地主游戏中，用户可以给微信好友发送一条信息，邀请好友一起来玩游戏。下面将详细介绍邀请好友的操作方法。

第1步 在游戏主界面中，点击下方的【邀请好友】按钮，如图 4-65 所示。

第2步 系统会弹出一个对话框，提示用户"进入微信，邀请微信好友一起玩"信息，点击【确定】按钮，如图 4-66 所示。

图 4-65 　　　　　　　　　　　　　　图 4-66

第3步 进入【选择】界面，用户可以在此界面中直接邀请最近聊天的好友，如果没有想要邀请的好友，可以选择【创建新的聊天】选项，如图 4-67所示。

第4步 进入【选择联系人】界面，**1.**选择准备邀请的联系人，**2.**点击【确定】按钮，如图 4-68 所示。

图 4-67 　　　　　　　　　　　　　　图 4-68

第5步 系统会进入下一界面并弹出【游戏邀请】对话框，**1.**在输入框中输入准备发送给好友的留言，**2.**点击【发送】按钮，如图 4-69 所示。

第6步 系统提示"已发送"信息，用户可以选择返回游戏或者留在微信，这里选择【留在微信】选项，如图 4-70 所示。

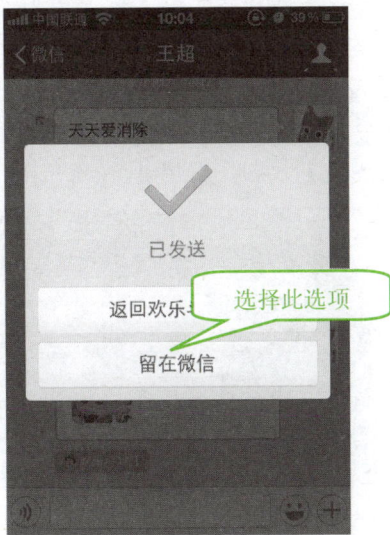

图 4-69　　　　　　　　　　　　图 4-70

第 7 步 进入与被邀请好友的聊天界面，可以看到邀请消息已经发送给该好友，这样即可完成邀请好友的操作，如图 4-71 所示。

图 4-71

4.4.5　给好友发送欢乐豆

玩欢乐斗地主是需要欢乐豆的，用户每天都可以给好友发送一定数量的欢乐豆。下面将详细介绍给好友发送欢乐豆的操作方法。

第1步 进入游戏主界面，用户可以在【胜局积分】或【财富排行】选项卡中看到好友列表，在好友头像右侧有一个【欢乐豆】按钮，点击该按钮，如图 4-72 所示。

第2步 系统会弹出一个对话框，提示用户"发微信告诉 TA？"信息，点击【发送】按钮，如图 4-73 所示。

图 4-72   图 4-73

第3步 返回到游戏主界面，可以看到刚点击的按钮上出现"已送"字样，如图 4-74 所示。

第4步 进入到与该好友的聊天界面，可以看到用户赠送欢乐豆的消息已经发送给该好友，这样即可完成给好友发送欢乐豆的操作，如图 4-75 所示。

图 4-74   图 4-75

4.4.6 和好友一起玩

欢乐斗地主无疑是非常好的一款休闲棋牌类游戏，紧张刺激，但是一个人玩总会觉得没劲，如果能和微信好友一起玩，那就会给用户带来更好的游戏体验。

下面将详细介绍和好友一起玩的操作方法。

第1步 在游戏主界面中，点击下方的【和好友一起玩】按钮，如图 4-76 所示。

第2步 进入下一界面，用户可以选择开设经典玩法房间或开设癞子玩法房间，这里点击【开设经典玩法】按钮，如图 4-77 所示。

图 4-76

图 4-77

第3步 进入到读取界面，用户需要等待一段时间，如图 4-78 所示。

第4步 进入下一界面，用户可以在此选择邀请在玩好友或邀请微信好友，这里点击【邀请微信好友】按钮，如图 4-79 所示。

图 4-78

图 4-79

第5步 系统会弹出一个对话框，提示用户"进入微信，邀请好友一起玩"信息，点击【确定】按钮，如图 4-80 所示。

第6步 进入【选择】界面，用户可以在此界面中直接邀请最近聊天的好友，如果没有想要邀请的好友，可以选择【创建新的聊天】选项，如图 4-81 所示。

第7步 进入【选择联系人】界面，**1.**选择准备邀请的联系人，**2.**点击【确定】按钮，如图 4-82 所示。

图 4-80

图 4-81

第 8 步 系统会进入下一界面并弹出【游戏邀请】对话框，**1.**在输入框中输入准备发送给好友的留言，**2.**点击【发送】按钮，如图 4-83 所示。

图 4-82

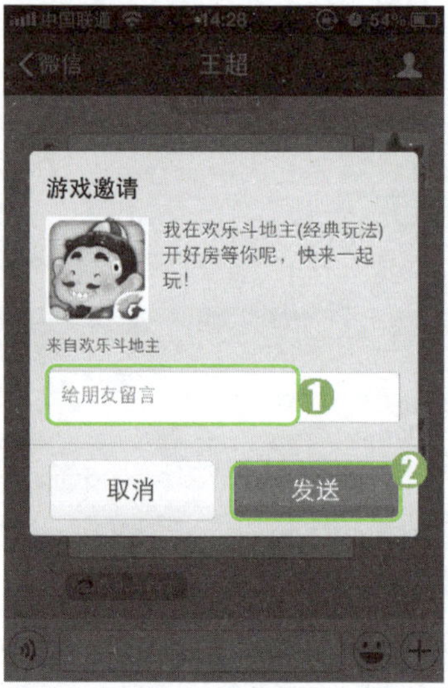

图 4-83

第 9 步 系统提示"已发送"信息，用户可以选择返回游戏或者留在微信，这里点击【返回欢乐斗地主】按钮，如图 4-84 所示。

第 10 步 返回到欢乐斗地主界面中，点击上方的【准备】按钮 ，如图 4-85 所示。

第 11 步 这时在界面中会出现【坐下】按钮，点击该按钮，如图 4-86 所示。

第 12 步 可以看到用户的人物已处于准备状态，如图 4-87 所示。

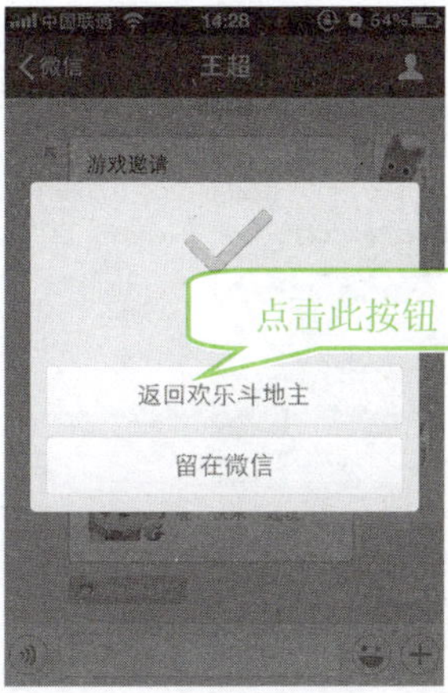

图 4-84

图 4-85

图 4-86

图 4-87

第 13 步 等待用户邀请的好友都接受邀请并进入游戏房间后，用户可以选择明牌玩法或者直接开始游戏，这里点击【开始游戏】按钮，如图 4-88 所示。

第 14 步 这时系统即自动发牌，开始游戏了，如图 4-89 所示。

图 4-88

图 4-89

第15步 通过以上步骤即可完成和好友一起玩的操作，如图 4-90 所示。

图 4-90

4.4.7　将战绩分享到朋友圈

玩家在游戏中可与微信好友进行互动，将自己的游戏成绩分享到朋友圈。下面将详细介绍将战绩分享到朋友圈的操作方法。

第1步 游戏结束后，系统会弹出一个对话框，显示玩家的战绩表，点击【分享】按钮，如图 4-91 所示。

第2步 进入下一界面，用户可以选择将战绩分享给好友或分享到朋友圈，这里点击【分享到朋友圈】按钮，如图 4-92 所示。

图 4-91

图 4-92

第3步 进入【分享】界面，*1.*在输入框中输入分享内容的说明文字，*2.*点击【发送】按钮，如图 4-93 所示。

第4步 进入【朋友圈】界面，可以看到游戏战绩已被分享，通过以上步骤即可完成将战绩分享到朋友圈的操作，如图 4-94 所示。

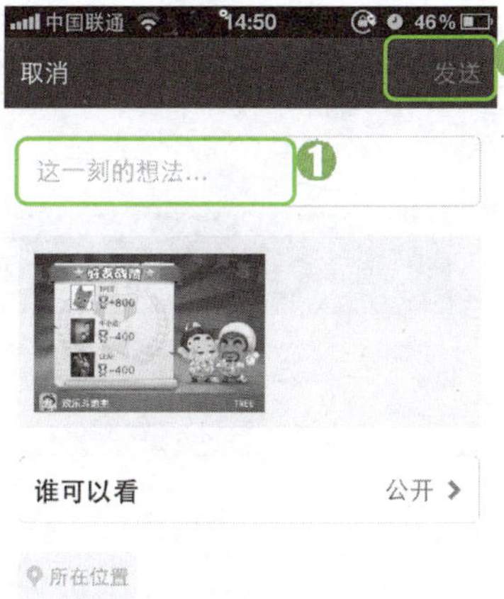

图 4-93

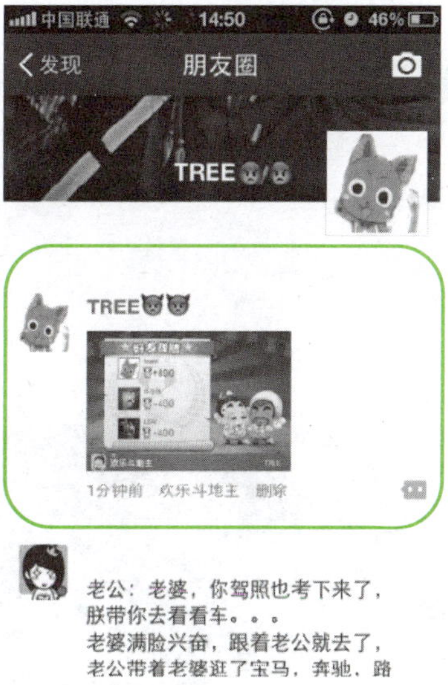

图 4-94

Section 4.5 天天酷跑

本节导读

天天酷跑是腾讯移动游戏平台为海量微信和手机 QQ 用户量身打造的一款精品手机游戏。在继承经典横版跑酷游戏的基础玩法下，天天酷跑新增了“下滑”操作，令游戏乐趣倍增。动感的背景音乐、华丽的游戏界面、得心应手的跑酷游戏体验，可让玩家在精妙的设计中越玩越爽快。本节将详细介绍天天酷跑这款游戏的相关知识及操作方法。

4.5.1　启动并开始游戏

天天酷跑可以随时随地与微信、QQ 好友一起玩，并且游戏上手非常容易，能为玩家带来最为得心应手的跑酷体验。下面将详细介绍启动并开始该游戏的操作方法。

第 1 步 下载游戏，并点击该游戏图标，进入游戏登录界面，用户可以选择以游客、微信或者 QQ 方式登录，这里点击【与微信好友玩】按钮，如图 4-95

所示。

第2步 进入【微信登录】界面，点击【确认登录】按钮，如图 4-96 所示。

图 4-95

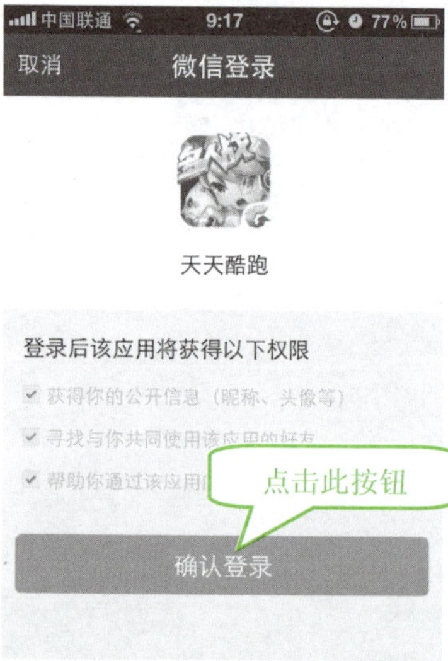

图 4-96

第3步 进入加载界面，用户需要在线等待一段时间，如图 4-97 所示。

第4步 进入游戏主界面，用户可以选择游戏模式，包括酷跑模式、冒险模式、炫飞模式或者多人对战模式，这里点击【酷跑模式】按钮，如图 4-98 所示。

图 4-97

图 4-98

第5步 进入【道具购买】界面，**1.**用户可以选择左侧的道具进行购买从而将其应用于游戏中，**2.**点击【开始游戏】按钮，如图 4-99 所示。

第6步 进入游戏界面，用户可以点击左下角的【下滑】按钮或者右下角的【跳跃】按钮 进行游戏，如图 4-100 所示。

图 4-99　　　　　　　　　　　　　　　　图 4-100

第 7 步 人物挑战失败后，会弹出【原地复活】对话框，用户可以点击【复活】按钮继续进行游戏，也可以点击【再来一局】按钮重新进行游戏，这里点击【再来一局】按钮，如图 4-101 所示。

第 8 步 通过以上步骤即可完成启动并开始游戏的操作，如图 4-102 所示。

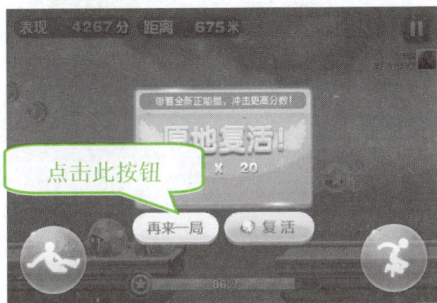

图 4-101

图 4-102

4.5.2　查看精彩活动

玩家要想在天天酷跑游戏的路上更进一步，需要多注意一些精彩活动，这些活动通常都会给玩家带来很多好处。下面将详细介绍查看精彩活动的操作方法。

第 1 步 在游戏主界面中，点击右下角的【精彩活动】按钮，如图 4-103 所示。

第 2 步 系统会弹出一个对话框，在这里用户可以查看【酷跑事件】和【欢乐活动】两个选项卡中的内容，如图 4-104 所示。

图 4-103　　　　　　　　　　　图 4-104

第 3 步 在查看的活动页面中，用户还可以点击图片链接，如图 4-105 所示。

第 4 步 这样即可进入该活动的详细内容页面，如图 4-106 所示。

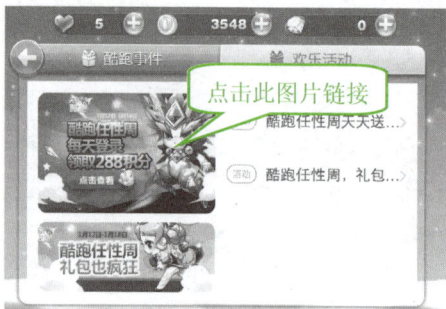

图 4-105　　　　　　　　　　　图 4-106

4.5.3　贵族申请

天天酷跑游戏中还提供贵族特权，成为天天酷跑贵族可以让用户在酷跑中拥有各种特权。下面将详细介绍贵族申请的操作方法。

第 1 步 在游戏主界面中，点击下方的【贵族申请】按钮，如图 4-107 所示。

第 2 步 系统会弹出一个面板，用户可以选择申请成为酷跑贵族或者冒险贵族，这里点击【酷跑贵族】按钮，如图 4-108 所示。

第 3 步 系统会弹出【贵族申请】对话框，用户可以选择购买贵族 1、贵族 2 或者贵族 3，这里选择【贵族 1】选项，然后点击【购买贵族 1】按钮，这样即可完成贵族申请的操作，如图 4-109 所示。

图 4-107 　　　　　　　　　　　　图 4-108

图 4-109

4.5.4　查看邮箱并领取礼物

在天天酷跑游戏中也可以查看邮箱并通过收到的邮件来领取礼物。下面将详细介绍查看邮箱并领取礼物的操作方法。

第1步 在游戏主界面中，点击下方的【邮箱】按钮，如图 4-110 所示。

第2步 系统会弹出一个对话框，在这里用户可以查看好友送心、对战聊天和系统邮件的相关消息，这里选择【系统邮件】选项，然后点击其中的信息图标，如图 4-111 所示。

第3步 系统会弹出一个界面，提示用户领取的礼物信息，点击【礼物收取】按钮即可完成查看邮箱并领取礼物的操作，如图 4-112 所示。

图 4-110   图 4-111

图 4-112

4.5.5 送礼包给好友

天天酷跑有着丰富的好友馈赠系统，用户可以购买道具礼物送给好友，从而增加朋友之间的友谊。下面将详细介绍送礼包给好友的操作方法。

第1步 在游戏主界面中，点击下方的【礼品商城】按钮，如图 4-113 所示。

第2步 系统会弹出【礼品商城】界面，在这里用户可以选择购买的礼包类型，然后点击礼包下方的【送朋友】按钮，如图 4-114 所示。

第3步 进入【我要送给 TA】界面，点击左下角的【输入祝福】按钮，如图 4-115 所示。

图 4-113　　　　　　　　　　　图 4-114

第 4 步 系统会弹出【写给 TA 的话】对话框，*1.*在输入框中输入祝福，*2.*点击【发送】按钮，如图 4-116 所示。

图 4-115　　　　　　　　　　　图 4-116

第 5 步 返回【我要送给 TA】界面，点击准备送给的好友头像右侧的【送给 TA】按钮，如图 4-117 所示。

第 6 步 系统会弹出【确认购买】对话框，提示用户购买礼包所需的费用和要赠送的好友的名字，点击【确认】按钮，这样即可完成送礼包给好友的操作，如图 4-118 所示。

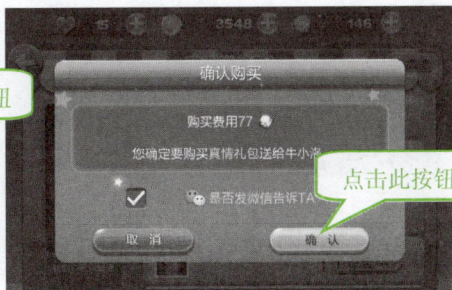

图 4-117　　　　　　　　　　　图 4-118

4.5.6 给附近的人丢纸条

天天酷跑中有一个"附近的人"功能，用户可以查看附近的玩家，并且扔纸条给他，一块聊天，一块分享心得。下面将详细介绍给附近的人丢纸条的操作方法。

第1步 在游戏主界面中，点击左下角的∧按钮，如图4-119所示。

第2步 系统会弹出一个面板，点击【附近的人】按钮，如图4-120所示。

图 4-119

图 4-120

第3步 弹出【获取地理位置】对话框，系统提示"将获取你的位置信息，是否确定"信息，用户需要将手机中"定位服务"功能中的"天天酷跑"开启，然后点击【确认】按钮，如图4-121所示。

第4步 系统会弹出一个对话框，提示"'天天酷跑'要使用您当前的位置"信息，点击【好】按钮，如图4-122所示。

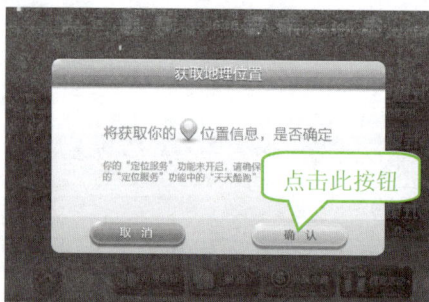

图 4-121

图 4-122

第5步 进入【附近的人】界面，点击右上角的•••按钮，如图4-123所示。

第6步 系统会弹出【更多】对话框，在这里用户可以选择查看附近的女生、男生或丢纸条的人，如图4-124所示。

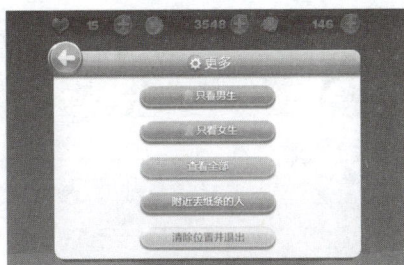

图 4-123　　　　　　　　　　　　图 4-124

第7步 返回【附近的人】界面，用户还可以选择查看经典模式、极速世界或进击模式中的玩家列表，点击任意一个玩家的头像，如图 4-125 所示。

第8步 进入【玩家信息】界面，可以看到该玩家的信息，包括当前使用的角色和坐骑，以及携带的所有宠物信息，点击【丢纸条】按钮，如图 4-126 所示。

图 4-125　　　　　　　　　　　　图 4-126

第9步 进入下一界面，**1.**在输入框中输入纸条信息，**2.**点击【发送】按钮，如图 4-127 所示。

第10步 在输入框下方可以看到输入的纸条信息已发送给对方，这样即可完成给附近的人丢纸条的操作，如图 4-128 所示。

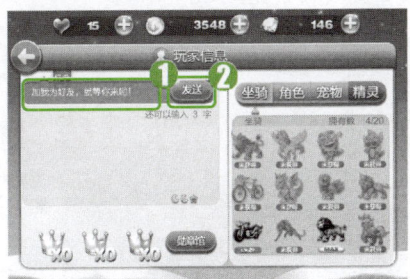

图 4-127　　　　　　　　　　　　图 4-128

节奏大师

本节导读　　节奏大师是苹果平台和安卓平台上的一款老少皆宜的手机游戏，该游戏以传统下落式音符玩法为核心玩法，在传统敲击音符玩法的基础上加入滑动音符，游戏过程中单键敲击与滑动屏幕的操作方式更容易让玩家体验到演奏音乐的畅快感。本节将详细介绍节奏大师这款游戏的相关知识及操作方法。

4.6.1　启动并开始游戏

节奏大师新颖的玩法能让用户与好友开启乐趣无穷的挑战比拼。下面将详细介绍启动并开始该游戏的操作方法。

第1步　下载游戏，并点击该游戏图标，进入游戏登录界面，用户可以选择以游客、微信或者 QQ 方式登录，这里点击【与微信好友玩】按钮，如图 4-129 所示。

第2步　进入【微信登录】界面，提示"正在登录节奏大师"信息，系统会自动以微信登录的方式登录节奏大师游戏，如图 4-130 所示。

图 4-129

图 4-130

第3步　系统弹出【每日登录奖励】对话框，点击【领取】按钮，如图 4-131 所示。

第4步 进入游戏主界面，在此界面中用户可以对该游戏进行各种操作，如点击【闯关模式】按钮，如图 4-132 所示。

图 4-131

图 4-132

第5步 进入【第 1 关】界面，显示第 1 关的歌曲内容，**1.**用户可以通过左下角的【调速】按钮调节歌曲音符落下的速度，**2.**点击【开始闯关】按钮，如图 4-133 所示。

第6步 进入读取界面，用户需要在线等待一段时间，歌曲正在下载中(推荐用户在 Wi-Fi 环境下下载歌曲以节省手机流量)，如图 4-134 所示。

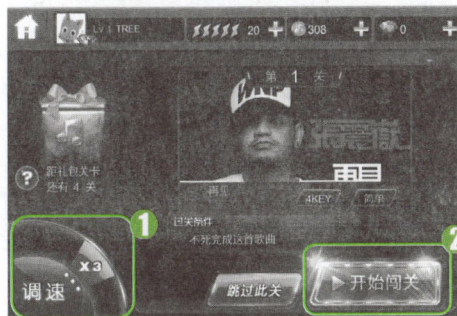

图 4-133

图 4-134

第7步 进入【选择道具】界面，**1.**用户可以选择需要用到的游戏道具进行购买，**2.**点击【开始游戏】按钮，如图 4-135 所示。

第8步 进入游戏界面，这时用户就可以通过点击落下的音符进行游戏了，如图 4-136 所示。

第9步 在游戏的过程中如果遇到"面条"形的音符时，需要一直按住该音符直至音符消失，如图 4-137 所示。

第10步 歌曲结束后即完成游戏，系统会显示游戏所得到的分数和是否闯关成功，如图 4-138 所示。

图 4-135

图 4-136

图 4-137

图 4-138

4.6.2　礼从天降

新版本的节奏大师中更新了抽奖活动，那就是礼从天降。基本上每个玩家都能免费抽奖，更有机会获得稀有角色或者物品。下面将详细介绍玩礼从天降的操作方法。

第 1 步 在游戏主界面中，点击人物左侧的【活动】按钮，如图 4-139 所示。

第 2 步 系统会弹出一个面板，点击【礼从天降】按钮，如图 4-140 所示。

第 3 步 进入【礼从天降】界面，点击转盘中间的【开始】按钮，如图 4-141 所示。

第 4 步 待转盘转动结束后，会提示用户所转到的礼物，点击【领取礼物】按钮，即可完成玩礼从天降的操作，如图 4-142 所示。

图 4-139

图 4-140

图 4-141

图 4-142

礼从天降活动的刷新时间以及包括的礼物

智慧锦囊　　每位游戏用户在首次登录节奏大师游戏时都能免费参加一次礼从天降活动，抽取一次礼物，之后需要再等 8 个小时才能进行第二次抽奖。礼从天降的礼物包括限时角色、体力、积分抽奖、免费跳关、金币、钻石、PK 入场券以及限时抽歌等。

4.6.3　更多模式的玩法

　　节奏大师不仅只有闯关模式的玩法，还有星动模式、S 周闯关以及多键位玩法。下面将详细介绍进行更多模式玩法的操作方法。

　　第 1 步 在游戏主界面中，点击右下方的【更多模式】按钮，如图 4-143 所示。

　　第 2 步 进入【选择您要玩的模式】界面，在这里用户可以选择准备玩的游戏模式，这里点击【星动模式】按钮，如图 4-144 所示。

图 4-143　　　　　　　　　　图 4-144

第3步 进入选择歌曲界面，用户可以选择自己喜欢的歌曲进行游戏，如图 4-145 所示。

第4步 进入歌曲详情界面，显示该歌曲的难易程度以及排名情况，点击【开始游戏】按钮，如图 4-146 所示。

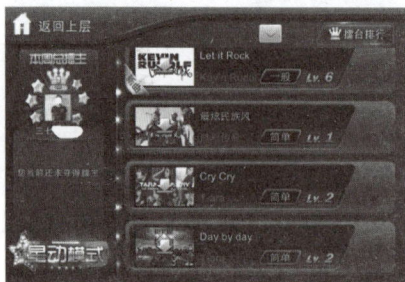

图 4-145　　　　　　　　　　图 4-146

第5步 进入读取界面，用户需要在线等待一段时间，歌曲正在下载中，如图 4-147 所示。

第6步 进入【选择道具】界面，**1.**用户可以选择需要用到的游戏道具进行购买，**2.**点击【开始游戏】按钮，如图 4-148 所示。

图 4-147　　　　　　　　　　图 4-148

第 7 步 进入游戏界面，这时用户就可以进行星动模式的游戏了，如图 4-149 所示。

第 8 步 待歌曲结束后，如果用户的分数为该歌曲的最高分，会提示用户成为该歌曲的擂主，如图 4-150 所示。

图 4-149　　　　　　　　　　　　图 4-150

第 9 步 通过以上步骤即可完成进行更多模式的玩法的操作，如图 4-151 所示。

图 4-151

4.6.4　进行 PK 对战

PK 对战模式是节奏大师更新之后增加的一项内容，自更新以来，就受到众多玩家的一致好评。下面将详细介绍进行 PK 对战的操作方法。

第 1 步 在游戏主界面中，点击人物右侧的【PK 对战】按钮，如图 4-152 所示。

第2步 进入【世界对战】界面，在这里用户可以选择准备进行的 PK 模式，这里点击第一个【经典模式】下方的【入场】按钮，如图 4-153 所示。

图 4-152　　　　　　　　　　　　图 4-153

第3步 进入下一界面，系统会提示"歌曲准备中，请耐心等待一小会"信息，此时用户可以通过左下角的【调速】按钮调节歌曲音符落下的速度，如图 4-154 所示。

第4步 进入【选择道具】界面，**1.**用户可以选择需要用到的游戏道具进行购买，**2.**点击【开始游戏】按钮，如图 4-155 所示。

图 4-154　　　　　　　　　　　　图 4-155

第5步 进入游戏界面，此时用户就可以通过点击落下的音符或按住"面条"音符进行游戏了，如图 4-156 所示。

第6步 歌曲结束后，系统会提示用户 PK 的结果，想要查看详细的得分情况，可以点击【查看详情】按钮，如图 4-157 所示。

第7步 进入下一界面，查看得分的详细情况，通过以上步骤即可完成进行 PK 对战的操作，如图 4-158 所示。

图 4-156

图 4-157

图 4-158

4.6.5　领取任务奖励

节奏大师每天都有一定的任务，完成任务后用户可以领取丰富的奖励。下面将详细介绍领取任务奖励的操作方法。

第1步 在游戏主界面中，点击下方的【任务】按钮，如图 4-159 所示。

第2步 系统会弹出【任务】对话框，在这里用户可以查看所有的任务详情，如果有任务完成会在该任务下方出现【领取奖励】按钮，点击该按钮即可完成领取任务奖励的操作，如图 4-160 所示。

图 4-159   图 4-160

4.6.6　查看公告

玩节奏大师想要得到更多丰厚的奖励或者情报，可以通过查看公告来实现。下面将详细介绍查看公告的操作方法。

第1步 在游戏主界面中，点击下方的【公告】按钮，如图 4-161 所示。

第2步 系统会弹出【公告】对话框，在这里可以查看所有的公告详情，用户可以通过向右拖动或者点击右侧的 > 按钮来切换查看任务，这样即可完成查看公告的操作，如图 4-162 所示。

图 4-161

图 4-162

4.6.7　歌曲批量下载

节奏大师里面的歌曲是可以在 Wi-Fi 环境下批量下载的，这样用户就不用担心手机的流量花费了。下面将详细介绍歌曲批量下载的操作方法。

第1步 在游戏主界面中，点击左下角的【设置】按钮，如图 4-163 所示。

第2步 进入【系统设置】界面，在这里用户可以详细地设置一些关于游戏的设定，点击【歌曲批量下载】右侧的【下载】按钮，如图 4-164 所示。

图 4-163

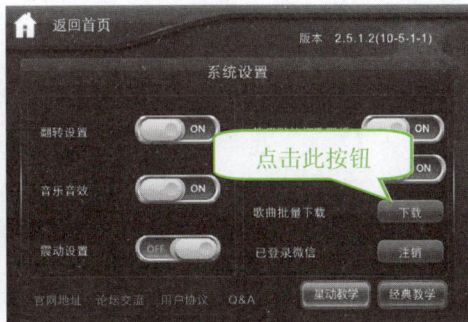

图 4-164

第3步 弹出【歌曲下载】对话框，点击【开始下载】按钮即可进行批量下载，如图 4-165 所示。系统会为用户下载手机未下载过的音乐文件，用户需要在 Wi-Fi 环境下进行下载，因为会产生大量的数据流量。

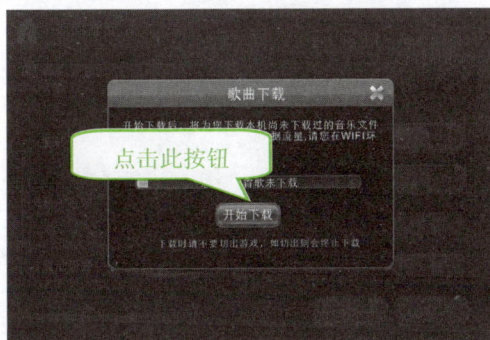

图 4-165

Section 4.7　实用技巧

> **本节导读**　通过本章的学习，读者基本可以掌握和好友一起玩微信游戏的基本知识以及一些常用的操作方法。本节将介绍一些实用技巧，以达到巩固学习、拓展提高的目的。

4.7.1　微信游戏中心通知消息怎么关闭

打开微信，有时候经常接收到微信游戏中心发布的消息，如何关闭这样的消息，让手机更清静呢？其实方法很简单，进行如下操作即可。

首先进入【游戏】界面，然后点击右上角的【游戏管理】按钮，即可进入【游戏管理】界面，选择要关闭接收消息的游戏，进入该游戏的【游戏设置】界面，点击【接收游戏消息】选项右侧的按钮，即可关闭通知消息，如图 4-166 所示。

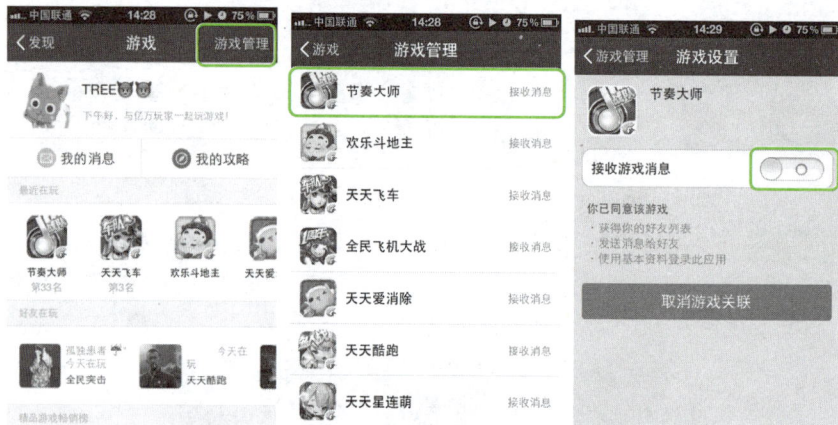

图 4-166

4.7.2　快速进入欢乐斗地主好友私人房

欢乐斗地主游戏中可以开设好友私人房与好友一起进行游戏，但是有时候总是找不到好友开设的房间。其实用户在游戏主界面中，点击下方的【和好友一起玩】按钮进入下一界面后，便可以在左侧的【好友私人房】选项卡下，看到好友所开设的房间列表，直接点击【进入】按钮即可，如图 4-167 所示。

图 4-167

4.7.3　使用天天酷跑"附近的人"功能后清除位置并退出

　　使用天天酷跑"附近的人"功能扔纸条后，为保护用户的个人隐私，可以进行清除位置并退出的操作。进入【附近的人】界面，点击右上角的 按钮，系统弹出【更多】对话框，点击最下方的【清除位置并退出】按钮即可，如图 4-168 所示。

图 4-168

4.7.4　节奏大师的礼从天降抽到的角色怎么体验

　　节奏大师的礼从天降深受广大用户所喜爱，但是当抽到限时角色时，有些用户不知道在哪里使用它。其实用户可以先点击角色，然后向右滑动，就会看见所抽到的人物了，如图 4-169 所示。

图 4-169

4.7.5 安卓系统与苹果系统数据不通用

安卓系统与苹果系统中的数据是不通用的，即用户在游戏中所购买的游戏金币、道具等不能同时在安卓系统与苹果系统的手机上使用，一般游戏里都会有一个提示信息"不同系统之间数据不互通"，如图 4-170 所示。

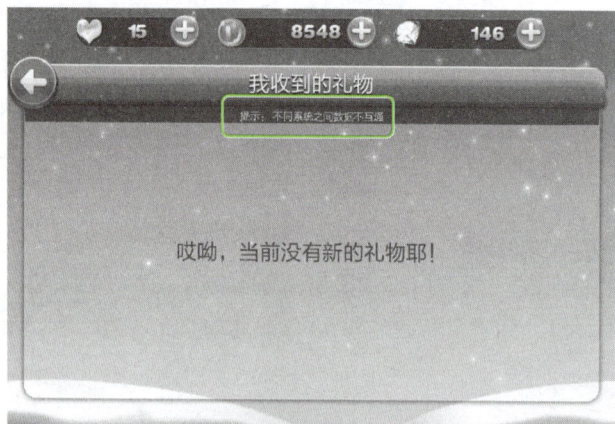

图 4-170

第 5 章

微信电商常用工具

本章主要介绍微信商城、微信支付、微站、微社区、微视和微信店铺方面的知识与操作技巧，同时还讲解微信公众号和工具的融合应用的相关知识。通过本章的学习，读者可以掌握微信电商常用工具方面的知识。

微信商城

本节导读

　　微信商城(又名微商城)是在腾讯微信公众平台推出的一款基于移动互联网的商城应用服务产品。微信商城系统是基于微信而研发的一款社会化电子商务系统，同时又是一款传统互联网、移动互联网、微信商城、易信商城、APP 商城五网一体化的企业购物系统。本节将详细介绍微信商城的相关知识。

5.1.1　微信商城能给企业带来什么价值

　　微信商城是目前基于微信平台最为火爆的商城系统，诸多的企业和商家通过微信给用户提供他们需要的信息，在微信商城推广自己的产品，开展了微信营销。那么为什么诸多企业会将战场转入一个刚刚推出不久的微信商城呢，这主要是基于微信庞大的用户，还有就是微信商城给企业和商家带来的不小价值。下面将详细介绍微信商城能给企业带来什么价值。

1. 维护新老客户

　　通过微信，企业可以将大量的新老客户搜至囊中。企业和商家只要定时推送企业信息或者活动信息，客户便会在第一时间收到相关信息。在微信商城上，还可以将各类客户进行分类管理，有选择性地推送各种需求信息，让企业信息100%地传达到客户手上，通过微信商城与客户零距离的接触，培养良好的客商关系。

2. 节省广告支出

　　企业和商家在推广微信商城的初期，需要加大一定的资金投入，建立好自身的微信平台，完善企业微信的各种运营系统，在能够想到的各种渠道进行推广。一旦将自身的微信商城推广出去，后期只要努力运营这个微信号即可，企业和商家原本需要支出的大量广告费则可以减少许多。

3. 节省人力成本

　　微信商城本身就可以充当智能客服。设定好相关的访问关键字，实现自动回复，即可节约人工客服的人力成本。

4．信息分享转播

当企业和商家用微信与老客户之间形成亲密关系时，老客户就愿意帮助企业和商家分享相关资讯或者活动内容。企业和商家可以通过不间断的奖励活动，刺激老客户分享、传播企业信息，从而达到病毒式营销的效果，发展更多的新客户。

5．塑造企业品牌

企业和商家做微信商城的终极目标就是通过老客户发展新客户。当我们把目标客户拉进企业微信平台后，要不断地对其输出企业文化、企业特点、企业内在等实质性的东西，让客户对企业产生依赖感。通过这些目标客户建立初步的客户群体，形成自己的企业微信品牌。

现在许多的企业和商家转向了微信商城，竞争越来越激烈和多样化，企业和商家的营销方式决不能仅仅局限于老套路。与时俱进，不断创新，才是企业和商家生存壮大的不变法则。

5.1.2　开通微信商城的步骤

通过微信商城系统，消费者只要通过微信，就可以实现商品的查询、选购、体验、互动、订购与支付的线上线下一体化服务。下面将详细介绍开通微信商城的步骤。

（1）微信商城的开通首先需要注册一个微信服务号或订阅号并取得认证，然后将公众号和微信商城进行绑定，并开通支付功能。开通成功后即可进行管理店铺、补充店铺相关信息、上传商品等操作。

（2）购买第三方微信商城。微信商城需要借助第三方平台技术团队的开发才能实现其购物的全部功能。用户只有支付一定的费用，才可以开通微信商城的全部功能，并实现微信商城的投放和使用。

（3）开通微信商城的选用功能。微信商城的选用功能包括：商品管理、会员管理、购物车、商品分类管理、订单管理、店铺设置、支付方式管理、配送方式管理。

（4）产品及促销手段选用。可以设置营销活动，如团购、优惠券、大转盘、刮刮卡、抽奖、测试、朋友圈转发等。

5.1.3 微信商城的分类

微信商城一般可以分为五大类，下面将分别予以介绍。

1. 微信综合商城

微信综合商城类似于实体商城，商品种类繁多，数量庞大。微信综合商城有大小之分，商家入驻商城需要缴纳"柜台"费用，商城大小不同，缴纳的费用多少也不同。商家只有获得在商城中的"柜台"资格，才可以进行线上商品的买卖。

2. 微信行业商城

微信行业商城，顾名思义，就是指该商城只通过网络销售单一品类的商品或者某一行业的相关商品。这样的行业类商城的目标客户明确，专业性强，可以集中满足用户的需求。

3. 微信独立商城

微信独立商城类似于个人商户，自给自卖。它们有独立的生产工厂，生产的商品在商城出售，集生产、销售、售后、物流为一体。

4. 微信连锁商城

微信连锁商城由总部统一配送商品，统一培训服务人员和管理层，对客户进行统一服务。这样的商城知名度高，消费者满意度高，口碑传播性强。

5. 微信直销商城

微信直销商城能够落地执行，可以实现商品的直接买卖。

Section 5.2 微信支付

本节导读　微信支付是由微信及第三方支付平台财付通联合推出的移动支付创新产品，旨在为广大微信用户及商户提供更优质的支付服务。微信的支付和安全系统由腾讯财付通提供支持，财付通是持有互联网支付牌照并具备完备的安全体系的第三方支付平台。本节将详细介绍微信支付的相关知识及操作方法。

5.2.1　微信支付的电商价值

微信支付对于电商主要有两个价值，下面将分别予以介绍。

1. 交易半径的扩大

微信支付的出现扩大了整个线上交易和线上支付的半径，带来的积极影响会再次创造线上交易的盛世狂欢。微信支付并非只是一个搅局者，而是共同做大线上支付市场的参与者。用户在玩手机的时候，顺便就进行支付消费，提升消费支付体验，带来价值增值。

2. 降低成本

微信支付如果能够绕开银联，直接与占银行发卡 90%市场份额的前十家银行谈判，将其数据接口直接与银行连接，那么在支付比例分成方面会减少银联的份额，从而为降低支付费费率创造了可能，直接受益的是卖家。卖家成本的降低会使其热情更加高涨，并且更愿意在线上销售。由于渠道费用的降低，也为线上商品价格降低提供了可能。

面临市场定位挑战的第三方支付商今后还需要对金融增值服务进行精心设计，以求解决电子商务支付环节中产生的交易成本、适用性、方便性与有效性的问题。

5.2.2　开通微信支付的步骤

下面将详细介绍开通微信支付的步骤。

(1) 登录财付通账号。

首先用户需要登录财付通账号，网址为"https://www.tenpay.com"，如图 5-1 所示。

图 5-1

如果没有财付通账号，用户可以通过 QQ 号进行注册和登录，也可以用手机号进行注册，如图 5-2 所示。

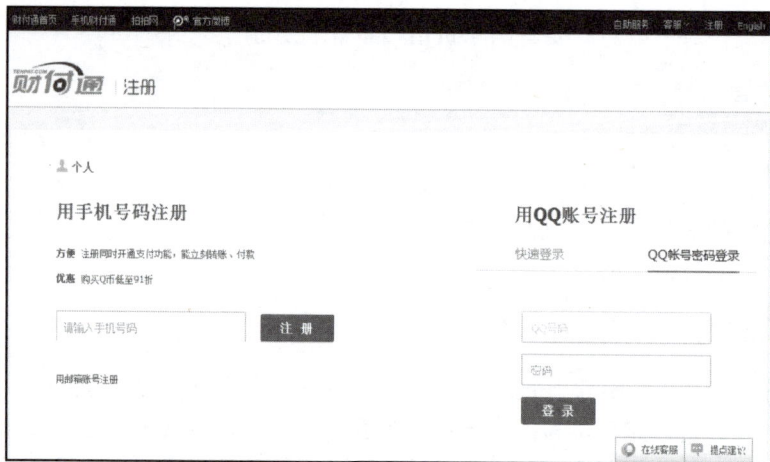

图 5-2

(2) 激活微支付。

进入财付通账号后，在页面的左侧可以看到一个【微支付】选项，选择该选项，然后单击右侧的【立即激活】按钮，如图 5-3 所示。

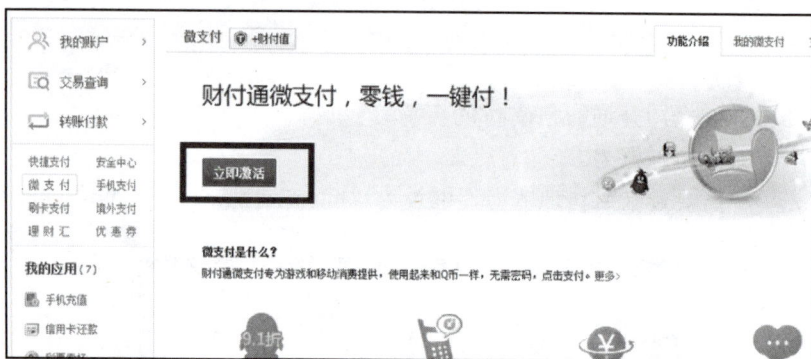

图 5-3

(3) 激活成功。

单击【立即激活】按钮后，系统会弹出一个【提示】对话框，说明用户的微支付激活成功，单击【立即使用】按钮即可开始使用微信支付了，如图 5-4 所示。

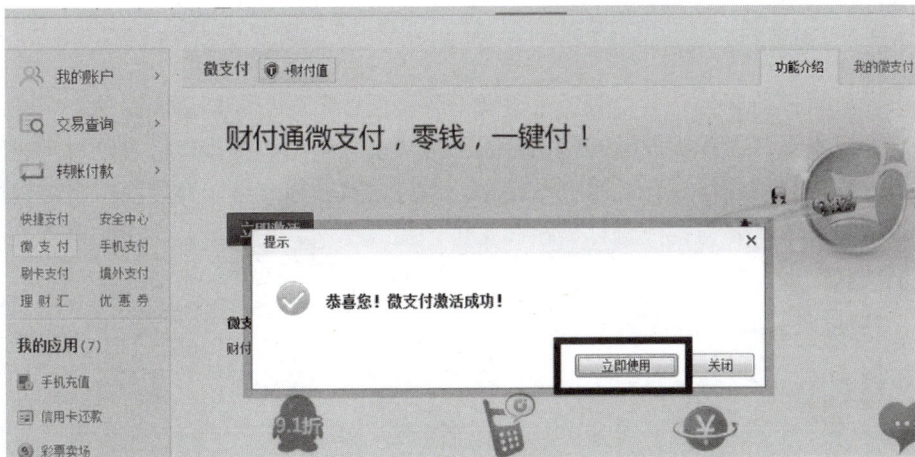

图 5-4

Section 5.3　微站

本节导读　微站是移动互联网时代创新型的企业移动门户和手机客户端 APP 的总称，可以快速构筑更适合手机直接访问的手机网站，生成动态手机客户端 APP，并融合微信、微博、二维码多种营销方式，帮助企业展示形象，打造品牌，开创营销新模式。本节将详细介绍微站的相关知识及操作方法。

5.3.1　微站的功能

微站集企业信息化建设与移动互联网建设经验之大成，以企业实务信息为基础，以"建站-同步-传播-互动"为主线，快速构建简约、精准、互动的企业移动门户。微站有以下几个功能。

1. 移动端展示企业品牌形象

微站可以将企业信息(新闻、广告、图片、文字等)快速构建成一个手机网站，同时生成 APP。相对于传统网站，微站具有风格简约、形式多样、内容丰富的特点，并且维护方便、更新及时，是移动互联网时代企业在移动终端展示品牌形象的良好途径。

2. 与传统网站内容同步

手机直接访问传统网站时经常出现下载缓慢、页面与屏幕适应性差、网站部分功能手机无法操作等问题。微站打通了与传统网站的数据接口，可以将企业网站信息内容自动同步更新到手机网站上。通过微站，用户可以直接使用手机进行快速信息获取，参与在线预订、在线支付、在线反馈、在线报名、在线调查等操作活动。

3. 融合微博

微站打通了与微博的数据接口，实现了微站与微博的信息互享，可以融合企业已有的微博营销体系。微站可以与主流微博，例如新浪微博、腾讯微博、网易微博、搜狐微博等完成信息同步共享。用户进入微站，设置关注企业微博，即可进入企业官方微博。用户也可以通过企业官方微博中发布的链接进入到微站。在微站首页中，可以实时显示最新发布的微博内容。

4. 融合微信

微站打通了与微信公众平台的数据接口，实现了微站与微信两个平台之间的自由跳转。用户进入微站后，设置关注微信公众号，可以进入微信平台。用户通过微站编辑消息内容，由微信平台自动推送，已关注公众号的微信用户接收消息后，点击消息内容中的链接可进入微站。利用微站，企业可以全面整合微信营销功能，打通微站与原有微信营销体系的信息交互渠道。

5. 融合二维码

微站融合了二维码营销功能。微站的内容信息(整个微站或者某个页面)可以生成一个二维码，企业可以将微站中的信息，例如优惠活动、抽奖活动、团购活动、调查活动等，生成二维码，印制到海报、名片、宣传册、彩页上，用户通过扫描可以直接进入微站浏览信息。通过二维码这个纽带，可以将微站与传统广告业(户外广告牌、印刷品广告、视频传媒广告等)进行连接，帮助企业打通移动互联营销通道。

5.3.2　如何搭建微站

基于微信发展的微站，借由移动互联网和微信公众平台充分发挥了自己的作用。微站开发所具有的潜力和微信一样，必将成就企业的商业价值，下面将详细介绍搭建微站的操作方法。

第 1 步 使用浏览器登录微信第三方平台，如图 5-5 所示。

图 5-5

第 2 步 进入之后选择【账号管理】选项，然后选择【添加公众号】选项，再选择【一键获取模式】选项，在下方填写用户的微信订阅号或者服务号登录账号和密码，如图 5-6 所示。

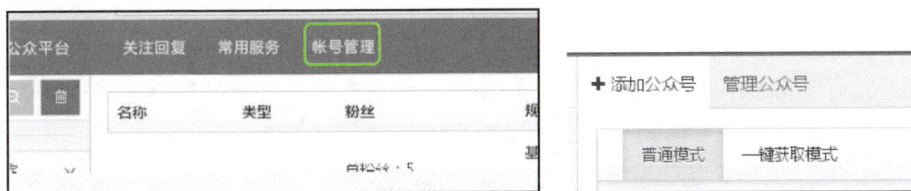

图 5-6

第 3 步 添加完成之后，选择上方的管理账号，再选择用户微信对应的 API 地址和 Token 进行复制，填写到用户的微信开发者模式中，如图 5-7 所示。

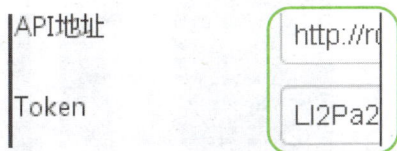

图 5-7

第 4 步 单击页面左上角的 按钮，进入微信平台的功能设置模块，如图 5-8 所示。

第 5 步 展开【基本设置】选项，选择【微站功能】选项，如图 5-9 所示。

图 5-8   图 5-9

第 6 步 选择【网站风格设置】选项，然后选择右边一个符合用户风格的模板进行设置，如图 5-10 所示。

图 5-10

第 7 步 选择【微站导航图标】选项，可以进行首页导航管理、快捷导航管理、个人中心导航管理、添加导航条目等操作，如图 5-11 所示。

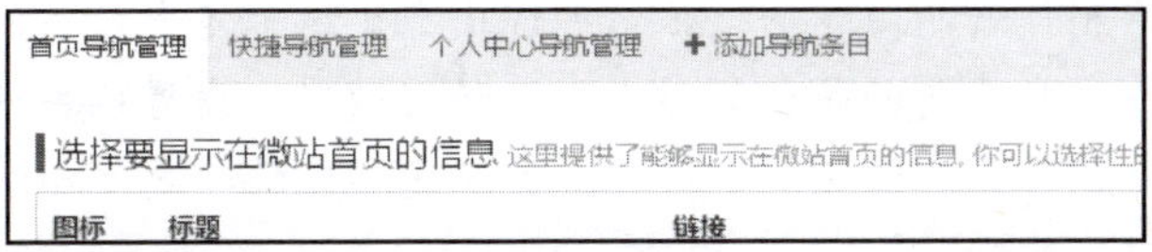

图 5-11

第8步 以添加首页为例。选择【添加导航条目】选项，设置【微站导航位置】为【首页】，如图 5-12 所示，再填写相应内容。

图 5-12

第9步 制作微站首页的幻灯片。选择【幻灯片设置】选项，在打开的页面中添加图片，注意图片的尺寸和清晰度，最后设置对应的链接，如图 5-13 所示。

图 5-13

第10步 将制作好的微站通过微信展现出来。选择【微站访问入口】选项，在打开的页面中，最主要的是填写触发微站的关键字，设置好关键字之后，当用户的对话内容符合设定好的关键字时，就会触发相应的回复，如图5-14所示。

图 5-14

5.3.3 微站搭建注意事项

搭建微站时有以下注意事项。

(1) 布局采用 DIV+CSS 技术，应根据企业的性质和功能来选择页面。

(2) 为了提升浏览体验与交互性能，图片模块可以设置单击放大查看、滑动浏览、长按保存等功能。

(3) 文字内容力求短小精悍，有吸引力。

(4) 以 HTML5 语言为主。

Section 5.4 微社区

微社区是康盛 Discuz!开发团队研发的手机上的新社区，是基于移动端的论坛社区，简单说就是移动版的论坛。本节将详细介绍微社区的相关知识及操作方法。

5.4.1　微社区的电商价值

微社区的出现极大地突破了微信朋友圈的局限性，提高了用户的黏性，扩大了用户的交流区域。微社区对于电商的价值主要体现在以下两个方面。

1. 微社区可以降低用户获取成本

在 PC 时代，20%的用户是社区的忠实用户，80%的用户会通过搜索引擎等途径来访问社区，PC 社区获取用户的成本和模式都比较成熟；而在移动互联网时代，二八原理颠倒过来，只有 20%的用户愿意下载社区的单独 APP，并且还面临打开率、活跃率低等问题，另外 80%的用户则集中在个别几款 APP 产品上。

微社区的推出，就是为了帮助商家吸引这 80%的用户。目前微社区对接了微信公众平台与手机 QQ，这也就意味着商家拥有了最大的用户资源地，并且微社区的使用、体验都非常便捷，用户无须注册，通过 QQ 和微信即可使用。也就是说，不论是传统社区要转型为移动互联网，还是传统创业者要进军移动互联网，选择微社区创业就意味着降低用户获取门槛和用户获取成本，对创业者本身非常有利。

2. 做小而美的事业，为用户创造价值

广告变现是一种最粗浅的盈利方式，然而在传统意识里，推销又会破坏用户的体验，是各大平台所严厉打击的。微社区选择从服务下手，而不是从推销下手，因为推销是骚扰用户，而服务是巩固用户。只有真正做好、做深、做精用户服务才是最重要的。为用户提供服务，为用户创造价值，这也是微信平台一直倡导的价值观。提供的服务多了，赚钱的机会也就相应得多了。

要做好服务，可以采取地方加垂直的模式，要做小而美，而不是大而全。不要做全国性质的社区，就算做全国性质的也要做垂直领域的，不要贪大。传统社区站长和创业者打的是游击战，而移动互联网则要打阵地战，要选择一个足够小的阵地，自己守得住，当然也需要有一定的资源优势。

5.4.2　如何搭建微社区

商家可以搭建一个微社区将微信与 QQ 连接起来，构成移动交流平台，从而粘合用户。下面将详细介绍搭建微社区的操作方法。

第1步 访问"微社区"页面，网址为 http://mp.wsq.qq.com/cp，进入之后

单击【立即开通】按钮，如图 5-15 所示。

图 5-15

第2步 系统会弹出一个对话框，这时用户可以输入 QQ 账号和密码进行登录，如图 5-16 所示。

图 5-16

第3步 进入【用户协议】页面，**1.**阅读完协议后选中【同意以上用户协议】复选框，**2.**单击【下一步】按钮，如图 5-17 所示。

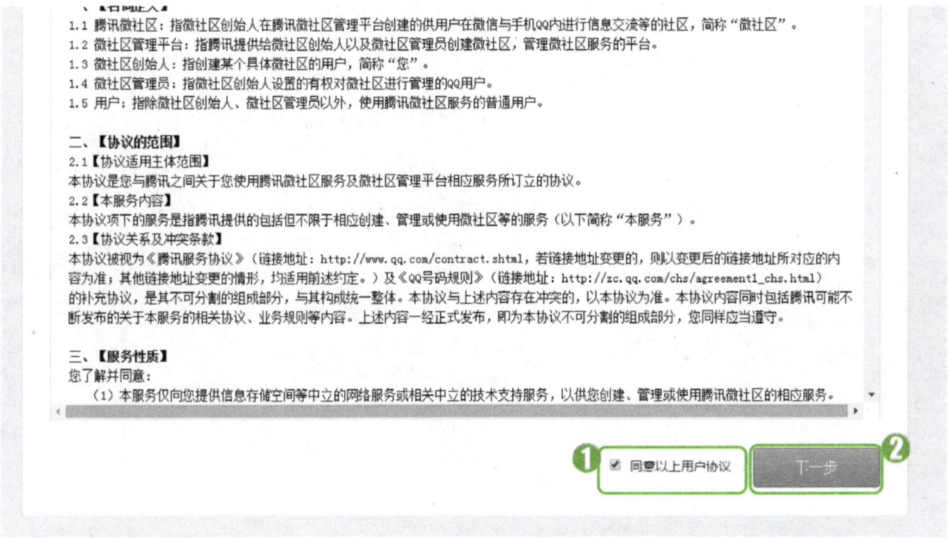

1.1 腾讯微社区：指微社区创始人在腾讯微社区管理平台创建的供用户在微信与手机QQ内进行信息交流等的社区，简称"微社区"。
1.2 微社区管理平台：指腾讯提供给微社区创始人以及微社区管理员创建微社区，管理微社区服务的平台。
1.3 微社区创始人：指创建某个具体微社区的用户，简称"您"。
1.4 微社区管理员：指微社区创始人设置的有权对微社区进行管理的QQ用户。
1.5 用户：指除微社区创始人、微社区管理员以外，使用腾讯微社区服务的普通用户。

二、【协议的范围】
2.1【协议适用主体范围】
本协议是您与腾讯之间关于您使用腾讯微社区服务及微社区管理平台相应服务所订立的协议。
2.2【本服务内容】
本协议项下的服务是指腾讯提供的包括但不限于相应创建、管理或使用微社区等的服务（以下简称"本服务"）。
2.3【协议关系及冲突条款】
本协议被视为《腾讯服务协议》（链接地址：http://www.qq.com/contract.shtml，若链接地址变更的，则以变更后的链接地址所对应的内容为准；其他链接地址变更的情形，均适用前述约定。）及《QQ号码规则》（链接地址：http://zc.qq.com/chs/agreement1_chs.html）的补充协议，是其不可分割的组成部分，与其构成统一整体。本协议与上述内容存在冲突的，以本协议为准。本协议内容同时包括腾讯可能不断发布的关于本服务的相关协议、业务规则等内容。上述内容一经正式发布，即为本协议不可分割的组成部分，您同样应当遵守。

三、【服务性质】
您了解并同意：
（1）本服务仅向您提供信息存储空间等中立的网络服务或相关中立的技术支持服务，以供您创建、管理或使用腾讯微社区的相应服务。

图 5-17

第4步 进入【基本信息】页面，用户需要填写一些基本资料，如姓名、证件号码、邮箱、手机号码、社区性质等，还需要上传一张手持身份证的照片，然后单击【下一步】按钮，如图 5-18 所示。

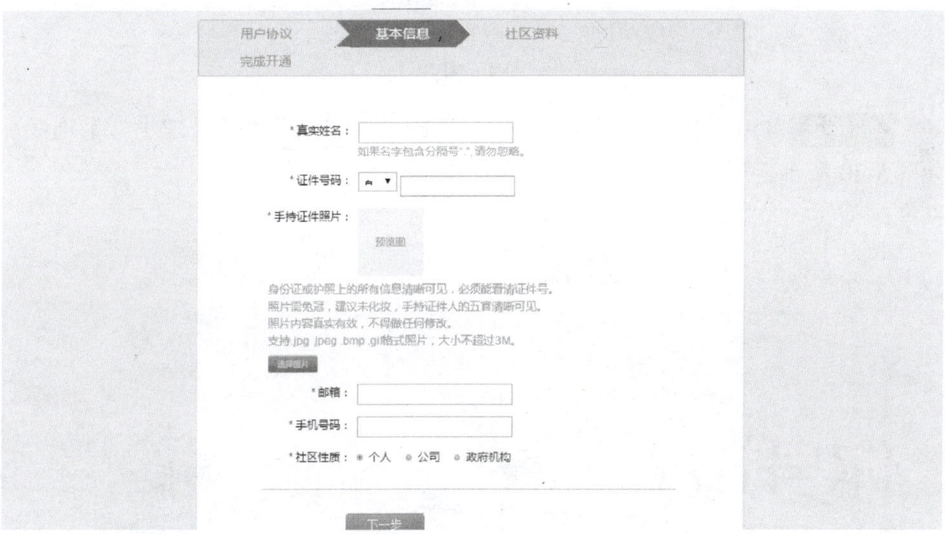

图 5-18

第5步 进入【社区资料】页面，填写微社区的名称、微信号、微社区简介等，填写完毕后，单击【提交】按钮，如图 5-19 所示。

图 5-19

第 6 步 当用户再次访问"微社区"页面时，可以单击【管理中心】选项，如图 5-20 所示。

图 5-20

第 7 步 进入后台页面，用户就可以管理自己的微社区了，如图 5-21 所示。

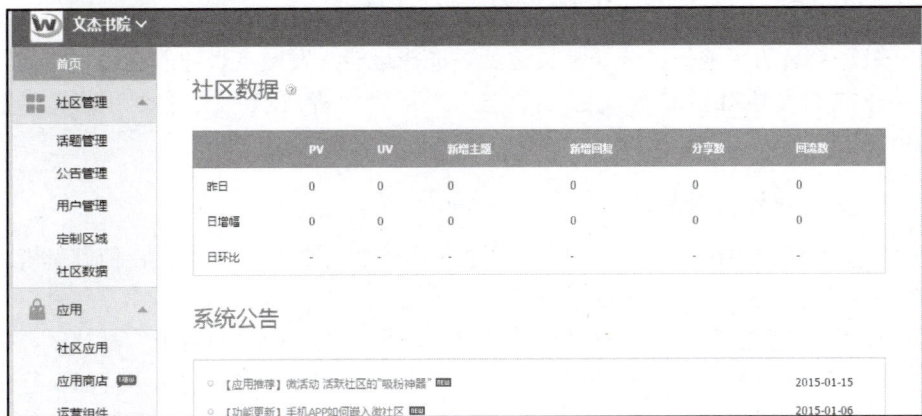

图 5-21

5.4.3　微社区运营技巧

下面将详细介绍一些微社区的运营技巧。

1. 盯紧"本地"热点新闻，一抓就是条大鱼

目前很多微社区拥有本地化的特性，网友更多的是聚焦在某一个具体的城市。其实垂直化的微社区严格意义上也有着"本地化"的特性，只是这种"本地"是互联网的兴趣化聚焦，而非地域的区分。按照新闻的"接近性"原则，一般情况下，离读者身边越近、关系越密切的事，就越为他所关注，新闻价值也就越大，所以微社区的用户对本地热点新闻的关注程度非常之高。通过流量的分析，有不少微社区因为一两条劲爆的本地新闻一跃成为流量大户，吸引本地商家投资。

2. 热点事件第二落点，屡试不爽好帮手

这里说的热点事件，主要是指民众们普遍所关注的事件。不管是国内的还是国外的，只要是媒体上反复报道的，一定是大多数网友所关注的。但是，微社区和门户网站比拼时效性显然没有任何优势，因此只能以另类方式做解析，往往能取得意想不到的效果。

3. 有奖活动动辄刺激，网友有利就起早

对"无利不起早"的网友们来说，如果用一些奖品作为刺激，能最大限度地

活跃他们的积极性。特别是在举办一些特别重要的活动时，有了奖品的刺激，效果提升非常多。这些奖品大到苹果手机这样的新宠，小到 Q 币、玩偶，各有千秋。做好奖品的兴趣化区分非常关键，要选择最能激发网友兴趣的奖品。比如，"英雄联盟"微社区曾经发起一个"三周年送女神皮肤"的活动，人气非常火爆。

4. 趣味游戏大家来玩，营造社区好氛围

这里所谓的趣味游戏，主要是为了提升社区网友的用户黏性，让他们玩着去参与微社区，从中得到最大的乐趣。

有两个经典的案例。一个是广州《信息时报》旗下的"小狮子"微社区，每天中午 12 点会发一个"趣味侦探"的内容，通过竞猜的方式送出小奖品，已成为他们社区的招牌之一，深受网友喜欢。另一个是"开心消消乐"微社区，做了一条"不准出现地名，三个字证明你是哪里人"的文字游戏活动，吸引了很多用户的参与。

5. 全局活动积极参与，应用组件大胆用

目前微社区开放了"晒图""话题""微视"等全局活动，一方面可以聚拢人气，另外一方面也是进行各种活动评选的有效途径。

除了全局活动，微社区还提供"刮刮卡""抢楼""微官网""投票""车票预订"等应用插件，有助于微社区的运营。

6. 公众号捆绑微社区，阅读原文一箭双雕

目前微社区有一个定位，就是辅助微信公众号的运营，帮助公众号拥有者进行粉丝经济。在这样的前提条件下，微社区的内容和公众号的推送内容之间其实是相辅相成的关系。

简单来说，同样一条内容，在微信公众号推送的同时，也在微社区里发布，然后在"阅读原文"超链接上面加上一句话，如"点击左下角说出你对此内容的观点"，引导用户进入微社区相关帖子进行讨论。这样一方面增加了微社区的访问量，另外一方面也让微信用户第一时间"表达诉求"得到了满足，起到一箭双雕的作用。另外，微社区的社区公告、置顶新闻等办法，也是帮助公众号增粉的一种手段。

7. 若要网友每天都到，独门秘方少不了

总有一些内容是独一无二只属于某个微社区的，这样的内容便是吸引网友反

复关注的最大砝码，即通常所说的独家性。

比如《贵州卫视——非洲完美》的微社区，因为有着选秀节目天然的优势，有一群养眼的帅哥靓妹在节目中亮相，在贵州有着一定的人气。此社区就经常让这些明星不定期地在微社区里和网友活动，目前此微社区的流量已过亿，在 PC 端都是一个神话，何况手机端。

8. 网文走红也有妙招，美图趣闻拒绝长

很多朋友纳闷，明明是同样的内容，为什么别人的微信号有那么多的阅读量，而自家的却少得可怜；别人的微社区内容如此多的回复，而自家的则少得可怜。除了别人的粉丝数比较多以外，还有一些具体的技巧。其实网文走红的内容有一定的规律性，在微社区、微信中都可以套用。

- 内容需要和一定的时效性相结合，做到有的放矢。
- 文字的编排有一定的逻辑性，最好是图文并茂。
- 在配图的时候尽量用心，有锦上添花之效。
- 幽默的段子、心灵的鸡汤、生活的妙招、历史的讲述、新闻的解析、育儿的心经……总之，什么流行说什么，但有一个条件是，尽量和本社区的特色相结合。
- 除非特殊的原因，文字不要太长，1000 字为上限；视频也不要太长，3 分钟为上限。
- 需要有一个吸引人的好标题。

9. 美人俊男计很管用，太过频繁易媚俗

诚然，为了拉新流量，美人计是屡试不爽的好办法，不少站长都尝试过。一般来说，招聘美女管理员、呼吁美女晒图都能收到不错的效果，是网友制造内容中最容易吸引用户的。但使用美人计或者俊男计，切忌太过频繁，一方面容易变得很媚俗，另一方面露得太过容易被封杀。

10. 兴趣划分擅用标签，标准打通各千秋

不同的微社区用户有着不同的阅读需求，有人喜欢读故事，有人喜欢看图，有人关注吃喝玩乐。擅用标签、做兴趣方面的区分往往能达到事半功倍的效果。

普通版微社区的标签、DZ 版微社区的版块，均可以独立作为页面存在，可以将某标签/版块页面挂在微信菜单中，从而达到主题分类的目的。

11. 官方推荐行之有效，话题推荐有惊喜

目前，微社区有一些官方的渠道可以推荐各社区的优质内容，比如微社区订阅号每天的推送，以及自定义菜单"推荐社区"和"有奖活动"等。

这些推荐除了能给微社区增加曝光量之外，还能产生一种品牌效应。站长在微社区里发布或者发现好的内容之后，点击"推荐话题"按钮，这些好内容即可进入官方的资源池后台。

Section 5.5 微视

本节导读　微视是腾讯旗下的短视频分享社区，是一款基于通讯录的跨终端、跨平台的视频通话软件。微视用户可通过 QQ 号、腾讯微博、微信以及腾讯邮箱账号登录，可以将拍摄的短视频同步分享到微信好友、朋友圈、QQ 空间、腾讯微博。本节将详细介绍微视的相关知识。

5.5.1　微视的特色功能

微视具有以下几个特色功能。
- 分段拍摄，操作简单，创意无限。
- 8 秒短视频，轻松讲述用户的故事。
- 视频流量和图片一样小，观看流畅。
- 众多明星名人欢乐自拍，用户可以进行关注。
- 支持 QQ 号、腾讯微博账号登录，可以与众多好友们一起互动。
- 支持转发、评论和赞三种互动形式；首创转发和原创分离，打造纯净的社区浏览体验。
- 支持将视频分享到腾讯微博、微信好友、朋友圈、腾讯好友关系圈。
- 支持未登录浏览精选内容。

5.5.2　微视的电商价值

微视主要有以下四个方面的电商价值。

1. 广告效应深刻

微视是基于开放关系链的 8 秒短视频分享社区。8 秒这个时间长度不会给用户带来身体和时间上的负担，而且好的作品能使用户心情愉悦。将最精华的部分凝缩在短短的 8 秒时间里要比电视广告更让人印象深刻。这样的媒体相对于报纸广告、广播广告、电视广告来说，可以称得上是低成本、高回报，是非常有营销价值的。

由于视频有 8 秒钟的时间限制，这就要求视频的创意一定要新颖，因为优秀的创意可以为广告的植入提供更大的受益机会。在短时间内吸引到用户的要素有两点：人物和剧情。从人物出发，明星微视频广告植入会是商业化的一个模式，而通过微视，还会有一批草根明星崛起，所以微视具有成为营销产品的可能，因为它为营销个人提供了宽广的发展空间。因此，在未来，专门创作微剧情营销可能成为公司营销的又一个重点，而广告传媒公司也会开辟相关的业务内容。

2. 粉丝群体稳固

对于电商创业者以及从业人员而言，网络营销是门必修课。网络营销的关键在于对互联网产品如论坛、微博、微信等工具的充分运用。然而，在微视问世之后，很多商家将微视也纳入到营销工具的行列。通过微视吸引粉丝并将流量导入微信，再利用微信的分享交流平台黏合住潜在客户，之后再将潜在客户导入微信小店：这一整套的流程不仅避免了原有客户的流失，也有助于开拓新的客户。

3. 开放的社交圈

同样是社交工具的微视和用户量过亿的微信相比，也具有很大的优势。

(1) 微信以声音、文字、图片为内容形式，而微视则以"短视频+文字"为主要内容形式。

(2) 微信是封闭的朋友圈，只能关注好友动态。微视和微博类似，是开放的社交圈，除好友动态外，还能看到热门动态以及根据"标签"搜索相关资讯和视频。

(3) 和微信的朋友圈不同，微视的内容分为三个层级：第一层级是热门推荐，第二层级是好友动态，第三个层级是分类频道及搜索。

4. 真实性强，增加用户的信赖感

商业价值是由产品本身的性质而决定的。微视最突出的特点就是短视频分享。短视频要尽可能多地被分享、被关注才会产生商业价值，而被分享、被关注

的前提是内容要足够吸引眼球，仅从这点来讲，在内容上插播硬广告是不能保证被持续传播的。因此，微视的短视频具有平凡真实的特点。去除商业化的广告，利用自己拍摄的视频，充分反映出更多的真实性，减少虚假的信息，促使大众产生较强的信赖感。这种微视的动态社交属性具有很高的营销价值。

Section 5.6 微信店铺

本节导读

凡是开通了微信支付功能的认证服务号皆可在公众平台自助申请"微信小店"功能，从而实现批量添加商品、快速开通微信店铺。微信小店基于微信支付，包括添加商品、商品管理、订单管理、货架管理、维权等功能，开发者可使用接口批量添加商品，快速开店。而具备开发能力的用户，可基于接口实现更灵活的功能。本节将详细介绍微信店铺的相关知识及操作方法。

5.6.1 微信店铺的电商价值

微信本身是一个很有价值的工具，它与电商最好的结合点是用于辅助做客户关系管理，随着客户的积累，可以顺道做老顾客营销。微信店铺的出现是微信有序开放的又一个标志，也是微信在电子商务领域的一种新探索，必然为商家以及整个电子商务生态带来新的无限可能。此外，微信店铺的推出可以更好地规范微信公众平台的生态环境，建立统一标准的接入服务，为业界拥抱移动互联网搭建更好更便捷的平台。

2014 年 5 月 29 日，微信公众平台正式推出微信小店。微信店铺的上线，意味着微信公众平台上真正实现了技术"零门槛"的电商接入模式。微信店铺基于微信支付来通过公众账号售卖商品，也可为用户提供原生商品详情体验，货架也更简洁。只需登录微信公众平台网页版，进入"服务中心"，即可看到微信店铺的入口，按照操作提示即可申请开通。

此前，微信公众平台已经对外开放了支付功能，各企业和商家，特别是电商行业对于微信公众平台的能力需求有了进一步的提升。之前如果要实现电商功能，可能需要有很强的技术开发能力，有了微信店铺，商家即使没有任何技术开发能力，也可以开启电商模式，对商品进行分类、分区陈列，真正实现了"零成本"开店。同时，部分有开发能力的商家，还可以通过 API 接口的方式自行开发商铺系统，通过相关的接口权限更方便地管理商品数据等内容，实现更多功能。

5.6.2　如何开通微信店铺

随着使用微信的人越来越多，微信开店也就成了潮流，下面将详细介绍如何利用微信开店，实现便捷的开店服务。

(1)　用户首先需要通过正常途径和流程，注册一个服务号(后面将会介绍如何申请微信公众平台号)。

(2)　申请微信认证。

第1步　进入微信公众平台后台，**1.**在左侧菜单栏中选择【设置】选项，**2.**【账户信息】选项，**3.**在右侧页面中的【认证情况】选项中单击【申请微信认证】超链接，如图 5-22 所示。或者在左侧菜单栏中选择【服务】→【服务中心】选项，然后在右侧页面中单击【微信认证】选项，如图 5-23 所示。

图 5-22

第2步　开始进入微信认证申请流程。首先进入【同意协议】页面，用户需要签署《微信公众平台认证服务协议》，**1.**选中【我同意并遵守上述的《微信公众平台认证服务协议》】复选框，**2.**单击【下一步】按钮，如图 5-24 所示。

第3步　进入【填写资料】页面，**1.**选择认证主体类型，**2.**单击【确定】按钮，如图 5-25 所示。

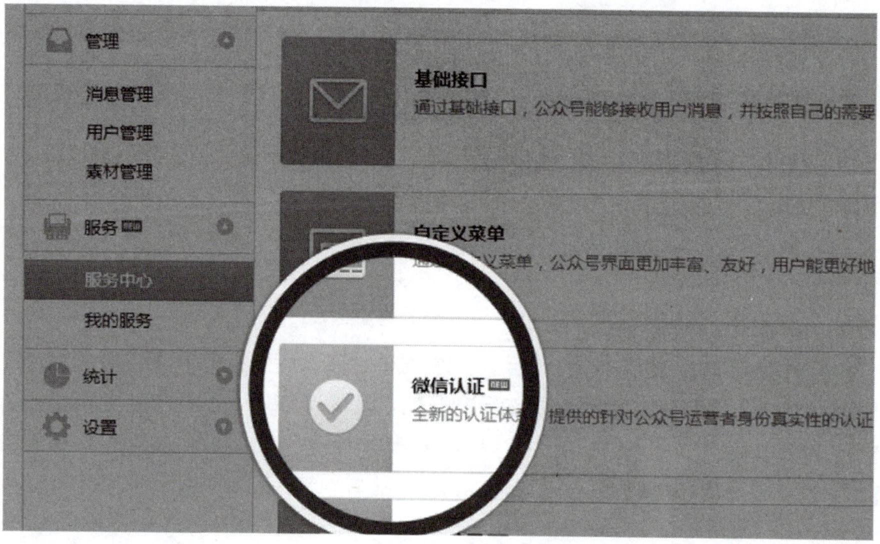
管理
消息管理
用户管理
素材管理
服务
服务中心
我的服务
统计
设置
基础接口
通过基础接口，公众号能够接收用户消息，并按照自己的需要
自定义菜单
义菜单，公众号界面更加丰富、友好，用户能更好地
微信认证
全新的认证体
提供的针对公众号运营者身份真实性的认证

图 5-23

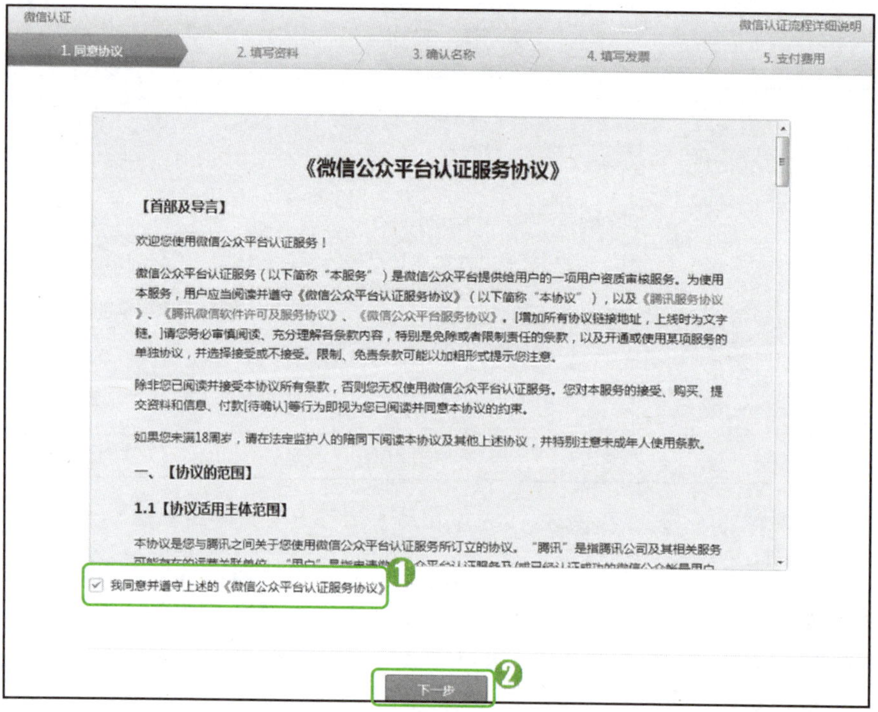
微信认证
微信认证流程详细说明
1. 同意协议
2. 填写资料
3. 确认名称
4. 填写发票
5. 支付费用
《微信公众平台认证服务协议》
【首部及导言】
欢迎您使用微信公众平台认证服务！
微信公众平台认证服务（以下简称“本服务”）是微信公众平台提供给用户的一项用户资质审核服务。为使用本服务，用户应当阅读并遵守《微信公众平台认证服务协议》（以下简称“本协议”），以及《腾讯服务协议》、《腾讯微信软件许可及服务协议》、《微信公众平台服务协议》。[增加所有协议链接地址，上线时为文字链。]请您务必审慎阅读、充分理解各条款内容，特别是免除或者限制责任的条款，以及开通或使用某项服务的单独协议，并选择接受或不接受。限制、免责条款可能以加粗形式提示您注意。
除非您已阅读并接受本协议所有条款，否则您无权使用微信公众平台认证服务。您对本服务的接受、购买、提交资料和信息、付款[待确认]等行为即视为您已阅读并同意本协议的约束。
如果您未满18周岁，请在法定监护人的陪同下阅读本协议及其他上述协议，并特别注意未成年人使用条款。
一、【协议的范围】
1.1【协议适用主体范围】
本协议是您与腾讯之间关于您使用微信公众平台认证服务所订立的协议。“腾讯”是指腾讯公司及其相关服务
我同意并遵守上述的《微信公众平台认证服务协议》
1
下一步
2

图 5-24

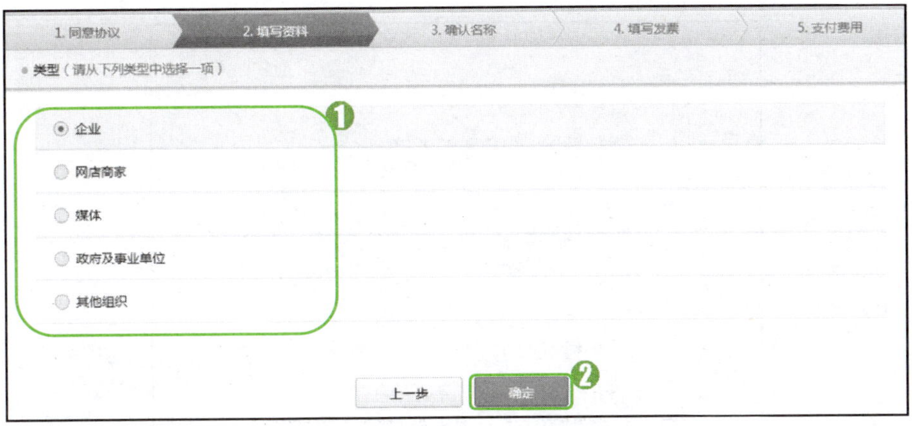

图 5-25

第 4 步 进入【确认名称】页面，**1.**选择合适的命名方式，**2.**单击【选择】按钮，如图 5-26 所示。

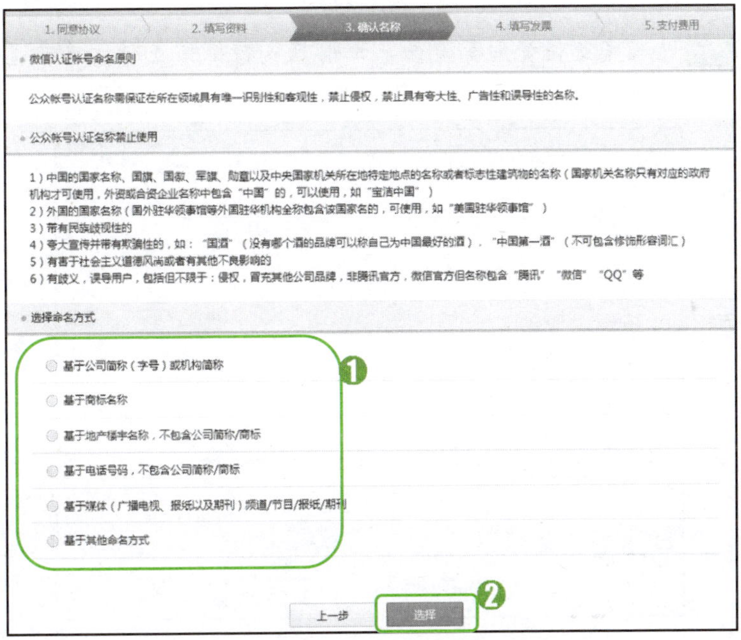

图 5-26

第 5 步 进入【填写发票】页面，认真填写相关信息，如图 5-27 所示。

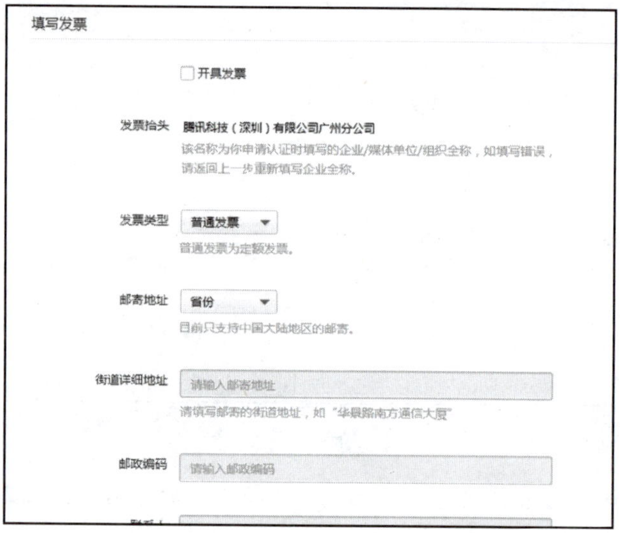

图 5-27

第 6 步 进入【支付费用】页面，目前只支持微信支付，单击【付款】按钮，如图 5-28 所示。

图 5-28

第 7 步 支付完成后，会进入认证审核。页面上会公布第三方审核公司的热线电话，在审核过程中该公司将有可能与用户联系沟通；如果在审核过程中遇到问题，可以拨打该公司的热线电话进行咨询。审核成功后，开通的自定义菜单权限如图 5-29 所示。

图 5-29

(3)　开通微信支付功能。

　　为便于企业或商家认知及申请微信支付功能，公众平台原"商户功能"更名为"微信支付"。更名后微信支付具体功能保持不变，仍为集推广销售、支付收款、经营分析等功能为一体的整套解决方案。单击【功能】菜单下面的【微信支付】选项，然后按照提示操作即可开通微信支付功能，如图 5-30 所示。开通微信支付功能后，可面向全部微信用户销售商品或提供服务。

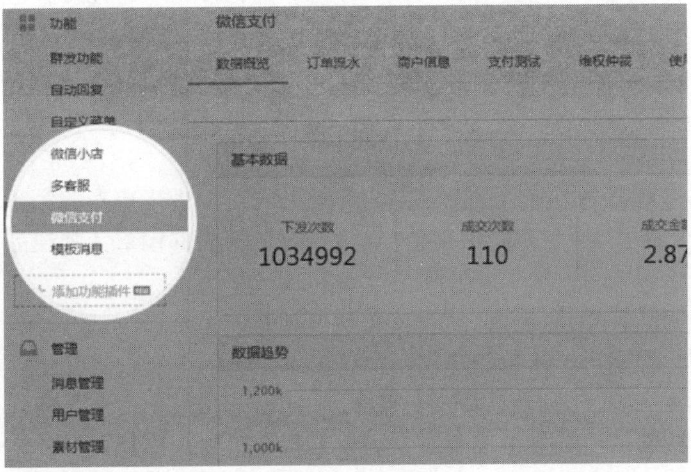

图 5-30

5.6.3 选择商品的注意事项

卖家在挑选商品时最大的误区就是认为产品越多越好，越全越好，认为更多的产品能够产生较高的销量，能够满足更多的用户群，实则不然，就算店铺里有成千上万种商品，但如果都不是消费者真正想要的，那么也没办法产生高销量。因此，产品的好坏和被需求程度才是卖家真正需要考虑的。下面将详细介绍卖家选择商品的注意事项。

1. 关注行业行情

所谓的行业行情，是指某个行业是否为热门行业、是否为有发展潜力的行业、是否为人气旺的行业。通过行业前景分析，可以了解到自己店铺的行业到底是处在一个什么样的水平，也有助于决定店铺的发展方向，是选择非热门行业来发展自己的特色，还是选择热门行业来迎合主流大众。对行业行情的关注包括以下几方面。

(1) 市场关注规模。所谓的市场关注规模，就是指本行业受关注的程度及水平。通过分析行业的搜索点击次数、关注人数、关注次数、收藏人数和收藏次数，以及每个指标的环比增长趋势，多维度地了解行业的受关注程度，以及发展的趋势变化。

(2) 行业的关注趋势分析图。通过图表的方式，直观地分析出所选时间段内行业的搜索点击次数、关注次数以及收藏次数。

(3) 子行业排行。了解行业下的每个子行业成交占比、成交环比增长趋势，更加深入地对行业进行细分。

(4) 子行业趋势图。通过图表的方式，直观地反映出子行业的发展趋势。

2. 关注品牌

选择商品时，品牌是关键的因素，好的品牌可以带来更多的销量和关注度。有时候，好的品牌还可以带动店铺内其他品牌、单品的销量。关注品牌，可以从以下几点入手。

(1) 热销品牌排行榜。此排行榜将列出行业内的热销品牌，并从各品牌的成交商品数量、搜索点击次数和热卖指数三个维度来综合地查看品牌的热销程度。

(2) 热销品牌详情。查看每个热销品牌的热卖指数、成交人数、搜索点击次数、日均店铺数、日均上架商品数。通过多维度、多角度地观察、了解、分析，准确地掌握品牌的详细信息，为选择商品提供足够的数据依据。

(3) 品牌趋势。查看品牌的热卖指数、成交人数以及搜索点击次数三个维度的趋势，全面了解该品牌的发展潜力。

(4)　热销商品排行。查看品牌下面的热销单品情况，包括价格、销量和销量升降趋势。深入了解品牌的细节数据，全面分析品牌。

(5)　买家分析。分析买家的省份、城市排名，全面了解品牌受众群的分布情况。查看每个省份和城市的成交金额占比、成交人数、成交笔数等数据，这些数据更加具有针对性。

(6)　卖家分析。分析卖家的省份、城市排名，全面了解竞争对手的分布情况，做到知己知彼。查看每个省份和城市的成交金额占比、成交人数和成交笔数等数据。

(7)　飙升品牌排行榜。了解行业内哪些品牌发展最快，整体把握行业品牌趋势，发现潜力品牌。

3．关注对手

正所谓知己知彼才能百战百胜，要清楚行业内哪些店铺是热销的、哪些店铺的增长势头最猛、哪些店铺是最有潜力的，并且通过对这些店铺的单品进行分析，了解行业内哪些单品好卖，以及有多少家店铺在销售该商品，这样对于选择商品来说可谓事半功倍。

(1)　店铺热卖排行榜。可以查看行业的热销情况，了解哪些单品可以成为行业的热销商品；还可以查看每个店铺内的热销商品排行情况，全面了解竞争对手的店铺情况、品牌情况、单品情况，了解竞争对手的每个细节。

(2)　店铺热卖飙升榜。提供店铺的等级、热卖升降幅度以及该店铺内的热销商品数据，可以查看行业内增长速度最快、热卖程度增幅最高的店铺情况，全面把握行业的发展动向和态势，紧跟行业的步伐；可以了解哪些单品是最有发展空间的商品。

4．关注自身

通过前面的对行业、品牌、竞争对手的分析，最重要的一步就是如何选择合适的商品了。就像前面分析竞争对手时所说的，知己知彼才能百战百胜，用户已经知道行业、品牌和竞争对手的情况了，但是对于自己的店铺又了解多少呢？所以在选择商品之前，要对自身的店铺做一次全方位的分析。

(1)　店铺行业排名。查看自己店铺在所处行业内的排名情况，可以从成交金额及成交人数两个方面来查看。通过具体的所属行业范围、相关数据、行业占比、行业排名、行业排名的升降变化、同级别排名以及同级别排名的升降变化等，全方位地分析店铺在行业中的定位，了解自己的发展空间。

（2）热销商品。通过对自己店铺内的热销商品的成交数量、成交金额、平均成交价格、搜索热词以及成交热词等的分析，来全方位地了解店铺内的商品情况。

（3）热销品牌。通过对自己店铺内的热销品牌的在线商品数、成交数量、成交人数以及成交金额等的分析，来全方位地了解店铺内的品牌情况。

（4）飙升商品。通过对自己店铺内的飙升商品的分析，了解店铺内的商品发展趋势，有的放矢地选择商品。通过对成交数量、成交金额、平均成交价格、飙升幅度、搜索热词以及成交热词等的分析，全面了解店铺飙升商品的情况。

5.6.4 微信店铺的第三方开发注意事项

微信电商营销道路发展至今，主要依靠的是通过微信的第三方服务商去开发市场、培育客户。其实大量的客户还没有移动电商营销的意识，而且智能移动终端用户也未必知道如何利用微信实现电商营销，如何用微信公众平台来培育和维护客户。微信店铺作为微信公众平台的辅助功能，大大增强了客户的移动电商营销意识，成了引爆市场需求的关键点。

1. 微信店铺与第三方平台相辅相成

微信电商营销需要系统性的执行才能达到预期的效果。微信店铺作为消费者的购物平台，承载着在线下单、在线支付的功能，因此在推广和策划活动中起到辅助营销的作用。在移动电商营销的落地执行方案里，众多应用都需要依靠第三方提供技术支持，而微信店铺作为一款微应用不足以支撑商家移动电商营销里的整个运营流程。在微信店铺内测的案例和其他众多案例中，可以见到第三方平台与微信店铺辅助营销的例子，即商家在使用微信店铺实施电商的同时也在使用第三方的系统平台进行推广和营销。

2. 微信公众平台开放第三方端口微信店铺

开通微信店铺的前提是拥有一个已认证的公众服务号，并且该账号已经开通微信支付功能。满足了这些条件的商家就可以正式开始实施微信电商了。微信店铺的应用为第三方开发商提供了一个新的机会，因为移动电商仅仅依靠微信店铺是做不出效果的，因此一定要与第三方平台辅助运作。

每一个行业、每一个店铺都有自己的性格和特征，微信店铺可以提供给商家的只是基础性的服务，而第三方却能根据行业特征，深入地来做适合每个行业、每个店铺的服务，甚至是每家企业的微信功能，而不仅仅是简单地换个皮肤，靠一套或者几套模板走天下。第三方主张的是私人订制，量体裁衣。

5.6.5　微信店铺运营经验

微信不同于淘宝，不是做一个个的标本店，要做的就是个性，就是不一样。如果能让粉丝觉得你有亮点、有重点、有优点，那么微信店铺的运营才算成功。

1. 精准定位商品

微信店铺的本质是买卖，而买卖的核心就是商品，所以卖家首先在商品的选择上就要给自己一个准确的定位。如果店铺内的商品种类过于繁多，什么样的商品都卖，效果反而不好。对自己店内的商品有准确的定位，才能更好地为消费者提供购物的方向和选择的依据。

2. 确定目标人群

经过对商品的精准定位后，还需要确定自己的目标人群。只有拥有庞大且忠实的消费者群体，才可以保证商品的销售额。这也是商家选择使用微信来做电商的原因。微信可以称得上是时下最火热的社交、营销工具。微信粉丝的来源可以选择从 QQ 号导入，将 QQ 号加入特定的群(如服装、IT、手机)，并设置成不需要验证就可以加为好友。这里一定要注意，昵称要起得响亮好记、有吸引力，这样才能起到效果。

3. 扩展粉丝

上面说到了利用 QQ 加好友，但是每个 QQ 号的好友数量也有上限，所以可以通过每天申请一些新的 QQ 号来进行重复操作。这样就会无形中产生一大批潜在的微信粉丝，然后再通过 QQ 将好友导入微信，使其成为微信中的潜在客户。

4. 业务推广

当有了一定的粉丝后，要保持粉丝不掉粉，还要进行日常的精心维护。每天要按时按量地发布一些有意思的文章、笑话等，让粉丝体验到快乐，然后偶尔发布一些商家的小店商品推广文章。注意要控制比例，如在 10 篇文章中，出现 2～3 条推广文章即可，推广文章多了很有可能会引起粉丝的反感。

5. 转化率提升

商家需要和粉丝保持互动，勤互动，多交流，让粉丝信任自己，自然也就信任商家推广的商品了。这里的宗旨是让粉丝感觉商家不是在推广商品，而是好心帮她们推荐。这就需要一定的语言组织技巧了，可以多加锻炼琢磨，也可以先打好草稿再慢慢进行修改。让粉丝在无形中接受商家的推广，才能长久地留住粉丝。

6. 日常经营注意事项

微信店铺的宗旨就是赚钱，就是把东西卖出去，下面介绍几点日常经营的注意事项。

(1) 不可强买强卖，不能因为粉丝未曾购买就转变对其的态度，记住口碑很重要。

(2) 保持日常文章更新，保持活跃度，不能忽冷忽热，让粉丝感觉不稳定。

(3) 每逢节日、假期，要给粉丝送上问候；对于粉丝发布的心情状态，要予以积极回应，这样才能加强互动。

(4) 提供给粉丝的商品必须真实可靠，切忌劣质。

(5) 第一时间提供打折优惠活动，并介绍推广活动详情。

(6) 粉丝使用完商品后及时回访，保持高效的沟通交流。

Section 5.7 微信公众号

> **本节导读** 微信公众号是开发者或商家在微信公众平台上申请的应用账号，该账号与 QQ 账号互通，通过公众号，商家可在微信平台上实现和特定群体的文字、图片、语音、视频的全方位沟通、互动，形成一种主流的线上线下微信互动营销方式。本节将详细介绍微信公众号的相关知识及操作方法。

5.7.1 申请微信公众平台账号

现在很多人关注微信营销，那么首先得有自己的公众平台，微信公众账号可以体现出一个公司的形象，可以推送更多的信息给客户。下面将详细介绍申请微信公众平台账号的操作方法。

第1步 使用浏览器进入"微信公众平台"登录页面，网址为 https://mp.weixin.qq.com/，然后单击页面右上角的【立即注册】超链接，如图 5-31 所示。

第2步 进入【基本信息】页面，用户可以填写有效的邮箱地址以及密码和验证码，邮箱可以是 QQ 邮箱、新浪邮箱、163 邮箱等，如图 5-32 所示。

图 5-31

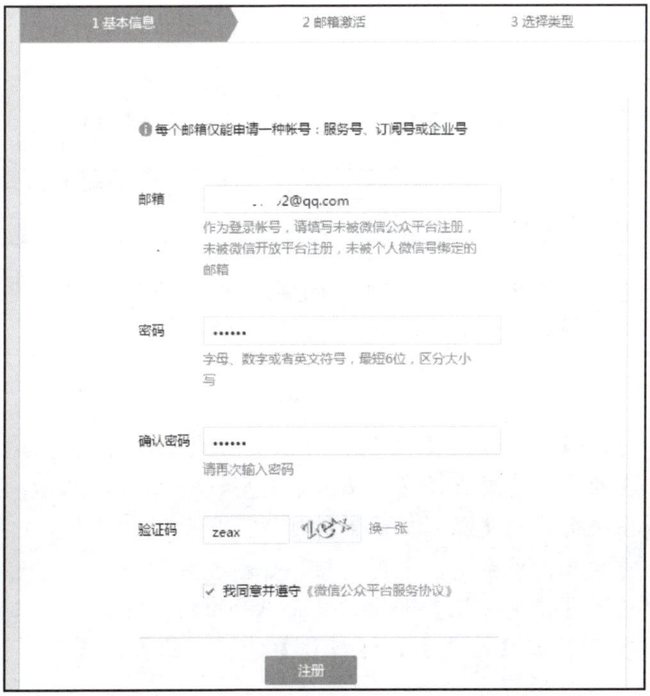

图 5-32

第 3 步　进入【邮箱激活】页面，单击【登录邮箱】按钮，如图 5-33 所示。

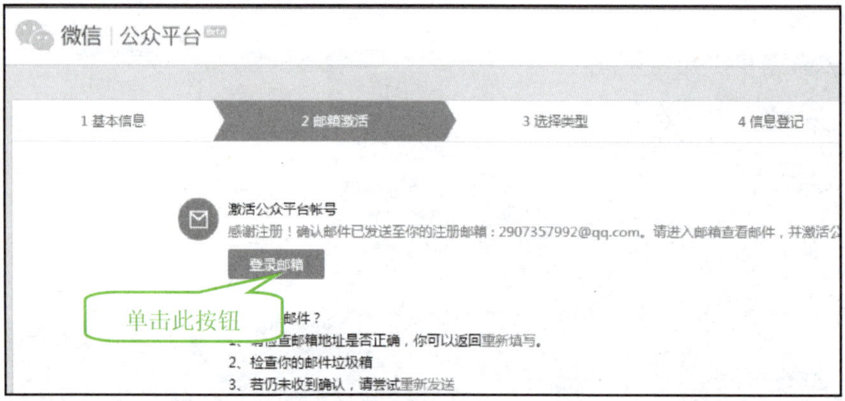

图 5-33

第4步 登录进入邮箱，找到微信发来的邮件，单击邮件中的超链接来激活账号，如图 5-34 所示。

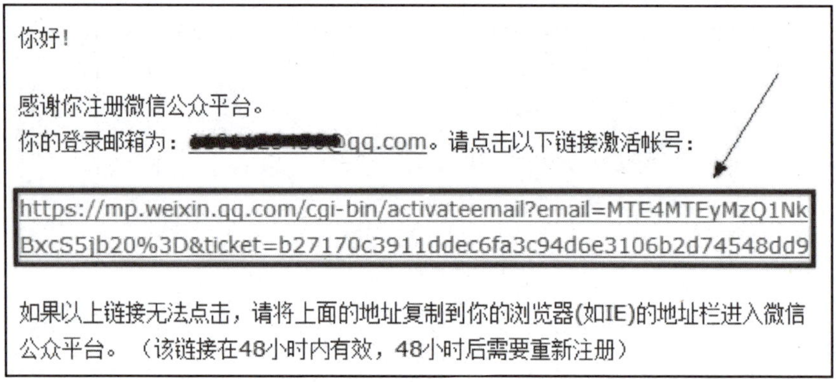

图 5-34

第5步 进入【选择类型】页面，有三类公众平台可供选择，分别为订阅号、服务号和企业号，这里选择【订阅号】类型，如图 5-35 所示。

第6步 系统会弹出【温馨提示】对话框，提示用户所选择的账号类型，并告之选择后不可更改，单击【确定】按钮，如图 5-36 所示。

第7步 进入【信息登记】页面，页面中给出用户信息登记注意事项，用户需要选择主体类型，有【政府】、【媒体】、【企业】、【其他组织】和【个人】几个类型，如图 5-37 所示。

第8步 接下来用户需要填写身份证信息，并且上传一张手持身份证的照片，并填写手机号码和短信验证码，最后单击【继续】按钮，如图 5-38 所示。

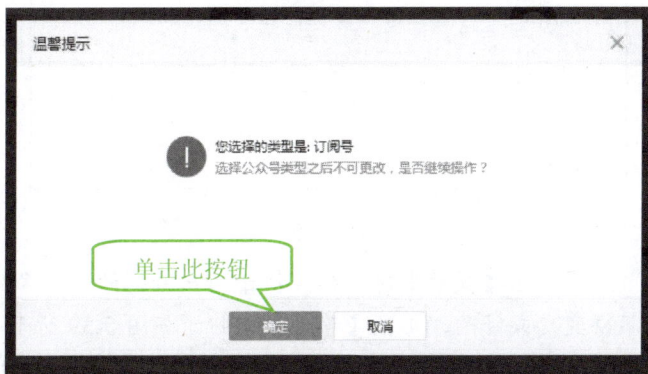

图 5-35

图 5-36

图 5-37

图 5-38

第9步 系统会弹出【提示】对话框，提示用户填写的主体名称，并告之该主体一经提交不得变更或修改，单击【确定】按钮，如图 5-39 所示。

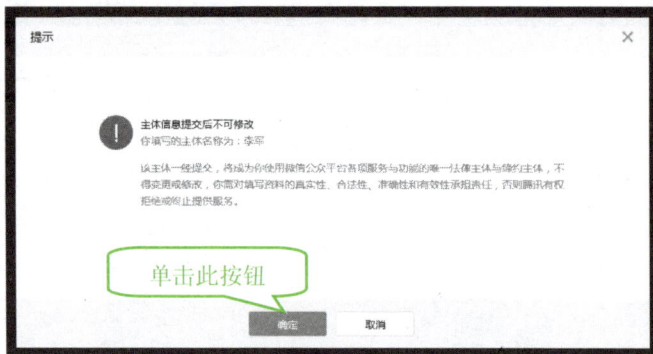

图 5-39

第10步 进入【公众号信息】页面，**1.**填写一些关于所申请的公众平台的信息，**2.**单击【完成】按钮，如图 5-40 所示。

图 5-40

第 11 步 系统会弹出【注册成功】对话框，提示用户审核预计的时间及其他事项，这样即可完成申请订阅号类型的微信公众平台账号的操作，如图 5-41 所示。

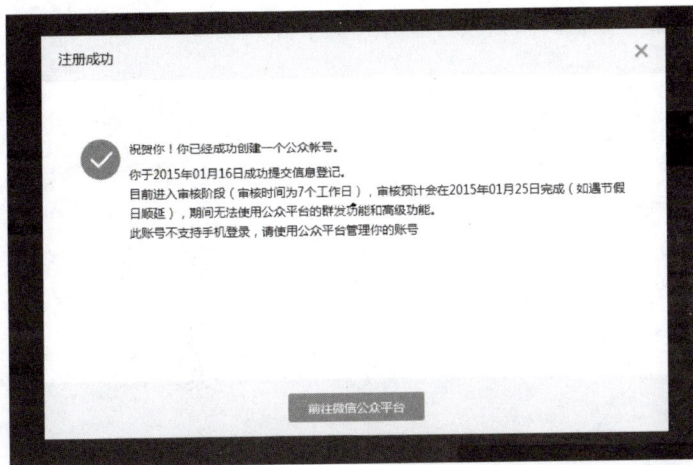

图 5-41

如果用户申请的是服务号，则在填写平台信息之前还要进行微博验证。这里要注意的是，微博的昵称一定要和平台的昵称一致，这样才能保证成功。一般来说，在注册成功的 7 个工作日之后，公众平台后台的所有功能都可以正常使用了。

申请公众号需要注意的事项

智慧锦囊

(1) 账号名称要想好，如果申请的是服务号，就一定要与认证的微博昵称一致。

(2) 一个邮箱只能申请一个公众号。

(3) 一个手机号码可以登记两次信息。

(4) 一个身份证可以登记两次信息，目前只支持中国大陆内地年满 18 岁的身份证(不包含港澳台)。

(5) 使用营业执照组织机构代码申请公众号，目前只支持填写中国大陆的营业执照(不包含港澳台)。

5.7.2 企业号、服务号和订阅号的区别

微信公众平台账号有企业号、服务号和订阅号三种类型，用户可能会觉得有点迷茫，不知道哪个类型适合自己。其实在注册的时候，可以很清楚地知道各类账号的区别和具体的适用范围，如图 5-42 所示。

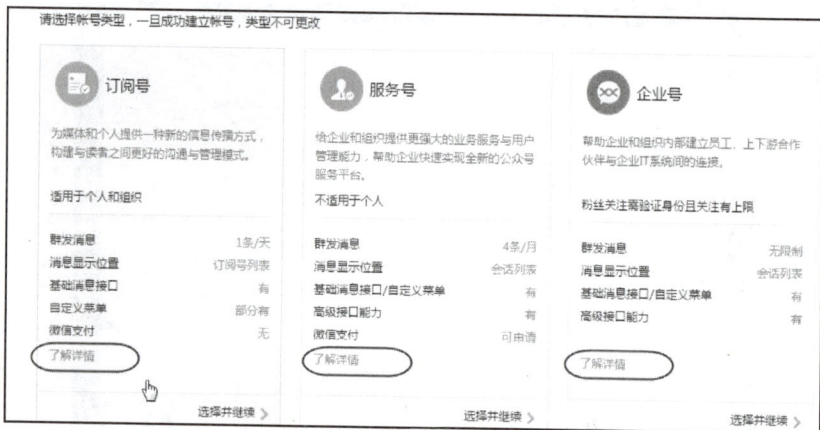

图 5-42

单击【了解详情】超链接后，即可看到不同类型账号的详细区别。服务号和订阅号的区别如图 5-43 所示。

微信公众平台服务号、订阅号的相关说明　　　　　　　　　　　　　　　　　　　　　　　　　选择字号：大 中

一、服务号、订阅号的介绍（区别）

不同类型的公众号所具备的功能权限是不一样的，主要区别：

功能权限	普通订阅号	认证订阅号	普通服务号	认证服务号
消息直接显示在好友对话列表中			✓	✓
消息显示在"订阅号"文件夹中	✓	✓		
每天可以群发1条消息	✓	✓		
每个月可以群发4条消息			✓	✓
基本的消息接收回复接口	✓	✓	✓	✓
聊天界面底部，自定义菜单		✓	✓	
九大高级接口				✓
可申请开通微信支付				✓

图 5-43

企业号、服务号和订阅号的区别如图 5-44 所示。

企业号与服务号、订阅号的区别

	企业号	服务号	订阅号
面向人群	面向企业，政府、事业单位和非政府组织，实现生产管理、协作运营的移动化。	面向企业，政府或组织，用以对用户进行服务。	面向媒体和个人提供一种信息传播方式。
消息显示方式	出现在好友会话列表首层。	出现在好友会话列表首层。	折叠在订阅号目录中。
消息次数限制	最高每分钟可群发200次。	每月主动发送消息不超过4条。	每天群发一条。
验证关注者身份	通讯录成员可关注。	任何微信用户扫码即可关注。	任何微信用户扫码即可关注。
消息保密	消息可转发、分享。支持保密消息，防成员转发。	消息可转发、分享。	消息可转发、分享。
高级接口权限	支持	支持	不支持
定制应用	可根据需要定制应用，多个应用聚合成一个企业号	不支持，新增服务号需要重新关注。	不支持，新增服务号需要重新关注。

图 5-44

5.7.3　微信公众号的电商价值

由于微信有庞大的用户群体，很多企业、机构需要一个平台去连接巨大的微信用户群，这样就有了微信公众平台的诞生。下面分别介绍订阅号和服务号对电商的价值。

1. 订阅号的电商价值

微信订阅号可为媒体和个人提供一种新的信息传播方式，构建与客户之间更好的沟通与管理模式。下面将详细介绍订阅号的几个电商价值。

(1) 品牌建设与拓客。

订阅号是做品牌和拓客的，也就是品牌推广和开拓新客户。从这个角度而言，订阅号的本身定位就是群发，就是营销。企业利用订阅号做好品牌的建立和维护，做好品牌的口碑宣传，可以不断为自己带来新的客户。

(2) 了解客户，与客户建立信任关系。

企业发展的基础是具备稳定的客户群，而拓展客户群的基础是要留住消费者，让消费者对企业产生信任感和依赖感。消费者只有了解了企业，了解了企业的品牌文化和信息，才能相信企业的能力，相信它能够满足自己的需求，从而和企业建立信任关系。

(3) 快速有效地收集客户反馈。

通过微信公众平台设置自动回复或人工回复，可以实现与后台粉丝的即时留言互动，收集到客户第一时间反馈的信息，有利于企业及时采取应对措施，做好服务。

2. 服务号的电商价值

微信服务号给企业和组织提供更强大的业务服务与用户管理能力，帮助企业快速实现全新的公众号服务平台。下面将详细介绍服务号的几个电商价值。

(1) 提供服务。

从名字的角度可以这样理解，服务号主要是为客户提供服务的。企业的生存和发展离不开客户的支持，好的服务能吸引客户，同时还能刺激客户的二次消费。企业想要发展长远就必须要了解客户的需求，时刻关注客户的需求变换及客户对产品的满意度，经常征询客户意见，把客户的一言一行、一举一动都熟记于心，快速有效地解决客户的问题。

(2) 为优化自身提供依据。

通过与客户的互动，进而获取到客户的问题和意见，这些是企业潜在需要提升和改进的地方。作为企业，不能仅靠个人的意愿和爱好来做事情，而是要根据目标客户的喜好来量身定制。因为只有符合了客户的心理，最终才会达到预期的效果。

(3) 形象效应和口碑效果。

微信服务号为企业提供的服务是无形的，最终会在消费者当中形成企业口碑的宣传。在此过程中，满意的客户将成为企业的免费广告资源，他们往往会将自己消费的感受通过口碑传播的方式分享给其他客户，这要比花大笔的金钱去做广告宣传更加有效，不仅可以迅速提升企业的知名度，还有助于提升企业形象。

(4) 增强企业的核心竞争力。

市场竞争的关键是对客户的争夺与占有。如果能比竞争对手先一步与客户建立良好的双向互动关系，真正关怀客户，一旦客户在这里获得了高度的满足，他们就能放心地从这里购买商品而不会被任何竞争对手"挖走"，使商家在竞争中获胜。

企业要做的就是利用微信服务号做好客户的维护工作，以客户为中心，以实现优质服务、提高客户满意度和忠诚度为目的，通过将服务作为一种创造价值的商品来营销，向客户提供具有价值的服务，保证服务质量和水平，从而使客户持续地接受公司提供的服务和产品，最终给公司带来源源不断的业务和利润。事实上，售后维护工作已成为企业的竞争优势之一，可以帮助企业在竞争中脱颖而出，永远立于不败之地。总之，企业与客户之间的关系越牢固，企业的优势地位也就越稳固。

(5) 保证客户与企业双赢的重要基础。

由于技术特征的可模仿性，其在差异化策略中的作用将明显落后于不易模仿的服务特征，而以服务为导向和特征的差异化战略在激烈的市场竞争中已得到越来越多现代企业的重视和应用。

Section 5.8　工具的融合应用

微信作为一款社交软件，衍生出来许多其他工具，例如微信商城、微信支付、微视、微社区、微信公众号和微信店铺等。其中，微视、微社区和微信公众平台作为三款本质为社交的工具对于电商来说是发展其他工具的途径。例如，商家需要宣传微信店铺或微信商城上的商品时，可以通过拍摄微视，由真人展示商品；也可以通过微信公众号的图文推送来介绍商品和发布活动，赢得其他用户的信任感，从而使其关注商品，进而购买；还可以在微社区中发布相关话题，起到很好的推进作用。由此可见，微信衍生出来的各种工具之间可以很好地进行融合和搭配。

运营经验

本节导读　　通过本章的学习，读者基本可以掌握微信电商常用工具的基本知识以及一些常用的操作方法。本节将介绍一些运营经验，以达到巩固学习、拓展提高的目的。

5.9.1　微信公众账号的推广策略

在微信公众平台上，无论媒体、商家、个体，无论大小品牌，都拥有平等的表达机会，优质的内容将保证品牌的健康持续运营。下面将介绍一些微信公众账号的推广策略。

1. 借助现有的资源

如果微博、博客本身都有比较多的粉丝，可以通过这些渠道进行推广。

如果产品是在线下交易，可以在交易地址附近放置印有微信公众号二维码的易拉宝。必要时，可以搞一些活动，将线下用户转移到微信上。

可以向身边的朋友多推荐自己的微信公众账号，在名片、邮件签名等地方也添加上微信公众账号。

2. 找到目标人群聚集的圈子

以"领秀职场"这个微信号为例，其目标人群为职场上的精英人士，因此会比较关注一些职业社交网站，通过这些网站的社交账号进行推广。另外，也会整理一些 PPT 模板等办公类资料发布到百度文库、华为网盘等地方，吸引用户下载，并进而关注自己的微信号。

3. 专注于内容建设

关于这一点，很多人可能不大认同。许多人为了做粉丝而做粉丝，其实这种出发点就是错的。微信公众账号的粉丝不同于微博，粉丝数量并不能成为炫耀的资本。倒不如踏踏实实做内容，将目标用户吸引过来。仍以"领秀职场"为例，其平均每篇内容的阅读率为 25%(即阅读的用户占总的订阅用户的比例)，大家可以反思下自己的微信是否有这样的阅读率。

5.9.2　微信公众平台内容写作的要素

一篇优秀的文章通常由三个部分组成：标题、正文、结尾。在写文章之前先拿起笔在纸上写下大脑里的所有灵感，再把这些灵感编写成提纲，就可以开始写作了。

1. 标题

一篇优秀的文章能不能吸引大量读者，主要取决于标题。世界文案大师在写文案时，通常都会花大量的时间来思考怎样写好一个优质的标题，为了保证标题写作成功，通常会写几十个标题，再从中选择一个最棒的标题。标题最好控制在 10～18 个字之间。注意，要尽量把标题写长一点，长标题更能吸引读者的注意。

2. 正文

写文章要找自己熟悉的话题、自己擅长的话题，只有自己在该行业里拥有丰富的知识储备，有独特的见解，写起来才能游刃有余、挥笔自然。不论是创业路上的故事、公司管理经验的分享、业务之间的分歧、团队里的故事等，都要有一定的真实性、可读性、连贯性。只要是喜欢的，都可以拿出来写成文章。

正文写作要让人看起来非常有条理，文章的段落按重要性顺序排列，每一段的开头第一句话，通常是对该段内容的总结提炼。要注意消除每一个废字、每一句废话。一篇文章写好之后，自己一定要通读一遍，这个阶段的主要工作就是删除废话，确保文章里没有一个废字，使之言简意赅，内容紧凑。

3. 结尾

结尾主要是对这一篇文章做一个简单的总结，通过总结使读者更重视你提出的观点，或者是引发读者更深的思考。我们经常看到很多的访谈节目，最后都会请访谈人用一句话来总结当天谈话的主要内容，就是这个道理。很多人都喜欢用名人名言来作为总结，这也是很好的方法。

5.9.3　公众平台营销三步走

下面将简单介绍微信公众平台营销三个方面的运营经验。

(1) 推广：在广告页面中植入二维码，让用户扫一扫，由用户推荐等。

(2) 媒体发布：通过编辑部门的信息整理，实现和特定群体的文字、图片、语音的全方位沟通、互动。

(3) 资源置换：根据发布内容，协调好商家、合作网站、部门之间的资源。

5.9.4　微信公众平台营销方式

微信公众平台的营销方式主要分为图片广告、植入广告和纯粹广告三种。

1. 图片广告

微信公众账号每天精选有价值的新闻、资讯等富媒体推送给订阅用户，并在文章的插图或最后面，附上一张精心设计的广告图，要一目了然，不影响用户的体验，还能实现广告传播效果的最大化。

2. 植入广告

在推送的富媒体内容上，植入广告内容，比如在文章、图片中提到某些品牌的名字、广告词等。这类广告不漏痕迹，不易引起用户抵触。

3. 纯粹广告

定期整理一定数量的"纯粹广告"进行发布，广告内容本身就是用户需要的一种服务，广告效果要做到最佳。

5.9.5　微信公众号双号、多号及矩阵战略

自 2013 年 8 月 5 日正式在苹果 App Store 上架以来，微信 5.0 让企业微信面临新的选择，是放弃每天一条的发布指标选择升级为服务号，还是被折叠在订阅号中继续每天发布。在面对鱼与熊掌的两难选择之下，部分微信开始试水双号运行。在这里要注意的就是企业微信双号运营一定要让两者的定位和风格差异化，这样用户才有兴趣关注，要不然最终会是竹篮打水一场空。

对企业来说，无论是做发布还是做服务，都可以考虑利用所有可以利用的平台，但是这时要考虑一个问题：多开一个公众号，运营的成本也相应增加，而且未必能收到很好的效果。除非内容能引起用户的兴趣，否则还是实实在在地为客户提供一些服务。

1. 双号战略

双号战略是指企业既开通服务号，又开通订阅号。订阅号每天都可以发一条消息，适合做新顾客的开拓、培养新顾客、促销产品，为企业创造利润。服务号每个月只能发 4 次消息，适合用来服务好老顾客，老顾客已经体验过产品的好处，只要做好服务，他们就会重复购买，不需要推送大量的促销信息给顾客，一个月推送一次就足够了。

初期，企业需要一个订阅号来进行宣传，每天都可以推送一条信息，这对于企业发展新顾客是非常有利的，因为在潜在顾客购买企业的产品之前，企业需要长期地跟潜在顾客进行沟通，并想办法让顾客相信企业能够帮助到他们，最终使其购买企业的产品。

企业还可以尝试双号并用，订阅号负责宣传和挖掘新的顾客，服务号负责维系老顾客，并不定时地宣传活动信息。这样既不影响推广，又可以很好地维持住已有客户的关系。

2. 多号战略

多号战略是指企业既开通服务号，又开通订阅号，甚至还开通个人微信号，这三类账号同时使用，互相补充，极尽可能地传播品牌价值。当然，需要提醒的是，采取多号战略也会存在一定的问题，如品牌的混淆、运营成本的增加、粉丝对官号的迷惑等。所以务必先把各个号的定位搞清楚了，然后再考虑多号战略。

在这里不得不提到的一点是，对于中小企业而言，不需要服务上百万、上千万的顾客，而只需要服务一部分高质量的目标客户即可。利用个人微信号可以快速锁定顾客，1 个微信号锁定 1 万目标客户，10 个微信号就能锁定 10 万目标客户，当然还可以放大到 50 万目标客户。锁定 10 万目标客户，对于中小企业来说，就能为企业创造大量的利润。另外，个人微信号还有一个优势是可以利用"附近的人"功能，做好本地 O2O 电商。中小企业除了重视服务号与订阅号之外，一定要重视个人微信号。

3. 矩阵战略

与微博账号的营销矩阵类似，大平台也会根据不同的营销需求构建不同的营销账号，构建企业微信矩阵，具体可以参考微博营销矩阵的集权式、蒲公英式、HUB 式、双子星式、蜂巢式等方式，只是现在还不成熟，需要更多地尝试和探索。举例来说，在微信公众账号输入"搜狗"后会出现搜狗壁纸、搜狗语音助手、搜狗输入法等产品相应的微信账号，用户可以根据自己的需要选取，这其实就是一种微信矩阵。

5.9.6　企业微信内容的来源

　　相信很多企业在微信运营过程中都会为发布什么内容发愁，不知道"说什么"，甚至有些企业会错误地认为，建个账号，发点新闻、搞笑段子，微信运营就万事大吉了。其实，无价值的内容、纯粹的广告推送往往会引起用户的普遍反感。内容的形成应建立在满足用户需求的基础之上，包括休闲娱乐需求、生活服务类的应用需求、解决问题的实用需求等。企业希望推送的信息应与用户想要的信息高度一致。

　　此外，通过微信的开放平台，还能实现二次开发的应用接入，可在公众账号内实现更多的互动功能。目前已有一批较为成功的企业公众账号通过这样的形式获得了较好的用户口碑传播。内容本身也可不拘泥于传统的图文结合，还可借助语音、视频的形式，令用户产生更大的兴趣和新鲜感。下面将详细介绍企业微信内容的主要来源。

1. 问题专家型

　　了解用户需求，解决用户问题。不知道说什么，没关系，先听听你的用户在说什么，通过微信搜索你的产品、企业，甚至是竞争对手的产品，听听用户关注什么，有什么疑问，通过一段时间的跟踪总结，把这些用户关心的问题分门别类，然后针对这些问题设计微信内容。另外一点就是把企业客服部门遇到的问题都拿来分析分析，把用户问得最多、反馈最多的问题一条条解决掉，这些解决方案就是用户最喜欢的。用户喜欢可以解决问题的内容，不喜欢在问题发生之前看产品介绍。同理心是一种非常好的方式，可以抓住第一次看你内容的读者，并且将他们转化成忠实的跟随者。其实这也是销售过程的第一步。如果你能明确你所在行业中人们的痛苦，你就能以一个见多识广的专家形象出现，并解决相应的问题。如果你的语调是学者型的，人们会认为你是在教导，而非销售。如果你提供的解决方案不是针对你的产品和服务的，你一定会获得信息资源的美誉，就是愿意帮助为先，销售为后。

2. 娱乐八卦型

　　可以在微信中介绍产品的延展知识。用户不喜欢看干巴巴的产品介绍、产品说明书，用户喜欢有知识的信息。如果你是卖茶叶的，不能只介绍你的茶怎么怎么好，是明前的采摘或是茶园在海拔 2000 米以上，这些信息固然重要，但是用户更喜欢看茶叶的饮用方法、存储方法，以及是否适合作为礼品等。而对于一些服装品牌，则可以提供一些搭配方法、衣服的保养和洗涤方法。相信只要肯去挖掘，一定能发现你的产品除了干巴巴的介绍之外，还有很多未开发的内容。就像星巴克微信要普及咖啡文化一样，在这里，企业应该关注自己的形象，不要呈现出一个麻木和枯燥的形象。人们在读取内容时会有很多选择，他们会订阅那些使他们笑、使他们哭，而且感觉有参与感的内容，他们喜欢把他们带离现实的故事。没必要又唱又跳，但是可以找到方法来增加吸引力，并且让信息通过大量丰富的故事情节和幽默进行展开，哪怕内容是严肃的。

3. 广开言路型

可以将用户的评价和体验做成内容。很多用户通过微信抱怨你的产品，也有很多用户通过微信赞美你，如果你的产品真的很好，会有很多粉丝夸奖你，把他们说你的"好"炫耀给大家，不仅充实内容，还让这些用户"受宠若惊"，如果还能送上一点小礼物，用户便会帮助你创造内容。现在很多电商网站，尤其是服装类的，都开设了"晒单""上传搭配"等活动或功能。比如，微信公众号"点评团上海站"每月都有一个点评团晒单的活动，目的是让用户把团购商品的照片发上来，从效果上看，每个月都会产生两三千条粉丝自创的内容，还加强了和用户的互动，团购不单单是交易完成，更是通过微信把用户在线下的情况反映到线上，对于粉丝的粉丝也有很大的引导作用，何乐而不为呢？

4. 告诉你一个好消息型

可以提供折扣信息和粉丝专属的新品。有调查显示，有百分之三四十的用户是冲着特别折扣信息才去关注一些品牌的。可见，折扣优惠是很重要的内容。但目前有一个误区是把促销信息统统发布上来，这对于用户来说是一种灾难，这样的企业微信就像街头路边发小广告的。应该设计一些精品的、专属于微信粉丝的特别折扣，让他们感觉到作为粉丝有 VIP 一样的待遇。除特别折扣之外，还有一点就是新品，如果能做到微信上首发，比如某一款包包，通过微信先预订，只为粉丝准备，线下买不到，这样粉丝也会感觉"很尊贵"。

5. 自曝隐私型

企业微信也要有血有肉，让人看起来像个活生生的"人"。可以把企业内部的一些情况介绍给粉丝，如一些好玩有趣的事、有趣的员工、某款产品背后的故事等，让粉丝通过微信完整地了解企业，让信息更加透明化，这样才能让粉丝感觉到这个微信不是一个冷冰冰的 ID，它的背后有这么一帮可爱的人。这类内容还有一个好处是让更多喜欢企业的人加入企业，因为他们会觉得在这样的一家公司里工作应该也是一件很好玩的事情。

6. 名人成功启示型

可以发表一些对行业成功者的看法文章。在每个行业都一定有些比较突出的或是比较成功的网站和人士，这时候如果你能够发表对名博、名站的分析文章，将会吸引众多读者。我们知道大家都喜欢对成功案例进行模仿，都希望自己能站在巨人的肩膀上更快地走向成功，而你将会是他们所需要的那座桥梁。

7. 热炒冷饭型

可以分享非原创的热点文章，类似于文摘。可以摘录一些经典的文章进行分享，但切记应当尊重他人的劳动成果，用时一定要注明作者或者出处。

8. 原创互动型

无论是图文并茂，还是声色俱佳，企业一定要坚持原创，至少有一部分是属于自己独特的内容，让粉丝忠于你，选择你，爱上你。除此之外还要搞些互动型的内容，这样才能与客户交流，在互动中建立关系。要找到有趣的、不寻常的角度和事实，放到你的内容中，让那些读你内容的人感觉到兴奋。你需要给你的读者极好的体验，这种体验可以满足他的需求，是令人愉快的，也是意想不到的，纯粹的平庸只会浪费读者的时间。

9. 设定话题多讨论

先设定一个话题，然后可以发动一次大讨论。可以在论坛或专业社区中讨论，也可以采用电话会议的方式，或者举办一次小型会面，在你的潜在客户中掀起一场对等的讨论。除了可以带来内容外，这样的讨论还可以为你建立信誉。

10. 调查和反馈

可以围绕行业趋势进行一次调查，十几个问题即可，调查一下潜在客户和现有客户对各种相关话题的看法，然后把结论写成概要，再来点创意，发给粉丝们。

11. 学会倾听、采访客户

利用微信对客户进行短时间的采访，讨论其所面临的问题以及对整个市场的看法。然后根据采访写一篇两三段的摘要，并附上采访内容。

12. 独到见解，核心武器

把自己的独到见解写成一篇文章或摘要，这才是你的核心武器。因为只有自己的独到见解才会让粉丝感觉到你的价值。

5.9.7　把握企业微信内容推送时间的技巧

在订阅号的界面里有这样一个规则：谁后发，谁就会显示在上面。也就是说，订阅号中的显示顺序是，谁最后、最近更新，谁就排在最上面。而在主界面中，订阅号界面显示的也是最后一条更新的公众号内容。这意味着如何选择推送时间点将成为企业微信研究的热门话题。

除此之外，要记住一条信息全部群发完估计要 1～15 分钟不等，因此信息发送时间最好选在午饭后、晚上睡觉前。另外，发送信息的时候记得分组。建立客户分组，根据分组发送不同内容，这样信息的精准度也会相对较高。那么推送的具体时间怎么定呢？如表 5-1 所示。

表 5-1　推送时间选择及理由

推送时间选择		选择理由
早上	早 8 点左右	这是新的一天的开始，大家醒来都期待关注最新的内容，更重要的是不少人在上班的路上就可以阅读
中午	11 点半～12 点半	这段时间一般是大家吃饭和午休的时间，没事会讨论买什么，现在的移动终端这么发达，用手机就能完成购买过程
晚上	8 点～9 点	这段时间大家都吃完饭，散完步回家在沙发上或者床上看电视，是放松无聊的时间，也容易产生购买 另外，晚上 10 点以后就不要推送了，因为有些人已经睡觉了，你要是打扰了用户睡觉，他很可能会取消关注你

下面将介绍把握企业微信内容推送时间的技巧。

(1) 数据分析。根据微信数据分析来进行规划，因为只有这样你才会知道你的粉丝活动的时间。

(2) 因人而异。对不同的营销对象采取不同的时间策略。比如要想在早上推送，对于白领上班族，最佳时间应该是 8 点～9 点半，而对于学生族则应该是 8 点左右。双休日则无疑晚上时间最佳。

总之，关于发布时间的说法莫衷一是，有的人说周末不是发布内容的好时段，要避开，有的人说晚上 8 点以后这个时段要避开，这些说法各有各的数据依据和道理，但要切记一点：企业微信推送时间还是得看你的用户对象。

5.9.8　品牌微信运营大忌

微信公众账号正处于蓬勃发展之中，只要端正运维理念，避免急功近利的浮躁心态，做好目标、战略、创意运维的准备，这就是开设公众账号的黄金时期。微信具体的运营禁忌如下。

（1）不能发与微信号主题无关的垃圾广告。例如，你是做家居的，就不能在推送信息时夹带与家居主题不相关的征婚广告。2013 年 2 月有不少微信自媒体名气账号因为无节制地大量发送不相关广告，从而被关闭群发功能。

（2）不能发色情、暴力以及触及政治等敏感话题的信息。可以肯定的一点是，微信官方对公众账号所发出的信息是完全可以监控的。因此，只要发了有关这方面的文字和图片内容，会被立即关闭群发功能，甚至封号。

（3）不要强迫用户把信息分享到朋友圈。比如说不能要求在朋友圈看到信息的用户必须关注公众账号才能看到具体内容。已经有不少知名企业的官方微信号犯了这方面的错误，而被关闭一个星期左右。

（4）不要欺骗用户，发送不真实的信息。这就意味着，不能在微信里推送假冒伪劣产品的广告信息，同时，所发送的信息要具有真实性。这两点很容易带来用户的投诉，而用户投诉带来的结果就是微信官方毫不犹豫地把你的群发功能关闭。

（5）不要用个人微信频繁发信息去带动公众账号。用户的碎片化时间是有限的，微信让服务号只能一个月群发 4 次消息，就有人用暂时还没限制的个人微信号天天群发文字信息和公众账号推荐。过于频繁会给用户造成骚扰，让用户反感。

（6）滥用自动回复，不够人性化。贪图省事，把用户可能涉及的问题都利用微信公众平台的关键字回复功能来回复。这样的弊端就是不够人性化，没有用户喜欢和一个机器人长期交流。当然，工具类的微信公众账号除外，但那是基于庞大数据交互处理推送实用信息，不在此列。微信官方曾经鼓励公众平台用户尽量多使用人工回复。

（7）服务号每月只有 4 次推送机会，然而却用来推送实用性不强、枯燥无趣、同质化的信息。推送实用性不强的信息，用户会觉得持续关注你用处不大，自然不会再在你这里浪费时间；推送趣味性不够强的信息用户容易审美疲劳，自然会对你产生厌恶；用户会有很多接触信息的渠道，轻易地把别的渠道也能获取的信息简单复制到微信上来，只会让用户觉得没有阅读价值，不会过多驻足。

(8)　推送信息太长。如果内容没有足够的阅读价值，又不是某领域专业主题类，向用户推送短则千字、长则近万字的内容，用户会觉得阅读起来很麻烦，干脆略过。前述已经提及，用户的碎片化时间有限，因此，推送内容要尽可能简短，能让用户在 5 分钟内读完信息最佳。

(9)　回复不及时。用户向公众账号发出信息，而品牌方疏于维护，没有安排专人及时处理，会让用户感到被冷落。正确的做法应该是及时回复用户的信息，通过对用户的咨询及时回复建立起消费者的好感，另外，让客服在开着旺旺、QQ 的同时打开微信公众账号的后台及时维护并不是多大的难事。

5.9.9　微信公众账号营销的注意事项

企业在开展微信营销时，有如下一些注意事项。

1. 内容为王

对于微信营销而言，内容是最重要的。如何把内容做到大家喜欢？如何维持粉丝不让粉丝流失？如何实现粉丝的自然增加？全靠内容的运营。而内容不单单是文字，图片、语音、视频等都可以是内容的组成部分。

2. 确立微信主题

确立微信主题是企业微信营销的根本所在，也是企业体现与同行差异的关键点。对于企业而言，一定要摆脱微博营销的影响，不要直接用企业的名称作为微信号，要在内容和功能上进行品牌化的传播，因为微信营销的宗旨就是让企业的目标人群依赖于己。

3. 微信营销不是单一的推广工具

微信营销要全面推广，本书后面有不少实战案例，大家可以仔细区分。微信营销不是单一的推广工具，而是一个综合性极强的营销利器，企业在推广自己的微信公众账号时要做到全面推广，要针对自己的目标人群、精准人群进行推广。

5.9.10　如何增加微视粉丝

微视粉丝是检验利用微视进行品牌推广的一个重要参数，毕竟只有被更多有价值的粉丝关注了，才能体现微视推广的价值。其实增加微视粉丝的方法和其他社交工具有着共通性。

1. 互粉互推

通过每天不断加关注获取大量的互粉，获得大量被关注用户。加关注时应找到和自己需要的粉丝相关的人群添加关注。比如你要加搞笑类的粉丝，那么就去搜集一些搞笑大号，找到他的粉丝开始关注。

2. 添加热门标签

每天更新有创意、有人气、转发高的微视内容给粉丝，添加热门的标签，这样，微视用户在搜索相关词时就会找到你的微视，当用户喜欢你的内容时一般都会进行关注。

3. 定期更新内容

定期发布一些高质量的内容，鼓励引导粉丝转发。同时，【发现】界面中有"最新微视"栏目，可以增加你的内容曝光率。

4. 评论和加赞

虽然微视中加关注每天的上限为 200 人，但评论和赞是不限次数的，因此，可以通过评论和赞一些热门微视，来获得关注。在评论中引导粉丝关注也是不错的一种方法。

5. 推荐给微视官方

发布一些好的视频后，可以选择@微视官方。比如发布了旅游类内容，可以@微视旅行；发布了宠物类内容，可以@微视宠物；发布了明星类内容，可以@微视明星。这样，当微视官方认为你的内容比较好时，就会推荐到相关分类的首页，从而大大增加曝光率，增加粉丝。

第6章

搭建微信电商平台

　　本章主要介绍微信电商平台、搭建微信商城、搭建微信小店和第三方微信电商平台方面的知识与操作技巧，同时还讲解快速开微店的相关知识及操作方法。通过本章的学习，读者可以掌握搭建微信电商平台方面的知识。

Section 6.1 微信电商平台

本节导读

微信公众平台一经推出就已经被赋予了各种想象，也有许多先行者进行了积极尝试，目前微信电商已经成为实际可操作的商业模式，产业链各个环节相对成熟，已经有不少平台为商家提供更多的渠道和机会。本节将详细介绍微信电商平台的相关知识。

6.1.1 微信小店

微信小店是基于微信公众平台打造的原生电商模式，包括添加商品、商品管理、订单管理、货架管理、维权等功能，开发者可使用接口批量添加商品，快速开店。微信小店的上线，意味着微信公众平台上真正实现了技术"零门槛"的电商接入模式。

1. 微信小店的开通要求

想做微信小店，必须满足如下几个先决条件。

(1) 必须是企业认证的服务号。

(2) 必须开通微信支付接口。

(3) 必须缴纳微信支付接口的两万元押金。

2. 微信小店的模式

微信小店基于微信支付来通过公众账号售卖商品，可实现开店、商品上架、货架管理、客户关系维护、维权等功能。商家通过微信公众平台推出微信小店功能，也可为用户提供原生商品详情体验，货架也更简洁。

6.1.2 微信商城

微信商城(又名微商城)是在腾讯微信公众平台上推出的一款基于移动互联网的商城应用服务产品。

1. 微信商城的开通要求

开通微信商城需要满足的条件具体如下。

(1) 需要经过认证的微信服务号或订阅号。

(2) 借助微信商城系统。

(3) 借助第三方平台开发。

2. 竞争优势

微信商城是基于微信研发出来的一款社会化电子商务系统。消费者只要通过微信商城平台，就可以实现商品的查询、选购、体验、互动、订购与支付的线上线下一体化服务模式。它具有以下四大竞争优势。

(1) 覆盖广：线上线下联动传播，传统媒体无可比拟。

(2) 效果好：受众精准，反馈速度快，互动性强，消费会员体系庞大。

(3) 成本低：相同的广告效果，其投入成本只是传统广告投入的百分之一或者更低。

(4) 功能大：广告展示、在线消费、自动定位、自动搜索、在线互动、在线娱乐，应有尽有。

Section 6.2　搭建微信商城

本节导读　随着微信越来越火，微信电商化正在一步一步地走进我们的生活。有人的地方就会有商机，更何况作为移动互联网的入口，微信坐拥六亿用户，这么一块诱人的大蛋糕，肯定是商家的必争之地。微信商城刚刚兴起还不久，所以现在来做个属于自己的微信商城，对于商家来说正是快人一步的选择。本节将详细介绍搭建微信商城的相关知识及操作方法。

6.2.1　搭建微信商城的方法

微信商城是由第三方在微信基础之上开发出来的可以购物的功能模块，只要有公众账号就可以建立微信商城。微信商城类似于 WAP 手机网站或者 APP，但又比其有更多的优势。下面将详细介绍搭建微信商城的操作方法。

第 1 步　首先注册微信公众平台账号，并且通过审核(步骤详见 5.7.1 节)。

第 2 步　选择一个合适的商城系统，下面以"微铺子"为例，商家首先得注册微铺子系统账号，才能实现微信公众号与微铺子后台的接入。注册请到微铺子官网 http://www.vpuzi.cn/，如图 6-1 所示。

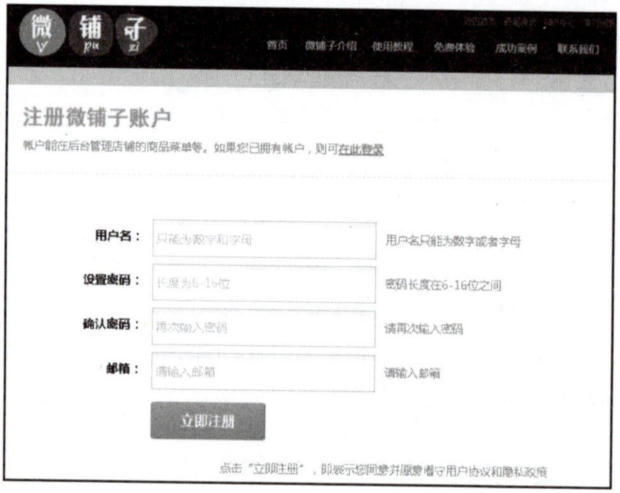

图 6-1

第3步 将公众号与微信商城系统进行绑定。**1.**用户需要在页面左侧选择【公众号配置】选项，**2.**在页面右侧单击【自动配置】按钮，填写需要配置的公众号账号和密码，如图 6-2 所示。

图 6-2

第4步 将微信商城系统与微信公众号绑定之后，要关闭微信公众账号的编辑模式，开启开发模式，如图 6-3 和图 6-4 所示。

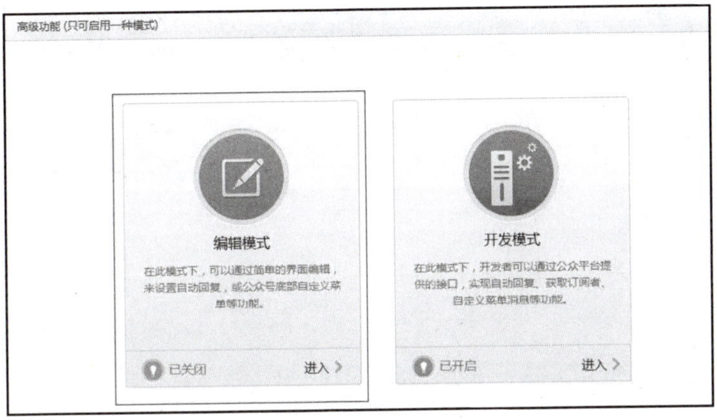

图 6-3

图 6-4

第 5 步 此时用户就可以管理店铺、发布测试商品了。进入微铺子后先新建店铺、设置店铺、添加商品等，如图 6-5 和图 6-6 所示。

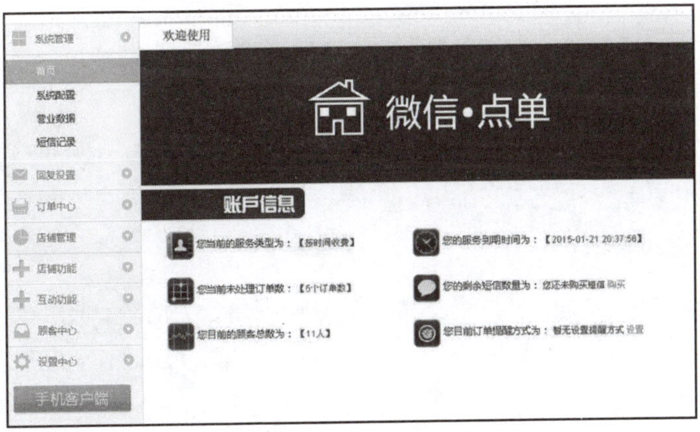

图 6-5

图 6-6

6.2.2　微信商城的功能

微信商城对企业来说，可以帮助企业将其商城开到每个人的手机里；对消费者来说，可以随时随地购物。下面将详细介绍微信商城的一些功能。

1. 会员系统

完善的会员管理系统，能够自动保存密码，提供会员等级、积分管理、积分兑换、导入导出等功能。

2. 支付功能

支持微信支付、支付宝、财付通、快钱、银联、货到付款等多种支付方式，解决了商家因单一支付方式给消费者带来的不便。

3. 购物车/订单/结算功能

完善的购物车和订单生成系统，在线结算方便快捷。

4. 自定义菜单

拥有商品分类、资讯中心、新品促销等版块，分类清晰，除了微信自定义菜单还扩展到内页中自定义菜单。

5. 产品管理系统

强大的产品管理系统，具有自定义参数、导入导出等完善功能。

6. 促销功能

多种促销规则、积分赠送、会员优惠等功能，让商城具备超强营销力。

7. 抽奖/投票功能

微信商城可同时进行多种即时抽奖活动，可以发起多种图文和柱状的投票活动。

8. 分佣系统

充分利用微信的社会化人际关系特点，以流量、推荐会员、购买抽佣的形式为营销工具。

6.2.3　微信商城的经营策略

微信商城是移动互联网时代营销模式的一种创新，随着人们对于互联网的认识逐步加深，微信商城也成了商家推广商品的必备武器。很多商家选择开设微信商城，是因为它是建立在手机移动端的微信平台的商城系统，是一种新的移动电商运营模式，不需要靠其他的电商平台来运营发展，通过自身的微信用户就可以进行微信营销。微信商城和 PC 端商城遇到的同样问题就是商城的运营问题，下面将介绍怎样才能运营好微信商城，为企业带来订单量。

1. 多参与用户的互动

微信运营的前提是要与用户进行互动，向用户传递有价值的内容，让用户接受你、信任你，这才是最重要的。同时，通过互动的方式还能够很好地维护商城的老客户，进而影响新客户。如果可以组织一些让用户参与的线下活动，也能够起到不错的宣传效果。

2. 选择合适的微信公众号

在申请微信公众号的时候，如果公司所处的行业新闻信息很少，或者更新很少的话，选择服务号比较合适；如果公司信息基本上每隔一段时间就要更新的话，就可以选择开通订阅号。因为服务号一个月只能发 4 条信息，而订阅号每天都可以发送一条信息。

3. 做好线下推广工作

相对线上推广，微信商城进行线下推广同样重要。很多企业由于缺乏经验或者对微信运营并不了解，前期只会重视线上推广，而忽略了线下推广对企业的微信运营的重要性。企业可以在线下组织活动，将二维码印在活动的礼品上，通过这种方式来提升网点的流量及微信的关注量。

4. 重视发布信息的质量

很多企业认为推送信息越多越好，因此每天不断推送，至于效果好不好、有没有人去阅读则不去关心，这种做法是错误的，应该重视信息的质量而非数量。

5. 内容一定要有价值

在推送信息之前，需对发布的内容进行严格的检查，看看有没有错别字，语句是否通顺，最重要的还是内容是否对用户有一定的价值，没有价值的内容很难吸引用户的关注。同时，内容最好是原创的，并且主题要明确。

6. 充分利用【阅读原文】超链接

通过微信公众号发布信息时，有一个好处就是可以为【阅读原文】添加原文链接。因为对于有价值的内容，用户肯定会有想要阅读全文的冲动，因此用户会点击【阅读原文】超链接。这时可以将其引入商城，从而增加商城的流量。

7. 做好有效数据分析

做微信商城不仅是为了推送广告信息，更重要的是要做好数据分析工作，结合数据情况来调整策略并执行，这样才能够提升运营的效果。

Section 6.3 搭建微信小店

本节导读　微信小店的出现是微信有序开放的又一个标志，也是微信在电子商务领域的一种新探索，必然为商家以及整个电子商务生态带来新的无限可能。此外，微信小店的推出可以更好地规范微信公众平台的生态环境，建立统一标准的接入服务，为业界拥抱移动互联网搭建更好更便捷的平台。本节将详细介绍搭建微信小店的相关知识及操作方法。

6.3.1　搭建微信小店的方法

想做微信小店，必须具备以下条件：有一个服务号，开通微信支付接口，缴纳微信支付接口的两万元押金。其中，服务号、微信支付都需要企业认证。如果这些都已经准备齐全，那么就可以通过下面的步骤来建立自己的微信小店。

第 1 步　登录微信公共平台，**1.**选择【服务】选项，**2.**选择【服务中心】选项，**3.**在页面右下方选择【微信小店】选项，如图 6-7 所示。

图 6-7

第 2 步　添加商品。选择准备发布商品的类目，如图 6-8 所示。

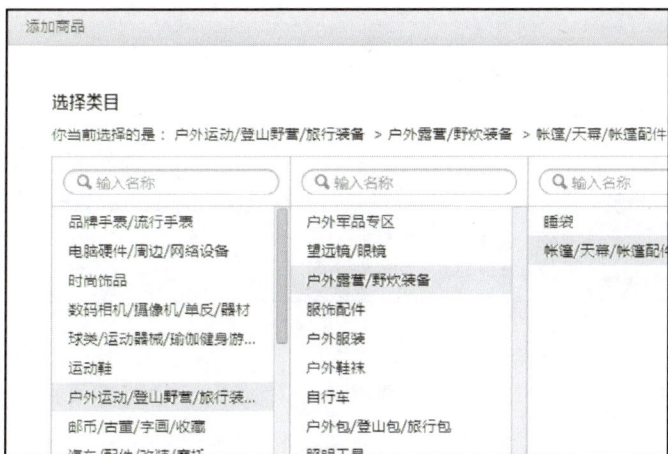

图 6-8

第3步 填写商品的基本信息。填写商品名称，上传商品图片，填写运费、库存、内容描述等，如图 6-9 所示。

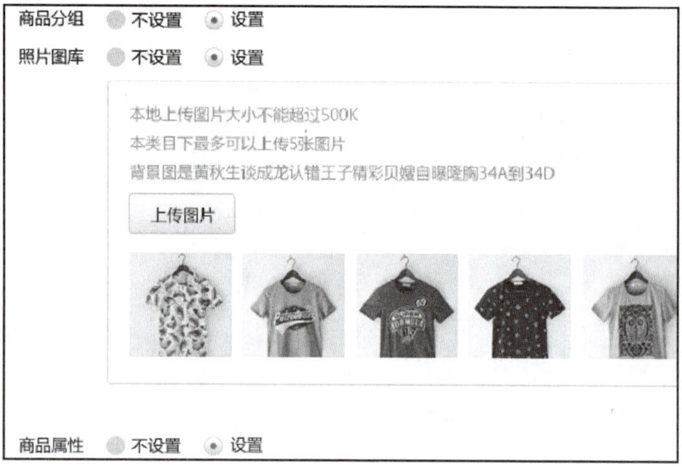

图 6-9

第4步 管理商品。用户可以设置不同的分组来管理商品，分组可用于将商品填充到货架中，如图 6-10 所示。

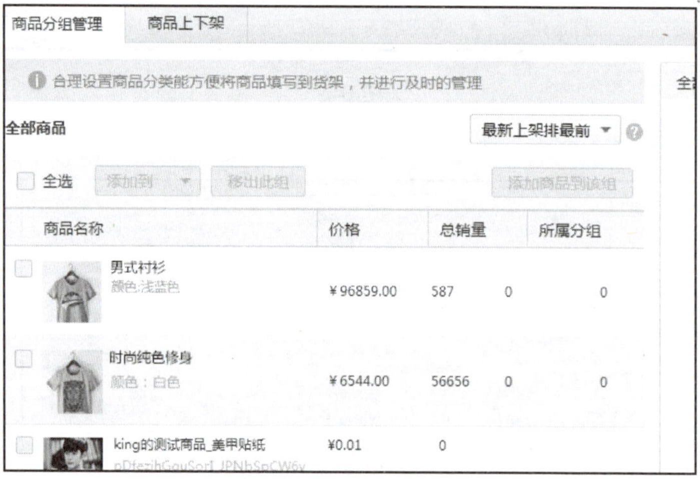

图 6-10

第5步 商品上下架。用户还可以快速对商品进行上下架操作，如图 6-11 所示。

图 6-11

第 6 步 货架管理。货架是微信公共账号用于填充商品的显示模板，如图 6-12 所示。

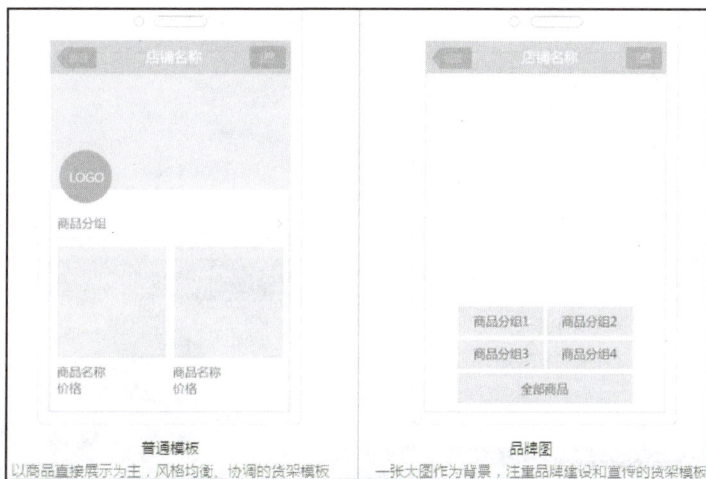

图 6-12

第 7 步 选择完货架后，商家可以将分组的商品添加到设置好的货架中，如图 6-13 所示。

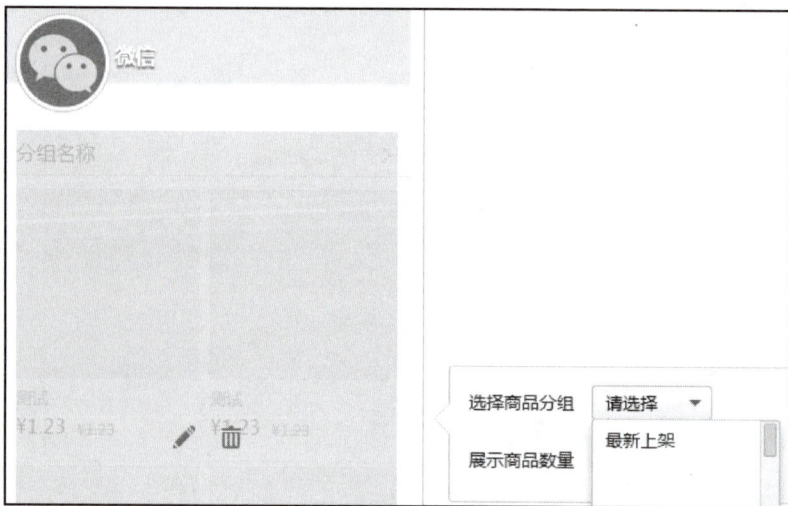

图 6-13

第8步 发布货架。单击设置好的货架进行发布，然后复制链接，并将链接复制到自定义菜单中，也可以发送到商品消息中，如图 6-14 所示。

图 6-14

第9步 订单管理。用户支付成功，后台会生成一笔订单，商家可以查询订单，并进行发货操作，如图 6-15 所示。

第10步 小店概况。用户可以查看小店所有的数据信息，如订单数、成交量等，如图 6-16 所示。

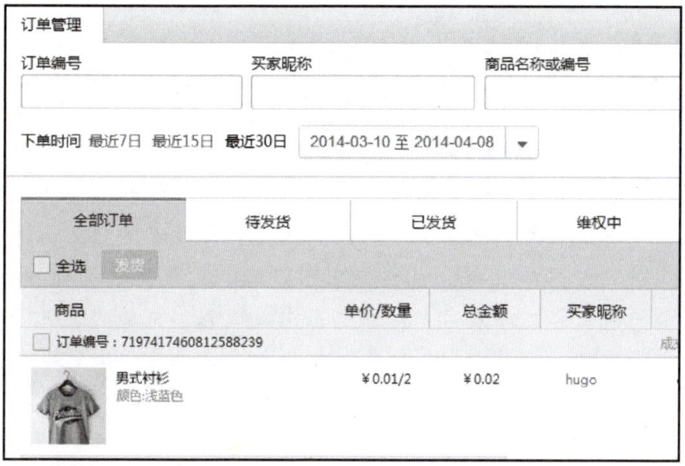

图 6-15

图 6-16

6.3.2　微信小店的功能模式

　　微信小店基于微信支付并通过公众账号售卖商品，可以实现开店、商品上架、货架管理、客户关系维护、维权等功能。

　　微信小店使得商家即使没有任何技术开发能力，也可以开启电商模式，对商品进行分类、分区陈列，真正实现"零成本"开店。同时，部分有开发能力的商家，还可以通过 API 接口的方式，自行开发商铺系统，通过相关的接口权限更方便地管理商品数据等内容，实现更多功能。

第三方微信电商平台

本节导读　微店正在兴起的一个标志，就是已经有很多的微店平台。对商家来说，选择一个好的微店平台无疑非常重要。现在已有的第三方微信电商平台包括京东微店、口袋购物的微店、okwei.com 的微店、口袋通、开旺铺、中兴微品、微易购、微信生意宝、微商城、微信小店等。本节将详细介绍第三方微信电商平台的相关知识。

6.4.1　口袋通

　　口袋通(现已更名为有赞)是在微信上搭建微信商城的平台，提供店铺、商品、订单、物流、消息和客户的管理模块，同时还提供丰富的营销应用和活动插件。其网址为 http://youzan.com/。目前，口袋通提供了十分强大的客户管理系统，客户可以对每一个粉丝进行分组，为其打上特定的标签，更加有针对性地进行消息推送。

　　如果没有微信公众号，只有个人账号，客户在口袋通建好店铺后，就可以将客户店铺的页面(包括店铺首页、商品页等)分享到客户的朋友圈，客户的好友看到后就可以访问客户的店铺，进行购买。如果有微信公众号，客户可以向粉丝推送图文消息，引流到客户的口袋通店铺。如果客户的公众号具备自定义菜单权限，就可以直接把菜单链接到客户的店铺。口袋通的官方网站页面如图 6-17 所示。

图 6-17

6.4.2　京东微店

对于企业来说，京东微店(原拍拍微店)也是不错的选择，其网址为 http://wei. wanggou.com/，优购、森马、骆驼、特步、达芙妮、华文天下、读库等都已经开通了京东微店。京东微店是腾讯自己做的微店，被戏称为"国家队微店"。腾讯入股京东，拍拍微店被并入京东，改为京东微店，所以它想象空间巨大，但入驻门槛较高，目前不支持个人用户注册，只支持企业用户。京东微店的官方网站页面如图 6-18 所示。

图 6-18

6.4.3　中兴微品

中兴微品是中兴通讯控股子公司深圳微品致远信息科技有限公司运营的购物APP，是一个基于移动设备的创新型社交购物平台，是在微商、微店等概念基础上为品牌商提供微营销解决方案，为微商提供简单可靠无风险的开店机会，为消费者提供更便捷快速的正品购物体验的电商新势力。其网址为 http://www. vpclub.cn/。

用户可以通过中兴微品出售中兴通讯的任何一款产品，由中兴通讯负责发货并提供售后服务；也可以把中兴通讯的产品有选择地添加到自己的微店，每卖出一件产品，都可以获得 5%～10% 的佣金。该软件主要有如下功能。

1. 我的微品会

店主可拟定个性化的店名，上传自己的店铺头像，并可根据需要上架、下架商品及编辑商品描述。

2. 一键分享

店主的商品或者店铺可以轻松一键分享至微信好友、微信朋友圈、QQ 空间、新浪微博、短信、腾讯微博等。

3. 销售业绩

店主可绑定银行卡，查看返利金额；可查看订单、成交金额、访客量等。也可查看销售业绩前 100 名的排名情况。

4. 订单管理

店主可查看未付款、已付款、已发货、已关闭订单；能轻松对未付款的订单进行一键催款，查看已发货订单的物流状态。

5. 客户管理

店主可查看客户的收货详情、消费记录。

6. 促销管理

店主可轻松一键分享近期的促销活动，以提升销售业绩。

7. 最新资讯

系统会向 APP 推送最新资讯，让店主了解最新产品、热点活动等。

中兴微品官方网站页面如图 6-19 所示。

图 6-19

6.4.4 微店网

微店网由深圳市云商微店网络技术有限公司运营，是全球第一个云销售电子商务平台。微店网的上线，标志着个人网商群体的真正崛起。开微店无须资金成本、无须寻找货源、无须自己处理物流和售后，是最适合大学生、白领、上班族的兼职创业平台。其网址为 http://www.okwei.com。

注册微店后，用户就拥有了一座全场优势正品的网上商城，里面的商品全部由厂家和批发商供货。用户只需要经营自己的微店，当访客进入用户的微店购买他们所需要的商品时，用户就获得了收入。微店网的官方网站页面如图 6-20 所示。

图 6-20

6.4.5 开旺铺

开旺铺比较适合供应商、厂家，因为开通了开旺铺就可以设置让其他人帮你代销产品，而且开旺铺的官方还提供移动商城的解决方案，也就是说可以帮你打造一个属于自己的微店。开旺铺的网址为 http://www.kaiwangpu.com/，其官方网站页面如图 6-21 所示。

图 6-21

6.4.6　口袋购物的微店

如果你是淘宝店主，口袋购物的微店是一个很好的选择，因为你可以一键把自己的淘宝店搬到这个微店平台上，也可以一键把自己的淘宝店搬到更多人的微店上。这样的话，你就相当于有了很多加盟店，只是都由你发货而已。其网址为http://www.vdian.com/。

其实大多数人都可以使用口袋购物的微店，因为它没有任何门槛，不收取任何费用，而且发展势头很好。口袋购物这个公司也比较值得信赖，它们做的"口袋购物"已经有几千万人在使用。如今它们也非常重视微店，对微店不断进行更新，使其功能日趋完善，而且已经通过口袋购物为微店导流。其官方网站页面如图6-22所示。

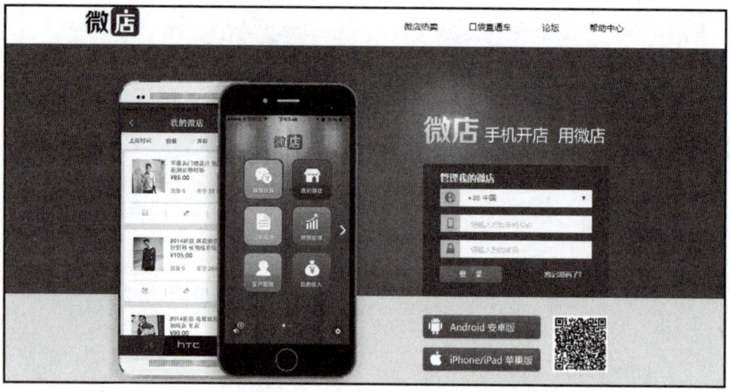

图 6-22

Section

6.5

教你快速开微店

本节导读

　　现在开微店的确很方便，甚至都不需要电脑，用户只需要有一部智能手机即可。在 6.4.6 节中介绍的口袋购物的微店，用户在其官网上下载一个"微店"APP 并进行安装，然后就可以进行开通微店的操作了。需要注意的是，现在市面上有很多手机应用都叫微店，而口袋购物的微店的标志是一个红色图标，里面写了一个大大的、白色的"店"字。在下载时，也可以稍微看一下"软件详情"。本节将详细介绍快速开通微店的相关知识和操作方法。

6.5.1　微店注册及基本设置

口袋购物的微店注册很简单，只要有一个能上网的智能手机就行，手机号码加平板电脑也可以。虽然目前不支持在电脑上注册，但注册成功后可以在电脑上登录网站进行管理。下面将详细介绍微店注册及基本设置的操作方法。

第1步 软件安装成功后，打开该程序，点击【注册】按钮，如图 6-23 所示。

第2步 进入【注册微店账号】界面，**1.** 输入手机号码，**2.** 点击【下一步】按钮，如图 6-24 所示。

图 6-23

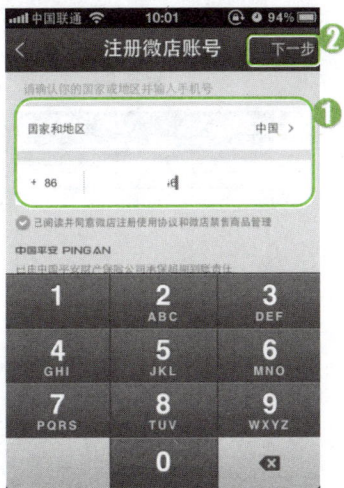

图 6-24

第3步 系统会弹出【确认手机号码】对话框，确认输入的手机号码是否正确，如果正确，点击【确定】按钮，如图 6-25 所示。

第4步 刚刚输入的手机上会收到一个 6 位数字的验证码，**1.** 填写验证码，**2.** 点击【下一步】按钮，如图 6-26 所示。

第5步 进入【设置密码】界面，**1.** 在输入框中输入密码，**2.** 点击【下一步】按钮，如图 6-27 所示。

第6步 进入【填写个人资料】界面，**1.** 用户需要填写真实姓名和身份证号，**2.** 点击【下一步】按钮，如图 6-28 所示。

第7步 系统会弹出一个对话框，提示用户"请如实填写真实姓名和身份证号"信息，点击【确认】按钮，如图 6-29 所示。

第8步 进入【创建店铺】界面，用户可以点击【店铺图标】选项，然后在弹出的面板中点击【从手机相册选择】按钮，如图 6-30 所示。

图 6-25   图 6-26

图 6-27   图 6-28

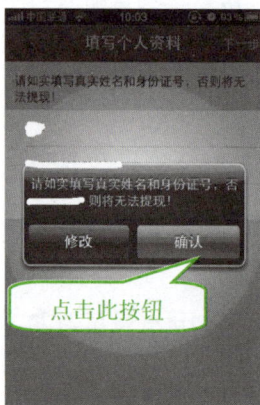

图 6-29   图 6-30

第 9 步 调整好图片的大小和位置，点击【选取】按钮，如图 6-31 所示。

第 10 步 返回到【创建店铺】界面，可以看到店铺图标已被修改，**1.**在【店铺名称】文本框中输入准备给店铺取的名称，**2.**点击【下一步】按钮，如图 6-32 所示。

图 6-31

图 6-32

第 11 步 进入【店铺创建成功】界面，点击【开启微店】按钮即可完成微店的注册及基本设置的操作，如图 6-33 所示。

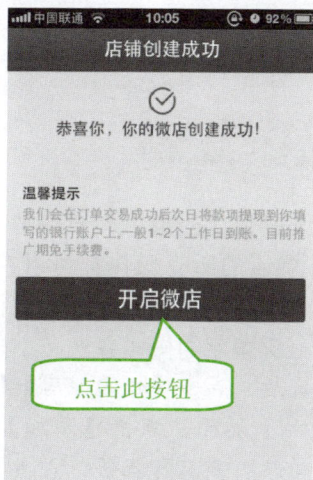

图 6-33

6.5.2 微店概貌

点击【开启微店】按钮之后，即可进入微店的主界面了，目前可以看到 12 个大的正方形功能块，分别是【微信收款】、【我的微店】、【订单管理】、【销售管理】、【客户管理】、【我的收入】、【促销管理】、【我要推广】、【卖家市场】、【我要分销】、【一件代发】和【买家在这里】，左下角是【消息中心】按钮 ，右下角是【设置】按钮 ，如图 6-34 所示。

图 6-34

6.5.3 添加商品和淘宝店铺一键搬家

有两种途径可以添加商品到自己的微店：一种是在手机或平板电脑上，另一种是在电脑上。一般来说，微店的所有操作都可以在手机上进行，但如果商品多、需要对商品进行分类、订单很多，则在电脑上进行管理会更方便。下面将详细介绍添加商品和淘宝店铺一键搬家的操作方法。

第 1 步 手机登录微店之后，点击【我的微店】按钮，如图 6-35 所示。

第 2 步 进入【添加商品】界面，点击【添加】按钮 ，可以上传商品图片，再输入商品描述、商品价格、商品库存等，点击【完成】按钮后货物就上架了，如图 6-36 所示。

图 6-35

图 6-36

第3步 用户可以在主页面第二页找到【促销管理】按钮，点击该按钮可以进行微店商品的促销活动管理；【我要推广】按钮用于把自己店里的商品推广出去；如果没有货物来源，可以点击【卖家市场】按钮，如图 6-37 所示。

第4步 进入【卖家市场】界面，用户可以通过转发分成来推广盈利，也可以逛逛附近的微店和微店社区，如图 6-38 所示。

图 6-37

图 6-38

第5步 如果用户是淘宝店主，可以进入【我的微店】界面，然后选择下方的【淘宝店铺一键搬家到微店】选项，如图 6-39 所示。

第6步 进入【设置】界面，选择【淘宝搬家助手】选项，如图 6-40 所示。

图 6-39

图 6-40

第7步 进入【淘宝搬家】界面，用户可以通过快速搬家或者普通搬家的方式来进行将淘宝店铺商品复制到微店的操作，如图 6-41 所示。

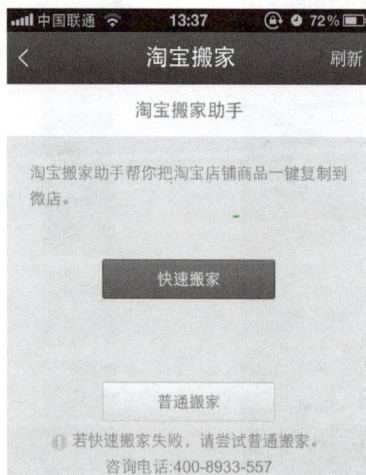

图 6-41

6.5.4　预览店铺及商品

创建完店铺并添加一些商品之后，用户就可以预览自己的店铺及商品了，通过预览，可以清晰地查看到自己店铺及商品的"模样"。下面将详细介绍预览店铺及商品的操作方法。

第1步 手机登录微店之后，点击【我的微店】按钮，如图 6-42 所示。

第2步 进入【我的微店】界面，点击头像下方的【预览】按钮，如图 6-43 所示。

图 6-42

图 6-43

第3步 进入店铺预览界面，可以看到所创建的店铺的样子，如图 6-44 所示。

第4步 向下滑动，可以看到所添加的商品，点击商品图片，如图 6-45 所示。

第5步 进入该商品的详细信息界面，如果有买家选择查看该商品，显示给他的就是这个界面，如图 6-46 所示。

图 6-44

图 6-45

图 6-46

6.5.5　担保交易设置

　　担保交易需要卖家设置之后才会出现。一旦设置了担保交易，想要取消的话，就需要联系微店官方客服才能解决。下面将详细介绍担保交易设置的操作方法。

第 1 步 手机登录微店之后，点击【我的微店】按钮，如图 6-47 所示。

第 2 步 进入【我的微店】界面，点击店铺名称或者链接，如图 6-48 所示。

图 6-47　　　　　　　　　　　　　　　图 6-48

第 3 步 进入【店铺设置】界面，选择最下方的【担保交易】选项，如图 6-49 所示。

第 4 步 进入【担保交易】界面，点击【开通担保交易】按钮，如图 6-50 所示。

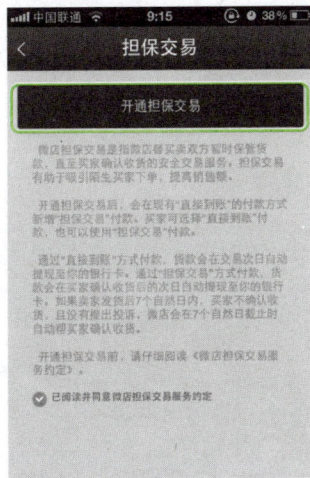

图 6-49　　　　　　　　　　　　　　　图 6-50

第5步 系统弹出对话框，提示用户是否确认开通担保交易，点击【是】按钮，如图 6-51 所示。

第6步 进入下一界面，系统会提示用户操作成功，已开通担保交易，如图 6-52 所示。

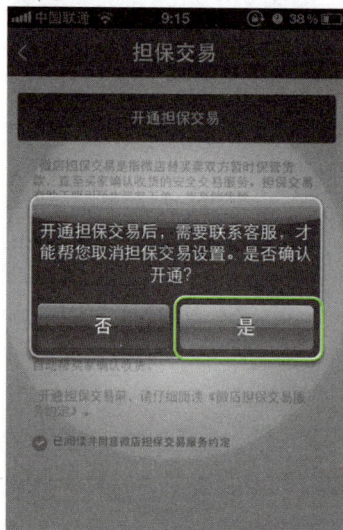

图 6-51

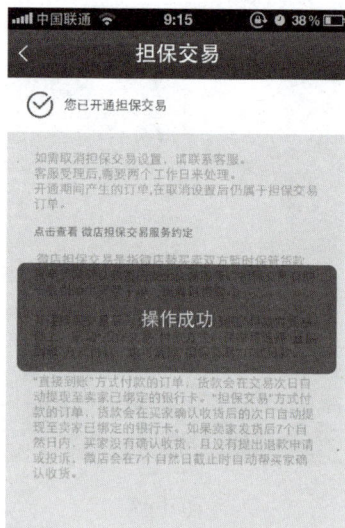

图 6-52

第7步 用户还可以点击【点击查看 微店担保交易服务约定】超链接，如图 6-53 所示。

第8步 进入【微店担保交易服务约定】界面，用户可以详细地查看开通担保交易后，用户所需要承担的责任与义务，如图 6-54 所示。

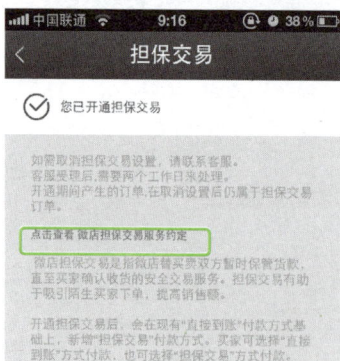

图 6-53

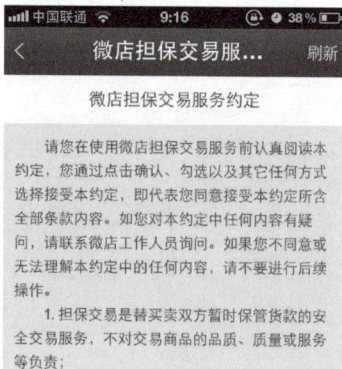

图 6-54

6.5.6　对商品进行分类

如果商品很多，需要对商品进行分类，就需要在电脑上添加商品了。下面将详细介绍对商品进行分类的操作方法。

第 1 步　使用浏览器登录网址 v.vdian.com，进入网页版微店登录界面，**1.**输入用户的手机号码，**2.**单击【下一步】按钮，如图 6-55 所示。

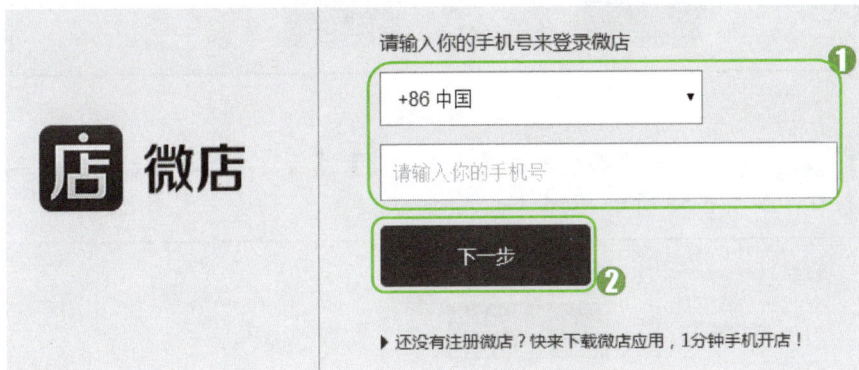

图 6-55

第 2 步　进入下一页面，**1.**输入微店密码，**2.**单击【登录】按钮，如图 6-56 所示。

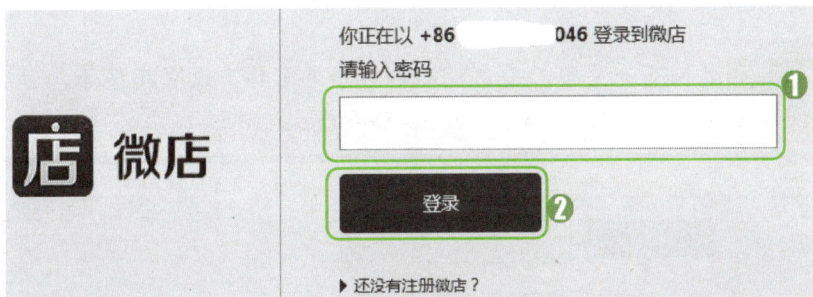

图 6-56

第 3 步　进入网页版微店界面，目前有 4 个模块，分别为【我的微店】、【订单管理】、【分销市场报名】和【公众号管理】，单击【我的微店】模块，如图 6-57 所示。

图 6-57

第 4 步 进入下一页面，单击【分类管理】选项，然后单击右侧的【添加分类】按钮，如图 6-58 所示。

图 6-58

第 5 步 进入下一页面，用户可以编辑分类名称、设置排序等，然后单击【保存更改】按钮即可成功添加，如图 6-59 所示。

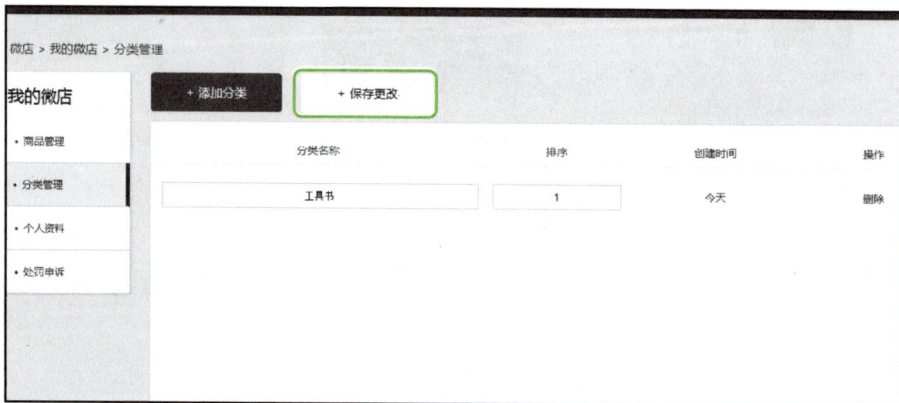

图 6-59

第 6 步 批量分类。商品分类添加成功后，**1.**选择【商品管理】选项，进入【商品管理】页面，**2.**单击【批量分类】下拉按钮，**3.**在弹出的下拉列表中选择想要设置的分类，**4.**单击【保存】按钮即可批量将商品设置在批量分类中，如图 6-60 所示。

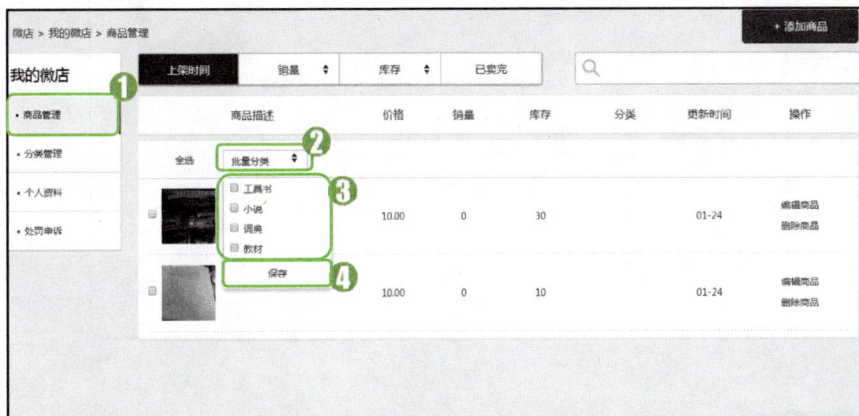

图 6-60

第 7 步 对单个商品进行归类。除了批量设置外，还可以对单个商品进行分类设置。进入【商品管理】界面后，针对某个商品选择【编辑商品】选项，如图 6-61 所示。

图 6-61

第 8 步 进入【编辑商品】界面，可以对该商品进行分类，选择对应分类，然后单击【提交】按钮即可，如图 6-62 所示。

图 6-62

第9步 对新添加商品进行归类。用户在微店网页版中添加新的商品时，除了【图片】、【描述】、【价格】、【库存】和【商品编码】5 个选项外，还会出现用户已经设置好的商品分类，选择对应的分类即可，如图 6-63 所示。

图 6-63

6.5.7 绑定卖家银行卡

绑定卖家的银行卡后，卖家的收入会在交易次日自动提现到该银行卡，一般是 1～2 个工作日到账。下面将详细介绍绑定卖家银行卡的操作方法。

第 1 步 手机登录微店之后，点击【我的收入】按钮，如图 6-64 所示。

第 2 步 进入【我的收入】界面，点击【我的银行卡】按钮，如图 6-65 所示。

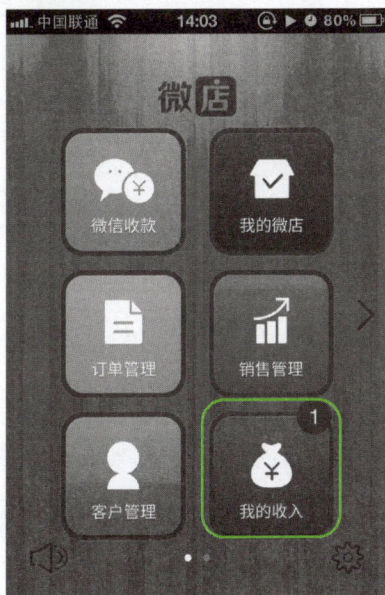

图 6-64

图 6-65

第 3 步 进入【我的银行卡】界面，**1.**选择开户银行，**2.**输入两遍储蓄银行卡卡号，**3.**单击【确定】按钮，如图 6-66 所示。

第 4 步 进入下一界面，显示用户所绑定的银行卡及用户名称，这样即可完成绑定卖家银行卡的操作，用户还可以点击【修改收款账号】按钮来修改银行卡，如图 6-67 所示。

智慧锦囊

绑定银行卡所需要注意的事项

银行卡仅支持储蓄卡，不支持信用卡；填写的银行卡的开户人姓名及身份证号必须与注册时填写的姓名及身份证号一致，否则无法提现。

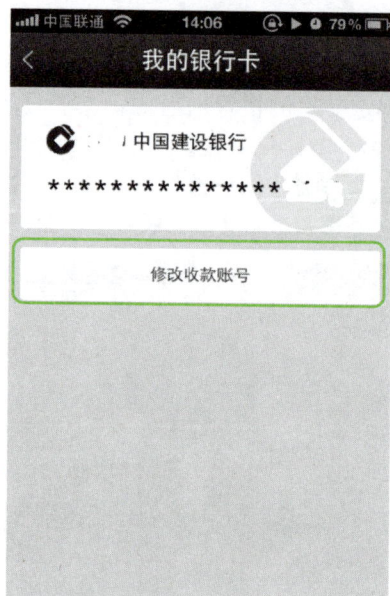

图 6-66　　　　　　　　　图 6-67

6.5.8　商品推广

进入【我的微店】界面后，在所发布的商品下方会有 3 个按钮，分别为【预览】按钮、【复制链接】按钮和【分享】按钮，如图 6-68 所示。

图 6-68

微店店铺和微店里的每个商品都有相应的网址，点击【复制链接】按钮，系统会弹出一个面板，在其中选择所要复制的内容，然后发送到浏览量大的地方即可进行商品推广，如图 6-69 所示。或者可以直接点击【分享】按钮，然后在弹出的面板中选择相应的选项，把店铺或商品分享到社交媒体，会有不错的效果，如图 6-70 所示。

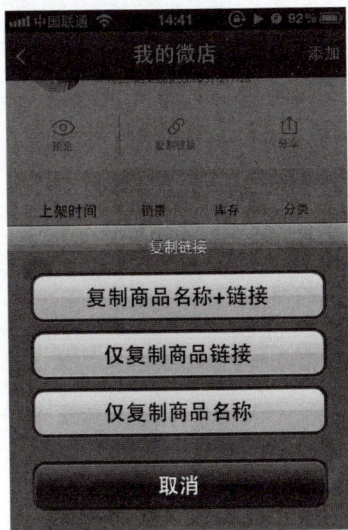

图 6-69

图 6-70

　　不建议卖家硬生生地推广自己的商品，没有人喜欢自己的朋友圈都是宣传商品的信息。卖家推广商品时，可以软一点，写一些与潜在买家相关的文字。而且，如果卖家的朋友圈、QQ 空间等都是商品推广信息，则需要更多的维护，不如多发自己平时生活的内容，拉家常，发自己的生活照，转发觉得好的文章，让你的朋友(潜在买家)通过你的朋友圈、QQ 空间等能够看到一个活生生的你。

　　谨记不要滥发商品信息，一旦你发的都是商品信息，别人很快就不会再关注你，或者把你拉黑。举个例子，有些网友说道："现在身边开微店的人可真多，我都要郁闷死了。早上一打开手机，微信里跳出来的信息既有拍写真、化妆品、婴幼儿用品、食品、珠宝饰品、私家蛋糕、小电器等各类销售信息，也有叫你转发扩散、点赞或发表使用评论(实际还没使用过)等的信息，还有的直接通知你她家上新品了，赶快来买……你说烦不烦。这些开微店的朋友还请我转发推荐，万一朋友圈里有朋友看了我的推荐买了他们的东西，而收到后发现东西不好，那我不是瞎推荐嘛。但若不帮忙推荐或转发，又觉得不够朋友，很是郁闷。"

　　但这并不意味着卖家就不能使用社交媒体。不用社交媒体，微店就做不起来；滥用社交媒体，就可能连社交媒体上的朋友都没得做。所以一定要巧用社交媒体。

运营经验

本节导读　　通过本节的学习，读者基本可以掌握搭建微信电商平台的基本知识以及一些常用的操作方法，本节将详细介绍一些运营经验，以达到巩固学习、拓展提高的目的。

6.6.1　微信商城推广九大策略

微信商城是销售产品的网站，既然是销售产品，就应该以促进用户产生消费行为、增加销售额为主要推广目的。那如何才能使用户产生消费行为呢？比如质量佳、服务好、价钱低等。但对于网络商城来说，信誉度与品牌知名度才是第一要素。因为网络是虚拟的，买卖双方基本上又是天各一方无法见面，如何让用户产生信任感至关重要。因此，在网络商城的推广中，主要的推广策略就是建立品牌信誉度，增加用户与面额之间的转换率。

1. 软文营销

对于网络商城的推广，软文营销是一项非常重要的手段。商城类的软文大概分为两种类别：消费指导类的软文与应用技巧类的软文。消费指导类的软文主要指一些购买前的注意事项、技巧等，应用技巧类的软文主要指一些产品使用的心得体会及保养维护等。这两大类文章还是很容易得到用户认可的，而且容易被传播。

2. 微博营销

随着微博的普及，微博营销的应用也越来越广泛。对于商城来说，应该打造一个相关领域的专家型微博。比如说卖手机的卖场，那就可以打造一个手机专家微博。用过微信的人大多能够明白，微信与微博、与腾讯 QQ 的产品使用环境是不同的，用户使用微信的目的也与使用微博或者 QQ 的目的不同。相较于微博，在微信上做客服会更加人性化和多元化；相较于微博，微信的粉丝更加精准；相较于微博，微信更加适合加强关系，然后将这些目标强关系转换成流量和订单数。但是微博这样的弱关系平台更适合做推广和营销，更适合发展新的用户和客户。企业可以微博微信两手抓，用微博做品牌推广及发展新客户，并顺势把弱关系转变成强关系；用微信更好地维护好这些关系，并将这些关系用户转化成订单。

3. 活动推广

如果有自己的网站，可以在网站上挂上二维码。如果是线上线下结合的，可以在地面挂二维码，感兴趣的人可能会进行扫码，也可以把线下的用户往微商城上引导。定期在微商城上做活动，鼓励粉丝分享传播二维码。通常的方式是：消费者在公交站牌、报纸杂志上等都可以通过扫描企业品牌的二维码，获得折扣和优惠，这种方式精准度更高，有极大可能吸引有潜在意向的用户关注。

4. 线下推广

线下推广是一种非常有效的推广形式，能够给用户带来亲身体验的新鲜感和惊喜感。它和线上推广又是相辅相成的。两者结合在一起，对促进营销起着至关重要的作用。这种 O2O 模式不仅价格低廉、购买方式便捷，而且能够及时传递商业信息。为消费者提供更多优质服务和产品，是微信营销的多元化推广模式。具体操作可以在制作菜单、海报、名片等宣传物品的时候，将微信二维码印在上面，令每一位顾客都能看到，无论他们会不会扫，都能起到宣传作用。这种做法非常引人注目，可以将其摆放在实体店面，第一时间吸引客户的眼球。在二维码中加入会员模式，用优惠、折扣、小礼品等吸引客户关注，将他们发展为微信粉丝。将微信二维码设置在人们意想不到的地方，如食物、装饰品、餐具、交通工具等地方，甚至是在人体上。具有创意的载体，才能激发人们的好奇心和积极性，便可有效聚敛粉丝。

5. 贴心互动

通过设计和策划有吸引力的特色小活动，比如一些自动回复和分析客户语句并给予回答的软件，与关注者进行一对一的推送，企业可以与粉丝在个性化的互动活动中加深认同度。再比如，在自己平台还不是很完善的情况下，直接与一些知名的商城合作，将自己的产品以低价供应给它们，以达到共赢的目的。

6. 真实对话交流

这里要用到的是微信开放平台提供的会话功能，企业需要在对话交流之前找到精准客户，在短期内投入较大的人力进行陪聊式的对话，从而锁定潜在的意向客户，迅速增强他们的品牌认可度和忠诚度。

7. 相近位置推送

企业可以登录微信，只需在一定范围内使用"附近的人"功能，就可以根据自己的地理位置查找到周围的微信用户，然后就可以将相应的促销信息推送给附近用户了，这个方式非常适合各类快消品的促销活动。

8. 处处留情法

在平台外留下引粉入口，这个是实际操作公众号时最基本的营销方式，即指在各种营销方式中都尽量带上微信号，比如新闻源、论坛软文、问答等。当部分人群对 400 电话、QQ 和网址都不太感冒的时候，留下微信号是一种选择。

9. 简化关注流程

在微信推送信息或网页中添加【一键关注】按钮，点击即可成功关注，无须其他操作。

6.6.2 微信商城五个推广误区

商城搭建好后，怎么推广就成了首要解决的问题。那么，推广微信商城常见的误区会有哪些呢？下面将进行介绍。

1. 推广公众号与推广微信商城独立地址是一样的

微信商城可以单独推广，也可以推广与其绑定的微信公众号，但两者还是有差别的。推广微信商城的独立地址，是让用户直接进入商城选购产品；而推广微信公众号，则得先让用户关注微信号，才能获取商城产品信息。从路径上看，后者虽然麻烦一点，但是更容易建立长期的客户关系。

2. 订阅号保持每日向客户推送产品优惠信息

很多人可能会想专门开订阅号来做微信商城，就是看中它每天都可以推送信息，然后就天天将产品优惠链接推送给用户，这样总有一款会打动用户吧。其实不然，微信订阅号虽然每日都有推送权限，可现在大部分用户都处在疲劳轰炸的时期，就算你的产品多么好或者日用必需，发多了也会招致反感。况且就是忠实粉丝，天天收到你的优惠信息，又会做何感想呢？建议产品+相关知识普及帖分时段定时推送。

3. 公众号推广与传统网络推广完全不一样

虽然公众号主要以推广二维码、账号码为核心，可这与传统的网络推广还是有很多相通的地方，甚至可以说推广公众号就可以用传统的网络推广方式实现。唯一的区别是公众号具有自营销功能，通过消息回复设置及消息推送等方式可以实现一对一的推广模式，而传统网络推广则主要是一对多的模式。

4. 坚决不能出现掉粉现象

这是粉丝经济时代，有粉丝就有关注，有关注就有利可图。微信公众号要火起来，必须靠无数个粉丝鼎力相助才能成就。因此一旦出现掉粉现象，就会有商家非常焦急。其实粉丝的增减都是正常现象，掉粉并不意味你的东西不好，有可能他根本不需要你商城的东西，所以你发的东西再好他也不需要，取消关注只是帮你过滤掉那些没意义的用户群。从这个角度来说，掉粉也是一件好事，一来可以帮你更好地改善推送的信息内容，二来可以帮你淘出那些真正对你有潜在需求的客户。

5. 微信商城是手机上的生息不需要线下推广

尽管这是个互联网、移动互联网发展迅速的时代，但最有效、最有影响力的还是线下推广。并且微信商城的线下推广是不容忽视的，把公众号、微信商城的二维码印在宣传单、包装盒、名片、广告牌等处，让别人在现实生活中看到实在的二维码会更有亲切感与信任感，线下推广会比线上推广带来的粉丝质量高出几十倍。

6.6.3　巧用微信小店自动回复做营销

这里要介绍的自动回复不是微信小店的多客服的自动回复(多客服是微信小店的客服聊天工具，类似于旺旺)，而是指小店后台设置的自动回复。小店后台设置的自动回复包括被添加时自动回复、消息自动回复和关键词自动回复。

(1)　被添加自动回复：这是指微信号被关注添加的时候，自动给添加店铺微信号的客户发送的信息。这个信息可以设置为店铺的宣传语、店铺近期的活动信息、店铺近期的优惠信息等。通过这个自动回复可以推广你的微信小店，同时达到营销的目的。

(2)　消息自动回复：这是指收到消息时的自动回复。这个信息同样可以设置为店铺近期活动、宣传语等信息，以达到宣传和营销的目的。

(3)　关键词自动回复：这是指针对相应关键词设置的自动回复。可以设置如

"优惠""包邮""vip"等关键字，当客户发送微信消息给店铺微信号时，就会自动根据关键字进行回复。

下面来详细介绍怎么设置这些自动回复。

1. 设置被添加自动回复

登录微信小店，在左侧页面中选择【功能】选项下的【自动回复】选项，可以看到右侧页面中有三种自动回复：被添加时自动回复、消息自动回复、关键词自动回复。选择【被添加自动回复】选项，在输入框中可以编辑自动回复的内容，还可以添加文字、图片、语音及视频，如图6-71所示。

图 6-71

被添加自动回复的效果如图6-72所示。

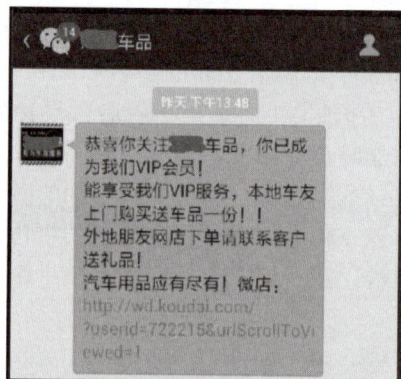

图 6-72

2. 设置消息自动回复

和设置被添加自动回复一样，选择【消息自动回复】选项，编辑内容后保存即可，如图 6-73 所示。

图 6-73

3. 设置关键词自动回复

关键词自动回复的设置方式和之前的两个自动回复的设置方式差不多，但需要设置的地方比较多，具体设置如下。

(1) 添加新规则：相当于活动项目，如图 6-74 所示。

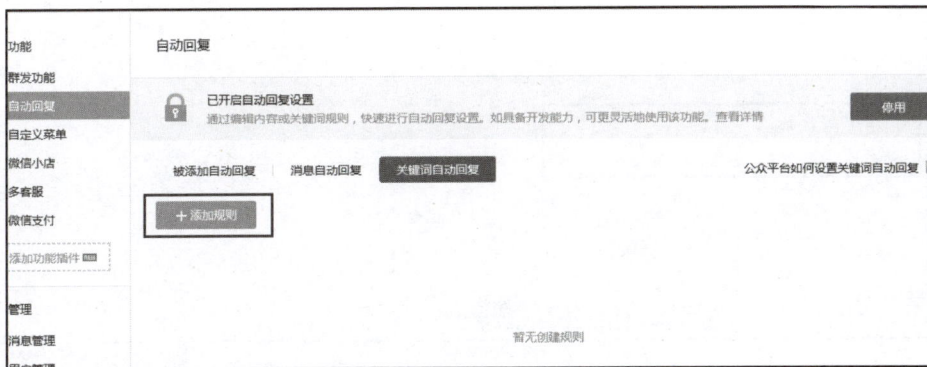

图 6-74

（2）填写规则名：不同的规则名称用来区分不同的规则，如图 6-75 所示。

图 6-75

（3）添加关键字：按 Enter 键可以添加多个关键字，添加完成后记得保存，如图 6-76 所示。

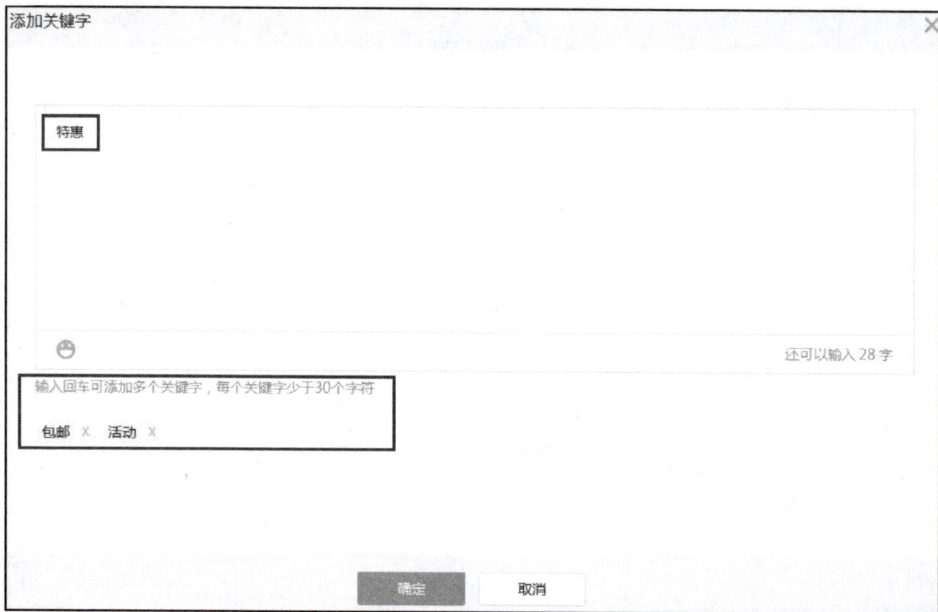

图 6-76

（4）　查看添加的关键字，每个关键字后可选择完全匹配和不完全匹配。两者的区别如下。

- 完全匹配：只有对方发送内容和设置的关键字内容完全一样时才会自动回复。比如，设置关键字为"123"，则只有对方发送过来的信息是"123"时才自动回复，发送"12"或者"1234"都不会回复。
- 不完全匹配：只要对方发送内容包含设置的完整关键字，就会触发关键字回复。比如，设置关键字为"123"，则对方发送"1234"时会自动回复，但发送不完整的关键字"12"时则不会触发关键字回复。

如果选中【回复全部】复选框，则只要粉丝命中关键字就会自动回复该规则内的所有回复；若取消选中该复选框，则会随机回复。回复内容可以是文字、图片、语音、视频、图文或者商品，设置好之后单击【保存】按钮即可完成设置，如图 6-77 所示。

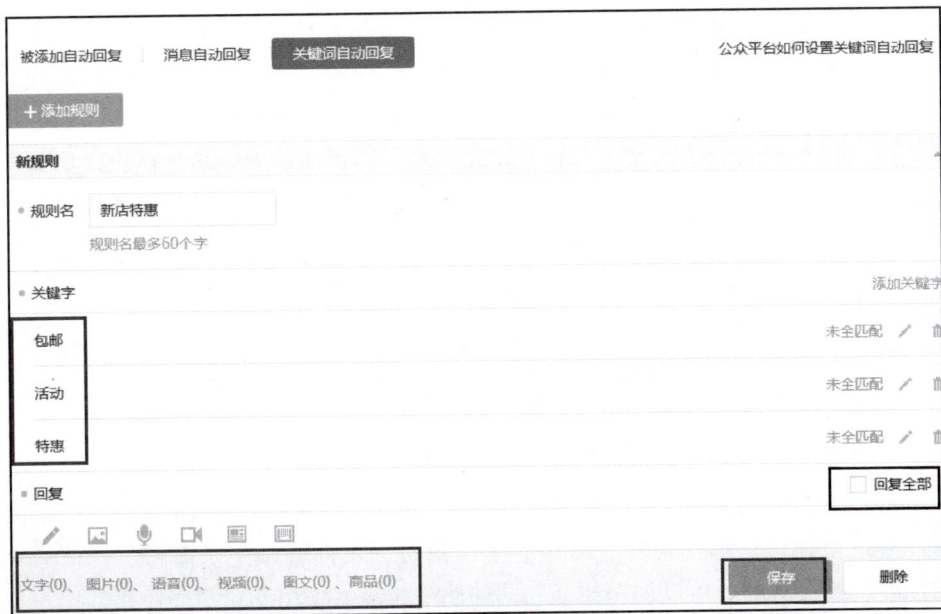

图 6-77

6.6.4　微商选品策略

如果想通过微信卖产品，那么就要弄清楚要卖的产品应该针对什么样的消费群体，应该如何根据消费群体的需求来提供产品，如何制造"痛点"抓住消费者，营造自身的品牌形象。下面将详细介绍微商选择商品时的一些策略。

1. 产品是皮，其他是毛

销售的产品必须保证是正品，通常情况下最好的方式是亲自去体验产品，或者到产品生产基地进行考察，然后决定是否销售。其实也可以理解为：心系用户，周全考虑。

2. 受众面

这个可以从两方面入手，第一个是产品的受众人群，必须能预测到消费你产品的人数。第二个是市场需要，尤其是对于生活品质不错的人群，你的产品应该是他们必不可少的用品。在这里给大家一点提示，通过调查可以发现，朋友圈里卖的最常见的商品是包、化妆品和首饰。

3. 差异化

差异化其实也可以理解为所销售产品的核心竞争力。必须要让产品在消费者普遍关注的行业领域中能够别具一格，在形象上独树一帜，并不断地使产品或者服务升级，让消费者认为有额外的价值出现。通常要从功能门槛、安全门槛、用户体验门槛入手，个性化设计产品。另外一点，需要注意给产品分档次，例如可以分为精品、高端、中端和低端，让消费者根据自己的消费能力来选择自己的消费需求。

4. 成本领先

客单价高的产品就是指每成交一单你的利润比较高，也就是老话说的"三年不开张，开张吃三年"。

5. 复购率高

重复消耗的意思就是指有后续的消费。不建议推销一些使用很长时间的产品，要重复消耗，客户消耗完后还会继续消费。微商营销是以情感、价值为主的，客户的再次消费可以加深相互之间的感情。重复使用的快消品，比如奶粉、尿不湿等非常适合微商。通过口碑传播，一些平时较少听到的小众品牌也有可能迅速蹿红。

6. 量体裁衣

适合自己的才是最好的。别人卖什么都不关你的事，不要盲目跟风。不要看到别人卖某样东西火了，就跟着别人的脚步走。没有自己的想法，最多只能做个"万年老二"。在选择卖什么产品的时候，要结合自己的现有资源和未来发展空间进行考虑。

7. 购买力

虽然在很多产品的描述中，"真货且最低"是最常用也是最有效的宣传手段，但事实上，在朋友圈内卖东西最重要的不是你的货好不好、便宜不便宜，而是看你周围人的购买力，东西再好周围没有人买也没有办法。

8. 成本与物流的权衡

这里是指选择产品的时候一定要权衡自己的利润与物流的成本，如果产品物流成本太高，而成本和利润不成正比的时候，建议别选择。

9. 售后

卖产品最怕的就是售后服务麻烦，所以在选择产品时，最好选择不存在或很少存在售后问题的，这样也不用花费太多的精力在这上面。例如食品，卖完了只要配送过程中不出问题，通常没什么售后问题。

6.6.5　QQ 空间营销产品推广策略

一个店铺要在微店上发展起来，除了商品质量要有竞争力外，推广宣传才是重头戏，当然推广手段也是多种多样的。QQ 空间营销如今已经渐渐发挥出其所向披靡的功力。下面将详细介绍 QQ 空间营销产品推广的一些策略。

1. 角色定位

做任何东西都要定位自己的角色。QQ+QQ 空间的角色要明确，要根据所做产品定位角色。比如做的是减肥产品，那么你的角色可以是一名专业的营养师或者是一名瘦身成功的女性。

2. QQ 好友

QQ 好友能加多少就加多少，做什么产品就专找相应目标人群的 QQ 好友。进入 QQ 空间，点击好友管理，可以批量添加 QQ 群中的好友，一次可以向 50 个人发送添加请求，还可以换 IP 重复添加。

3. 空间设置

QQ 空间最好开通黄钻，最大限度地发挥 QQ 空间的功能，无论是空间装扮还是日志信纸模板又或者是动态头像，这些都对做推广有好处。QQ 昵称、头像、QQ 空间、空间介绍等要与定位的角色相对应。

4. 日志内容

日志的内容要围绕所做产品展开，不要专门介绍产品，只需要在内容中略微提到这个产品，最好的软文就是当用户读完一篇文章后感觉不出来这是广告。可以每篇日志都以软文的形式来做，还可以只发布一篇软文性质的日志，把它置顶，而其他日志均是与产品或使用人群相关的内容，在这些日志的内容中引导用户进入置顶文章。

5. 内容来源

日志内容可以从产品的门户/行业网站寻找，或者买相关的书籍自行输入，相关的杂志也是不错的内容来源。

6. 空间的更新

日志最好是一天发 3 篇(早中晚)，说说可以是一天发 6 篇左右。每天在不同时间段发，不要都挤在一个点上。

7. 空间的宣传

宣传途径无非就是 QQ 群和群邮件，其实最好的方法是让意见领袖转发(让有大量粉丝的人带动你的账号)。

6.6.6 微商销售产品的禁忌

利用微信朋友圈，不仅可以随时随地关注朋友的动态，还能方便地查看商品信息。一些厂商通过微信平台提供一手货源代理和完善的售后服务，无须成本，不用压货，零风险等，正是这样的便利性，催生了一批微商兼职大军。下面将详细介绍对于微商来说的禁忌。

1. 贩卖假货

作为合法经营的企业，无论是商场、专卖店还是电商平台，都有责任不卖假货。这并不是多高的商业要求，而是基本的底线。从商业诚信上讲，售假是对消费者的欺骗。即便很多消费者本来就知道是假的，但这也是违反商业道德和法律的。

2. 刷屏

每天发一到两条广告，最好不要超过三条。这里所说的广告是那种直接宣传、硬邦邦的微信内容，不是分享、互动的产品宣传微信。

3. 广告

这里主要指没有技术含量的广告。利用微信发广告，也是有一定技巧和要求的，如果发得过于频繁会给顾客带来负面情绪，也会对品牌造成一定的影响。一周保持发布一条信息是比较好的，这样不会让顾客忘记你，也不会打扰到别人。编辑内容也很重要，天天面对各种打折促销手段，顾客的感官早已厌烦，只发广告也不可取。在微信上除了宣传产品外，没有其他的微信内容，这是一个很大的忌讳。尤其是个人微信，应该生活和工作相结合，个人的和产品的都要兼顾。

4. 沉默不说话

在朋友圈中，要让好友知道你的存在。例如，好友发了一些不错的内容或者信息，你要给予评论，如果不知道评论什么至少也要点一个赞。如果你经常和人家互动，别人自然会对你产生好感，这是非常重要的一个行为。不和微信上的好友互动，不评论人家的微信，也不和任何朋友沟通，完全生活在自己的世界里，是大忌。

5. 内容空洞

一天要发布很多款产品微信，没有时间去用心地编辑每条信息，就演变成一个简单地发布、再发布的重复工作。应该用心地去编辑每条微信，加上不同的花样，采用不同的形式，这样朋友们才会觉得有意思、有趣、不枯燥，甚至会认为关注你的微信很有价值，可以学到很多东西。

6. 琐碎

琐碎的个人生活信息并不适合与好友互动。大众化的生活无非就是吃喝玩乐那些事儿，看似具有亲和力，却也会产生令人厌烦的冲击力。

6.6.7　微店的盈利模式

微店的盈利模式是在微信上发布微店链接，客户点击后会进入微店页面，展示各种信息，而且客户立即能选购、下单并支付，从而从中盈利。第一，微店做的是熟人生意，即时发布产品，好友即时看到，并且付款也方便；第二，微店只要动动手指就能做广告，相比淘宝网店，推广成本小很多，所以特别适合中小卖家。

微店有两块收入，一块是推广收入，一块是产品成交佣金。微店推广是一种按成交计费的推广模式，只要从自己微店商品库获取商品链接，任何买家(包括自己)经过推广(链接、个人网站、微博或者社区发的帖子)进入微店卖家店铺完成购买后，就可得到由卖家支付的佣金。

1. 转发推广

微店软件或网站的共同特点是注册容易，鼓励一键式转发推广；借助熟人营销，依赖朋友圈扩大影响。点击微店中的【我要推广】按钮，可以把厂家或其他卖家售卖的产品，用自己的微店网址通过微信、QQ、博客、微博等各种方式发布出去，每当成功销售一笔，就可以获得推广佣金。

2. 佣金体系

(1) 卖别人的产品，赚自己的佣金。

注册一个微店，就拥有了整个云端产品库的产品销售权，即获得了一座网上百货商城。消费者进入你的微店产生了购买，你就可以获得推广佣金。任何人都能在微店网上注册，注册成功后，自动生成一个微店页面，供货商的商品都能在这个页面上看到。不需要自己做网页，不需要自己准备资金备货，也不需要自己去发货，只要通过各种社交渠道将这个页面推广出去，其他人在你推广的页面上购物，你就能得到佣金。而商品被拍下后，会自动在供货商的系统内显示，由供货商负责发货和售后。

(2) 分销商越多，你的佣金越多。

介绍别人来开微店，他们就成了你的分销商，消费者在你分销商的微店产生了购买，你也可以获得一部分推广佣金。分销商越多，你得到的奖励就越多。你介绍的人注册微店之后，自动就会成为你的分销商。他们的微店售出商品后得到的佣金，作为介绍人的你，可以从中提成。分销商越多，就等于越多人为你推广和赚佣金。

事实上，微店网的运营模式中，每个微店就类似于一个经销商，而负责提供商品的要么是厂家，要么是一级代理商。通过微店网，整个供应链被扁平化了，不再像传统的供应链一样由一级代理商、大区代理商、地区代理商等一层层下来。这样，从厂家到经销商中各个环节的费用就节省下来了。例如，某款陶瓷刀出厂价为100元，市价为200元。在微店网上，陶瓷刀厂家直接负责供货，并拿出50元作为微店店家的推广费用。于是在微店店家的商品页面上，该款陶瓷刀卖价为 150 元。当陶瓷刀被卖出去之后，这 50 元就作为佣金被店家留下来了，消费者则以比市价低 50 元的价格买到了陶瓷刀。不过，这 50 元中，卖出商品的店家只能得到 70%，另外 30%则由店家的上家得到。每一个微店注册的时候，都需要填写推荐人微店号，这个推荐号就是你的上家。

6.6.8　玩转微店的技巧

微店的新模式无疑给众多零售商实现本地生活网购、订购带来了希望，这比传统的电商只能浏览产品图片要好得多，顾客可以在微店中实现"逛店"体验，然后直接去实体店试穿购买，不用再担心买到质量不好的产品或是假货了。通过朋友圈进行分享，然后产生交易的一种模式，目前主要以传统零售商、批发商发布产品信息与促销信息为主，让顾客用手机"逛店"，最关键的其实是成交。那么玩转微店都有哪些技巧呢？

1. 找准目标

根据你的产品的定位找到合适的群进行交流，从中发现自己的意向客户，进而进行推广。

2. 互推

互推主要是指把志同道合的粉丝或者朋友聚集在一起，做到互惠合作，优势互补，快速有效地进行推广。通常的方法是通过群联盟进行推广。

3. SNS 推广

比如写微博，分享心得，在论坛放置微店网址。还可以利用阿里巴巴、慧聪网这样的电子商务平台，免费发布信息，推广你自己的微店。

4. 朋友圈推广

可以把店铺宣传的软文发送到朋友圈，通过朋友圈进行传播。进行此种方法推广时，需要注意：发送频次不要太高，以免引起别人反感，推广的产品一定要适合你朋友圈中受众群体的需要。

5. 佣金推广

佣金推广也可以理解为"分成推广"。分成推广就是指你把店铺里的商品发布出来，设置一个佣金，让别人帮你转发宣传，当消费者通过转发购买了你店铺的商品后，宣传者能够获得相应的佣金。转发的人越多，推广效果就越好。这种方式不用自己费力，别人帮助你宣传，只是在商品卖出后给予一点佣金即可。

6. 群发推广

群发推广主要是指通过微信公众账号群发带有店铺地址链接的消息，需要有高人气的公众账号配合，或者进行付费推广、开展有奖活动。提供免费奖品鼓励的是一种营销模式，但是同时也是一种推广手段，很多人喜欢这种方式，可以在短期内获得一定用户。提供限时的商品打折活动，也是一种有效的推广方法。

7. 软文推广

软文推广需要选择合适的文章在合适的平台进行发布，建议找一些权限较高、排名靠前、有一定分量的平台来发布软文。

8. 有奖问答

设置奖励，鼓励他人来指出自己微店的不足之处。

9. 维护老顾客

微店运营工作很重要，如果说商城是用来吸引会员的，那么微店就要力争让会员成为粉丝。要与老顾客保持沟通，比如女装店需要时常更新新货通知，美妆卖家要适当地开展买家秀和送小样活动，母婴商品应强调关怀和针对性的推荐。

10. 二八原则

就是要用 80%的时间进行微信聊天，20%的时间聊产品。通过 QQ 群、微信群创建和管理自己的圈子，分享你的专业知识，让自己成为某一领域的专家，让别人认识你并认可你，接下来偶尔发一两条跟你卖的商品有关系的信息。切记，先让别人了解你的生活，再宣传产品。

11. 准备工作

提前用手机记事本保存自己的支付宝账号和银行卡号，截图一张，当买家要付款时就直接给他们发图片看收款信息。把常用的微信、微店、美图秀秀等程序放在手机屏幕的第一屏，方便及时打开进行编辑、产品上传等操作。你的产品介绍信息也可以用记事本记下来，当要介绍产品时，可以直接从记事本复制给微信好友看。对于新加的好友，打招呼的用语也可以提前存在记事本中，这样可以节省时间、提高效率。

12. 分销

微店成交最快的方式就是分销。值得一提的是，你的客户可以是你的买家也可以是你的分销商。通常的做法就是介绍产品和提供对他们选购产品有用的资讯，这样他们即使不在你这里购买，也会分享你所推荐的资讯，从而促进成交。

6.6.9　微信代理五大陷阱

微信代理是一种发动全民进行销售的模式，不仅可以针对身边的人进行销售，如果你的圈子够大，甚至可以针对外地的人进行销售。选择好代理是做微信代理的前提，下面将详细介绍几个选择微信代理时常见的陷阱。

1. 夸大宣传

企业为了招到更多的代理商，不断地以"一手货源"、"厂家直发"、"原厂原版"等噱头引导加盟代理，实际上所谓的"大牌商品、原厂原版"多为假货，甚至把低价的尾单说成是新品代购。比如，某专柜卖 299 元的一款男裤，尾单进货价是 60 元，一般微信代理拿货价是 80 元，微信代理商卖 100 元可以说是厂家直发价，卖 150 元可以说是加盟店批发价，卖到 210 元就可以说是专柜新品 7 折代购。

2. 利益诱惑

常见的陷阱就是告诉你门槛低，多级代理有钱一起赚，或者会说，如果你拿货，会给最低的价格，然后告诉你他微信上有很多代理，有直接一次性拿货几十件的，也有一件代发的，代理也会再发展代理(类似传销)，价格由他们自己定。有些代理还能玩新花样，推出月销量排行奖金机制、每日新品秒杀价等手段激励代理们的积极性。除了洗脑式的商品信息轰炸外，不良的微商们还会用各种方式吸引圈友加入代理行列，极富煽动性的广告词也是层出不穷，如"动动手指就能赚钱""月入万元不是梦"等。越多人加入不良微商的行列，受到欺骗的消费者就会越多。

3. 上课洗脑

不良代理商通常会给你洗脑，例如通过 QQ 群、YY 语音等方式上课，告诉你所谓的一些营销技巧和准则，并在其中加入夸大宣传和利益诱惑，甚至一些蒙骗消费者的伎俩，让缺乏辨别能力的人感觉代理模式很正规、很周到，从而不知不觉陷入其中。对于此类情况，请保持冷静，不要轻易被鼓动，或者多与其他有经验且确信可靠的朋友交流。

综上所述，微商在选择代理时，要注意尽量不要代理已经很成熟的品牌，也不要代理全新的小品牌，而要选择有潜力和发展空间的品牌去代理。这样既能保证自己现有的生存空间，又能保证未来的发展空间。

6.6.10　针对微信分销商的营销策略

微信作为现在最热的社交软件，逐渐开始变成营销的战场。作为一名微信分销商而言，如何在竞争这么强烈的微信圈子中脱颖而出呢？

1. 点对点精准营销

微信拥有庞大的用户群，借助移动终端、天然的社交和位置定位等优势，每个信息都是可以推送的，能够让每个个体都有机会接收到这个信息，继而帮助商家实现点对点精准化营销。

2. 形式灵活多样

(1) 漂流瓶：用户可以发布语音或者文字然后投入大海中，如果有其他用户"捞"到则可以展开对话，如招商银行的"爱心漂流瓶"用户互动活动就是典型案例。

(2) 位置签名：商家可以利用"用户签名档"这个免费的广告位为自己做宣传，附近的微信用户就能看到商家的信息。

(3) 二维码：用户可以通过扫描识别二维码身份来添加朋友、关注企业账号；企业则可以设定自己品牌的二维码，用折扣和优惠来吸引用户关注，开拓O2O的营销模式。

(4) 开放平台：通过微信开放平台，应用开发者可以接入第三方应用，还可以将应用的 Logo 放入微信附件栏，使用户可以方便地在会话中调用第三方应用进行内容选择与分享。如美丽说的用户可以将自己在美丽说中的内容分享到微信中，使美丽说的商品得到不断的传播，进而实现口碑营销。

(5) 公众平台：在微信公众平台上，每个人都可以用一个 QQ 号码打造自己的微信公众账号，并在微信平台上实现和特定群体的文字、图片、语音的全方位沟通和互动。

3. 强关系的机遇

微信的点对点产品形态注定了其能够通过互动的形式将普通关系发展成强关系，从而产生更大的价值。互动就是聊天，可以解答疑惑，可以讲故事，甚至可以"卖萌"，用一切形式让企业与消费者形成朋友的关系，你不会相信陌生人，但是会信任你的"朋友"。

Section 6.7 成功案例——新潮"的哥"月入上万元

本节导读

有关专家说，央视曾多次报道北京市民"打的"难的问题，尤其在高峰期，"的哥"反而休息不愿出车。究其原因，除堵车严重外，主要是短途客多导致空载耗油较多，在这个时间段他们很难赚到钱。本案例介绍的主人公蒋华却利用微信和一些手机应用巧妙地解决了出租车空载率高的难题，尤其是经过科学调度，使"的哥"收入大幅增加，出车率和积极性更高。

这个"的哥"有点潮，发微信约生意，拥有不少铁杆粉丝，还有个微信车队。

蒋华，39 岁，杭州人，是位资深"的哥"，开了 10 多年出租车，从富康、桑塔纳、红旗、帕萨特，再到如今的现代索纳塔，几乎杭州所有的出租车车型他都开过。在很多同行人眼中，蒋师傅挺潮的，平时做生意，蓝牙耳机不离耳朵，两个手机不离身，一个用来接电话，一个用来上网。就连他招揽生意的方式也很独特——聊微信，织"围脖"。如今，通过微信和微博，他手头上积攒了不少铁杆粉丝，只要想约车，保准第一个想到的就是他。

转行开白班，尝试用网络找生意

开了 10 多年出租车的蒋师傅之前一直都是开夜班。直到 2011 年 6 月份，发生了改变：由夜班转开白班。"当时，白班生意不好做，原来的那个白班司机不干了。找不到人愿意开白班。我只能硬着头皮，自己上了。"开了两个月，钱赚得并不多，这让原本不愁生意的蒋师傅开始思考一个问题："怎么拓展业务，增加收入？"他想到了一个点子，在网络上找客人。

"最初，我只是在 19 楼、赶集网、58 同城这些网站上发布一些约车信息。如果有人需要包车，或者市区用车费用在 50 元以上的约车，都可以打电话给我。"信息发出后没多久，就有人打电话过来咨询。渐渐的，也有生意找上门来。"现在有很多在浙大紫金港校区的留学生喜欢找我去机场，这里头有不少都是当时通过网站找到我的，成了我的回头客。"尝到了甜头，蒋师傅觉得在网络上招揽生意是个不错的办法。2011 年 11 月 17 日，蒋师傅生日，老婆送了他一部智能手机。有了这个新手机，他又尝试了新的办法——微信和微博。

微信约车，引来不少铁杆粉丝

蒋师傅的微信叫"杭州预约出租车微信群"，一看就知道是预约出租车的。"一开始，我还不怎么会用这个东西，不知道如何让人知道我的存在，只能厚着脸皮找人介绍自己。"蒋师傅会定位查找附近的网友，挑选一些，和他们打招呼："你好，我是出租车司机，想约车可以找我。"蒋师傅形容，在网上发微信，就像在网上隔空发名片，非常适合出租车司机这种流动性强的人之间的沟通，很有意思。

过了一段时间，开始有一些微信网友主动联系他。"我记得，第一个主动找我的网友就是觉得还有人在微信上找生意，挺有趣的。虽然，他最后没找我约车，不过却留下了我的联系方式，成了我的潜在客户。"后来，慢慢的，还真有网友通过发微信，找到了蒋师傅约车。"有一次，我送乘客去机场后回市区，才开出没多久，就看到微信上有个人呼我，也是从机场回市区。我试着和她联系。"原来，这位乘客也是送朋友去机场，正想"打的"回市区，在肯德基吃东西、玩微信的时候，搜索到蒋师傅的微信，就试着联系他。"我立马就掉头返回机场，接上了这位乘客。"现在，这位乘客已经成了蒋师傅的忠实粉丝，每次去机场都会第一时间联系他。而在蒋师傅的号码簿里，存着 30 多个通过微信找到他的乘客号码。现在，蒋师傅还在新浪微博上开通了微博"杭州出租车预约"，这个微博已经吸引了 130 多个粉丝，上面公布了他的业务范围以及约车方式。

日均预约三四个，月收入上万元

微博和微信这两个新方式已经为蒋师傅积累了不少粉丝。如今，他每天基本上会接到三四个约车，收入也随着增加。

蒋师傅说，为了避免不必要的损耗。他给自己的约车费用订了一个条件，市区 50 元起预约。现在他每天的营业额大约是 600 多元，除去油费和班费，大约一天能赚三四百元。这样，一个月的收入就上万元了，成了名副其实的"万元的哥"。

生意忙不过来，组建微信车队分忧

生意多了，就会碰到一个麻烦：万一在同一时段之内，接到两个预约，该怎么办？

2012 年 3 月，见生意日渐红火，为了便于协调管理，蒋华干脆成立了一支微信车队。蒋师傅的微信车队现在有 10 个"的哥"，8 个白班，2 个统班。每个司机都有自己的代号。微信车队成员为自己制定了一些必须遵守的条规，大家需要服从整体分配，为整体品牌着想，无论车程远近，只要接受了顾客的预约，团队成员必须执行，这样才能保证整体利益的最大化。

2012 年 6 月，杭州一家科技公司找到了蒋华，为车队量身定制了一套出租车预约抢单软件——"快的打车"。司机根据实际情况抢单，与预约乘客点对点联系。按下抢单后，屏幕上就会弹出具体的联络方式和信息，这令车队服务更加便捷。

加入微信车队后，司机们的整体月收入提高了 50%以上。以前，很多司机的月收入大约是 3000～4000 元，现在，每个月的收入至少 6000 元，有部分司机月收入更是上万元，堪称的哥中的"大富翁"。

令许多潮人惊叹的是，蒋华的微信车队还能用支付宝收费，确实为顾客考虑得十分周到。只要有乘客上车，微信车队的成员都会问一下他们手机上有没有装支付宝客户端，而乘客也很喜欢这种新潮的付费方式。

目前，蒋华的约车平台承接的业务包括市区至机场接送、市区用车、室内包车、长途包车、酒后代驾、抢修服务等。蒋华用敏锐的商业触角第一时间找到了微信的商机，从而带着几百名"的哥"迈向了高科技的致富之路。如果你是一个创业者，难道还要袖手旁观吗？

第 7 章

微信电商营销

本章主要介绍微信电商营销及其要点方面的知识，同时还讲解微信电商营销的主要方法。通过本章的学习，读者可以掌握微信电商营销方面的知识。

微信电商营销概述

本节导读

微信的火热已经是众所周知的了，很多电商都在试水微信营销，但也有一些还处在困惑徘徊阶段。未来的营销不需要太多的渠道，只要你的产品进入消费者的手机，就是最好的营销。传统电商和传统企业进入移动互联网成本太高，而微信实现了"零成本"进入移动互联网。本节将介绍微信电商营销的基础知识。

7.1.1　什么是微信电商营销

微信电商营销是伴随着微信的广泛应用而兴起的一种网络营销模式。其主要特点在于，微信不受地域和时间的限制，用户只需注册就可以与其他已注册的"朋友"形成一个关系链。用户可以搜集所需的内容，商家也可以发布自己的产品讯息。

微信电商营销主要体现在智能手机或平板电脑等移动终端上，并通过微信公众平台以微官网、微会员、微推送、微支付、微活动等形式构成一种线上线下的互动营销模式。

7.1.2　微信电商营销的特点

随着微信用户基数的不断增大，微信营销也火热发展起来。微信营销是网络时代对传统营销模式的一次创新，为众多行业都带来了契机，为企业管理者拓展了新的营销思路，借助微信平台可以实现品牌推广、渠道扩展和客户服务等功能。

1. 即时性强

不同于微博和人人的营销模式，即时性的信息传播特点在微信电商营销中得到了更充分的发挥和体现。通过微博和人人发布的消息可能会因为受众的离线而失去即时被获取并浏览的机会，而微信却不同，这缘于其特有的即时提醒功能充分确保了信息的时效性。

2. 精准营销

虽然微信拥有庞大的用户群，但商家可以借助于第三方机构、位置定位技术，实现点对点的直接推送，能够让每个用户都能接收到指定信息，继而帮助商家实现精准化营销。

3. 送达率高

通过微博和人人推送的消息受众广泛，但送达率不高，很多时候商家推送出去的消息都会被随后发布的消息淹没。而通过微信这种一对一的消息推送模式推送的消息可以确保后台的每一个用户都能看到，且不会被其他消息淹没，从而实现百分之百的送达率。

4. 营销方式灵活多样

微信营销方式可以多种多样，商家可以结合自身的情况，有选择地应用，比如，利用漂流瓶就能产生招商银行"爱心漂流瓶"的宣传效果；利用位置签名可以让附近的微信用户都能看到你；利用二维码快速添加，可以快速获得商业促销信息；利用微信开发平台接入第三方应用，可以无限拓展微信营销功能；利用朋友圈，可以实现精彩内容的快速传播；利用微网站，可以进行互动和品牌推广，将商家信息、产品服务、促销信息、市场活动等信息通过微信直接展示给用户。

5. 用户主导

区别于其他营销工具中商家可随意"拉粉"的特点，微信在"增粉"这方面完全尊重粉丝自己的意愿。在微信里，用户可以通过扫描二维码或搜索微信公众号来关注商家，而商家却不能主动获取用户信息。通过微信进入商家数据库的粉丝从某种程度上来说都可以称作是商家的目标客户，确保了粉丝的质量。

6. 成本低廉

微信电商的营销成本几乎为 0，因为无论是注册微信公众账号还是发布消息都是免费的，这在无形中为企业节约了营销成本。对于商家来说，通过微信实现电商营销的唯一投入就是雇用后台维护人员的费用，而这些成本与以往传统的营销渠道相比可以说是微乎其微。

7.1.3　微信电商营销的属性

在移动互联网的时代，我们的生活每天都充斥着各种各样的信息，来自各种地方、通过各种渠道、用各种方式，这就是一个属于营销的时代，而微信无疑是其中一个主角。在当下，微信成了人们生活、办公、消费的一个必备品，上亿的用户量自然也让它成了一个极佳的营销平台，而微信之所以能够用来做营销，源于以下几个属性。

1. 自媒体属性——每个平台都是一个广播站

对于微信营销平台来说，微信公众平台已经成了微信营销的必备工具，而每一个微信公众平台都是一个广播站，你营销的无非是品牌、产品或者是个人，而通过这个平台你可以令自己的想法让这个圈子里的所有人看见，当然你所讲的，要符合这群人的需求，而也只有这样，你的这个媒体才是有价值、有意义的。现在的公众平台已经达到 2000 万以上，一定要给潜在客户一个选择你的理由。

2. 社交属性——每一个人脉都是一份财富

微信的社交属性是我们在生活中最常见也最常用的一种属性，我们通过微信可以和朋友沟通交流，可以向我们的客户发信息，可以维系一些老客户，从而在微信这个平台上建立起属于自己的一个人脉网络。这个网络会不断扩大，我们的圈子也会不断扩大，而这就是微信营销的价值。利用网络，我们可以轻而易举地将自己和自己的产品推销出去。

3. 管道属性——一对多、一对一多种方式营销

管道属性是微信营销之所以被很多企业看重的地方。我们都知道微博是一对多营销，而微信的管道属性则显得更加精确、更加精准。精确是指我们可以只让我们的潜在客户看到我们的信息，而那些对我们没有意向的人也不会受到我们信息的骚扰；精准是指对于与我们有互动的客户，我们可以及时沟通，这样就从一对多瞬间转换到一对一的营销，从而营销的效果就会更加显著。

4. 子平台属性——微信的未来将会无所不能

现在我们可以通过微信来看新闻、读书、交友、打车、买东西、订餐等，这些功能都是通过微信的子平台属性来实现的，而这些还远远不止是微信的全部。在移动互联网的时代，微信的子平台属性将会不断地被挖掘、开发，遍布我们生活中的方方面面，也许在未来我们可以通过微信来转账、炒股、远程操控、协同办公，只要你能想得到，微信一定也会为你办得到，在未来微信将会是无所不能的。

7.1.4　微信电商营销的优势

随着微信用户数量的迅速增长，其影响范围不断扩张，这也促使微信从开始的简单聊天工具演变成了一个新型营销渠道，很多商家和个人都已经通过微信尝

到了甜头。那么微信是以怎么样的优势取代了传统的营销工具呢？下面将详细介绍微信电商营销的几个优势。

1. 庞大的用户基数

据统计，微信在进入市场的短短一年多里，其用户数量就达到了一个多亿。截至 2015 年第一季度末，微信每月活跃用户数高达 5.49 亿。这是一个非常惊人的数字，也表明了微信正以井喷的速度在人们生活中蔓延。毫无疑问，微信已经成为时下最火热的移动互联网聊天工具，随着微信的不断完善，今后的用户数量仍将持续增长。随着智能手机越来越普及，微信已经慢慢地从高收入群体走向大众化，几年之后，或许会出现这样的一个场景，中国智能手机软件市场上微信屹然成了霸主地位，就类似于如今电脑聊天工具中 QQ 的地位一样，无法撼动。

2. 用户黏性强

微信是建立在信任的基础上，一般是朋友间的关注，对于推送的内容更容易被接受，推广效果更好，且便于忠诚用户向他人推荐分享，传播性高。微信公众平台也是用户主动添加的，用户黏性强，流失率低。

3. 必备的移动互联网智能终端产品

伴随着移动互联网的发展，移动互联网智能终端产品，如智能手机、平板电脑等，正以惊人的速度普及。在可预见的不久的将来，移动互联网智能终端产品将成为大部分人的生活必需品，而微信，作为承载强大功能的移动终端软件，拥有广阔的市场前景。

4. 随时随地互动

微信作为移动社交工具，最大的优点在于使用者不必每天守在电脑前，而是在任何地点、任何时间，只要你有智能手机和无线网络，就可以实现与他人的互动。这种互动更及时，更容易让目标客户体会到被重视的感觉，有助于提升粉丝的满意度和忠诚度。

5. 坚决落地

传统的营销模式存在着繁复的中间环节，造成营销与销售脱节，此外，在传统交易环节里，每成交一笔订单，商场和销售员都要提点，增加了成本。而微信的社交电商属性和即时购买的特点省略了营销过程中供应商和销售之间的复杂环节，直接实现落地。这也无形之中降低了商品的成本，给予产品一个被消费者选择并购买的理由。

7.1.5　如何利用微信电商实现商业化运营

微信最开始只是社交平台，慢慢地被挖掘出营销的功能，微信营销也成为很多企业的主要营销手段之一。对于新的事物，其发展前途是不可估量的，微信营销也的确带来了显著的成绩。下面将介绍如何利用微信电商实现商业化运营。

1. 建立微信公众平台

实现微信电商营销的前提，是要拥有自己的信息推广平台，即微信公众平台。

现在的微信公众平台共分为三种，分别为订阅号、服务号和企业号。订阅号主要面向传统媒体和新型自媒体，后两者则主要面向企业和政府机构。然而无论是通过订阅号还是服务号或者企业号向后台粉丝推送消息，消息的内容均可以通过图文、纯文字、纯图片、语音和视频的方式呈现，其中图文消息最多可以添加8 条。除了信息的编辑与推送外，微信公众平台还支持修改头像、设置微信号、生成二维码等功能。

2. 粉丝管理

实现与用户直接、实时的沟通是移动互联网的最大特点。承载于移动互联网之上的微信使得平台与用户的信息互动和反馈更加及时，大大降低了用户参与的时间成本。区别于传统会员粉丝的管理体系，微信平台对粉丝的服务并不是做做样子而已，毕竟微信的主要功能就是沟通与服务。

3. 素材编辑

微信公众平台已经为商家提供了功能完善的硬件设施，接下来就要看商家自己的本事了。微信公众平台最重要的一个功能就是推送信息，而这个信息是由商家自己来编写的。在信息的编辑过程中，首先要确保它的真实性，并能够准确地进行传达。当然，文章的趣味性也是非常重要的。然而一篇文章不能仅仅做"标题党"，利用用户的好奇心理，编写有吸引力的标题引起关注，也要让内容丰满起来，使读者在阅读过程中心情愉悦，并在阅读后留下深刻印象并转发给其他朋友。

微信电商营销的要点

本节导读

每一种互联网新工具的诞生都会给人们带来新的财富，当然也在改变人们做生意的方式。互联网时代，人们的注意力在哪里，商机就在哪里，而财富也就在哪里。要做好微信电商营销，就必须要抓住微信电商营销的一些要点。本节将详细介绍微信电商营销要点的相关知识。

如今，随着微信电商营销成功案例的不断出现，看好微信电商营销这个商机的企业越来越多，微信电商营销成为最近商家追逐的热点。但是微信电商营销应该怎么做才能在众多商家中脱颖而出？多数商家往往不知该如何在微信营销中做出一个明确的定位。下面将详细介绍做好微信电商营销应该注意的一些要点。

1. 明确自己的行业

认真分析自己的行业是否需要微信公众平台，因为其实很多中小企业和个体老板只要利用微信朋友圈就可以做生意，如理发店、美容店、餐饮店等。

2. 明确目标，投其所好

发布者对受众群体的情况(公司职位、姓名、联系方式)越了解，就越能做到精准推送。维护好粉丝的同时也为粉丝带去了有价值的信息。

从产品的角度来说，一件东西即使再好也不可能使所有人都感兴趣。因此，抓准受众喜好非常重要，只有对症下药，为用户提供所需要的产品，才会真正达到营销目的。

3. 突出核心价值

千万不要把自己的微信公众号设置成"万能"应用，因为这样只会淡化企业的核心价值。所以，可以适当地简化微信公众平台的功能，要记住"简单就是力量"。

4. 一信值千金

微信电商营销增粉容易，留粉难。而只有在粉丝数量足够的前提下，营销才会有效。所以，一定要维护好客户关系，用 99% 的时间培养客户的信任感。只有"厚积"才能"薄发"。

5. 沟通是关键

就算推送的内容再好，也会使人产生审美疲劳，因此与其每天忙于推送信息，不如跟客户认真细致地沟通一次。这就要求商家定期创造一些可以跟读者互动的话题，问一问读者喜欢什么时间接收消息，对什么话题感兴趣，不断拉近与客户的距离，要记住价值来自沟通，沟通才是关键。

6. 重视互动

死水里没有鲜活的生命，微信公众平台也是一样。长时间不进行互动，没有活跃度的账号就是一潭死水，起不到任何作用，没有丝毫价值可言。因为微信不像微博，可以吸引大量的转发和评论，只有通过与客户的互动来取得客户的信任。

7. 不可忽视的电话作用

现在大家普遍有一个误区，希望一切产品销售都通过微信电商营销来实现，其实这是错误的。在顾客购买产品之前有些摇摆不定的时候，不要忘了让顾客拨打订购电话，因为人与人直接的语言交流最能解决购买当中的疑问，语言比文字更有效。

8. 粉丝质量重于数量

不要被一些成功案例冲昏头脑，因为粉丝再多，如果不能转化成价值，依然毫无用处。我们需要的粉丝是那些目标粉丝，粉丝的质量比数量更重要。

9. 微信增粉与保粉要诀

微信电商营销要靠渠道推广，拥有渠道的好处就是，企业每天都能获得稳定的粉丝，而不是一天进几百粉丝，过几天又没有粉丝关注了。

无活动不增粉，若要想在短时间内增加粉丝，要诀是线上线下开展活动，吸引微信粉丝。在吸引大量粉丝后，要思考怎样保住微信粉丝，使得微信持续保持运营，这才是需要长期解决的问题。增粉靠活动，保粉靠内容。

10. 计划是根本

在准备营销产品之前，做好产品的详细营销计划。明确推送的内容最重要，因为内容会直接影响读者的购买意愿，内容预热是最好的方法，计划则是成功的基石。

11. 注重内容质量

发布文章不一定要长篇大论，可是一定要引发读者的思考，一般内容在300～500 字。内容也要具有趣味性和实用性，一定要吸引读者。

需要强调的是，文章还是原创的好，如果不想打造行业第一领袖的地位，内容也可以不是原创的，但是一定要加入自己的观点。

12. 形式要多样

后台推送消息不一定要以纯文本的形式呈现，也可以是图片、语音或者视频的形式。看惯了生硬的文字，读者更乐于接受丰富的内容形式，偶尔换换样子可以为平台增色。

13. 活到老，学到老

不能闭门造车，因为你所学到的都是以往的经验，而互联网时代信息的高速新陈代谢会不断产生新知识，要多和人交流，特别是专业的电商营销人士，向他们学习和借鉴。

14. 抓准时机，效果增倍

除了好的内容，发送消息的时机也很重要，而且不同的内容适合在不同的时间推送。例如销售产品适合白天发布，这样顾客可以在线预订，商家也能够及时发货；而一些诸如生活指南等趣味性强的内容，则适合晚上推送，因为此时用户有闲暇时间来阅读。

15. 竞争是最好的老师

学会关注竞争对手的微信。如果关注了 50 个竞争对手的微信，就会有 50 个账号教你怎么样做好微信电商营销，你要做的就是优化他们所有的方法。

16. 一切从实际出发

做微信电商营销是做个人微信还是做微信公众账号，其实并不矛盾，可以兼顾运营。如果有一到两个店面的话，建议用个人微信进行运营；如果是大型店面的话，一定要用上公众账号。

17. 付出才会有回报

微信电商营销没有任何营销秘诀，它拼的就是投入的精力和活动的执行力，不要投机取巧，也不要只盯着几个月就吸几十万粉的成功案例，这些成功背后有你看不到的巨大财力、物力的支持。如果你不想投入太多的资金，那么可以选择投入时间，再加上执行力到位，一样可以实现目标。

18. 坚持到底

不管做什么事情，坚持都是成功的一大法宝。写一篇文章，读者不一定认可你，可是当你写 50 篇，甚至 100 篇文章后，一定会渐渐被读者接受，那时候你这块金子就要发光了。

微信电商营销取得成效很慢，粉丝沉淀就要花上很长的时间，通常需要 3 个月的沉淀时间才能收到一些效果和利润，最重要的就是要坚持下去。

19. 强强联合

做微信电商营销，最好结合腾讯的其他产品(如 QQ 和 QQ 空间等)一起使用，这样会达到更好的营销效果，因为未来的移动互联网营销将会发展成为人脉关系链的营销。

20. 尊重顾客

尊重顾客，但并不意味着要极力讨好顾客。只要提供有效的价值，对应的目标客户总会留下来的。

21. 必须通过微信认证

微信的认证对于提升企业信任度至关重要，一定要尽早通过微信认证。微信认证的条件是：500 的粉丝量和一个微博认证。为了平台的长期发展，企业应当不遗余力地提高信任度。

22. 别太功利

很多人在微信电商营销上都有一个误区，那就是一味地推销产品，而忽略了用户的感受。这样做会让用户觉得太功利，太没有人情味，进而导致粉丝的大量流失。其实，将用户服务好比发送几十条广告更有效。

23. 完善服务，提升用户满意度

后台有多少用户并不重要，重要的是有多少真正能为商家带来利润的用户。这些人不是凭空产生的，而在于商家为他们提供的服务。受到商家热情服务的用户想必即便不产生消费也会成为商家忠实的粉丝和口碑的传播者。

24. 明确目的，为目标而奋斗

做微信电商营销一定要有目的性，不要看别人做什么就跟着做，结果什么都得不到。要知道，适合别人的并不一定适合自己，别人做的更不一定是自己想做的。明白自己为什么营销很重要，不盲目才能少走弯路。

25. 正规操作才能永久

很多人想利用微博大号弄到微信大号，这样的做大是行不通的，除非你能在很短的时间里获得大量粉丝，并且是正规的操作，不正规的操作很容易被腾讯封掉。微信电商营销更适合于企业推广。

26. 运营人员很重要

微信是否是营销工具关键在于你如何利用它，资源是主动开发的。因为微信的功能本身是固定的，所以具体如何利用，决定因素是使用微信进行电商营销的人。只有运营人员富有眼界和思想，才能维护好整个平台。

Section 7.3　微信电商营销的主要方法

本节导读

受众在哪，营销就在哪。横空出世的微信，作为一个强关系的社交平台，也吸引了众多商家的关注，它们纷纷尝试着利用微信来为自己的产品和服务进行宣传推广。国内著名的企业如星巴克、凡客等都开始试水微信营销。毫不夸张地说，微信开启了网络营销的又一新模式。本节将详细介绍微信电商营销的主要方法。

7.3.1　二维码营销

微信二维码营销是指通过手机客户端对微信二维码图案进行扫描，消费者可立即查看到相关的产品资讯、商家推广活动等信息，从而刺激消费者通过微信支付功能进行购买行为的新型营销方式。二维码利用微信的消息触达能力为商家提供了一种更好的运营方式，而这种方式正体现了信息化技术与传统运营方式本质上的不同。此外，高质量关系链也将对企业的发展起到不可磨灭的作用。

1. 微信二维码营销的盈利模式

(1) 微信为用户提供了以二维码为入口的整体互联网商业营销服务，并以二维码为入口实现 O2O 模式的商业活动。

(2) 合理利用手机媒介可移动的特点，用户使用手机客户端中的扫码软件扫描二维码，即可实现购物付款、低价获得优惠券、折扣购物、抽奖、秒杀等功能，省时实用，是人性化的营销策略。

(3) 通过微信将营销信息精准推送给用户，并对用户来源、路径、扫码次数等数据进行采集及统计分析，使广告投入效果更准确，从而带来更多的收益。

(4) 微信二维码营销的核心功能就是将企业的视频、文字、图片、促销活动、链接等植入在一个二维码内，再选择投放到宣传单、公交站牌、网站、地铁墙壁、公交车身等地方。当企业需要更改内容信息时，只需在系统后台更改即可，无须重新制作投放，可以减少企业的运营成本，以最小投入获得最大回报。

2. 微信二维码营销的技巧

(1) 建立品牌官方微信公众账号。

(2) 扩大宣传微信二维码，申请官方认证。

(3) 结合微信开放平台，将营销进行到底。通过微信分享信息，自建关系链，成为微信开放平台开发者，让拥有亿级用户的微信平台成为你的免费推广平台，让用户帮你口碑营销。

(4) 商家可以将宣传热点瞄准微信二维码。消费者只要扫描二维码，成功关注该商家的微信公众号后，商家便能不定期地向消费者提供宣传、优惠信息等，可以通过微信丰富的表达方式，向客户以友好的方式传递产品使用提示及客户关怀活动，增加客户黏性。

【精彩案例】

《最美的》街头巨型创意二维码

2013 年十一期间，微博、微信上关于"沈阳中街惊现巨型二维码"的话题，被广泛转发、讨论。原来在沈阳中街步行街和朝阳街路口的楼体面上，高挂着一幅巨型二维码，如图 7-1 所示。扫描之后，会进入一个名为《最美的》的手机风尚杂志，杂志以分享旅行、美食、热点话题等具有十足风尚感的文章而受到用户欢迎。据了解，仅十一长假期间，已有近万用户通过扫描二维码关注了《最美的》杂志。相对其他传统营销方式，这种互动式的新兴媒体营销方式，无疑是将来营销的主流。

图 7-1

7.3.2　自媒体营销

任何社会都和它的信息、媒体共生。在工业革命时代，营销靠媒体，而媒体卖的是注意力的残值。如今微博、微信的出现，不仅让企业开始关注自媒体营销，很多媒体人也开始自己做自媒体了。典型如王峻涛，在微博上了拥有了几十万粉丝以后，就开始卖大枣，自己变成一个产业链。

苹果公司能成为全球市值最大的公司，因为乔布斯也是一个媒体。乔布斯去世后，很多人对苹果公司就不看好了，因为它丧失了乔布斯身上的媒体属性。那么如何经营好自媒体呢？

(1) 寻找一个好的媒体传播平台，如微信、微博、QQ 群、贴吧、论坛、社区，或者自己搭建一个网站。

(2) 推广信息，让自媒体值钱起来。吸引大量粉丝的注意力，通过线上线下活动，提供有价值、有意义的产品。

(3) 明星效应。让大家开始关注你，以人格为核心建立自媒体，将是未来营销的一个基本状态。

(4) 品牌效应。通过平民化的品牌效应、长尾效应，让自己曝光。比如，蒙牛几年前出了一本书叫《蒙牛内幕》，这本书给蒙牛品牌带来的曝光价值远远超出在中央电视台打几条广告。海尔有一个产业链，叫作海尔参观，一年也能挣两三千万元。

（5）传播你的故事。主动暴露自己的危机是比控制危机更有效的行为。危机公关的时候，大家通常纠结于承认还是不承认，抵赖还是道歉，深说还是浅说，但只要你处于两难境地，所有的选择都是错误的。前进和后退都错，就往旁边走，搞笑它，娱乐它。随着大众媒体的消失，这个世界上基本上不可能出现小故事。所谓小故事，就是故事本身不具备传播性，但是通过渠道强力传播，硬塞到你脑子里去。现在出现的是云故事，不发生云故事，传播就不会发生。

【精彩案例】

IT 财经评论人程苓峰的自媒体营销

2013 年初，炒得最热的利用微信自媒体盈利的莫过于"云科技"的微信广告了。云科技是 IT 财经评论人士程苓峰独立运营的个人自媒体，微信账号有 2 万忠实订户，同时在其他订阅终端上有不少于 3 万活跃订户。

2013 年 1 月 24 日，云科技的发起人程苓峰在其微信上发表《一万一天，云科技开卖广告》的文章。文章中向外界宣告：在独立运营 5 个月后，云科技将开辟广告位，明码标价。广告以"图片+链接"的形式，附在云科技微信公众账号和网站上发布的文章的末尾，重在高端形象塑造，辅以流量导入。广告费按照每天一万元，或者每五天三万元的标准收取，每天云科技发布文章 1~2 篇。就在消息发布的第二天，国内名牌折扣电商"唯品会"就成为第一个吃螃蟹者，率先在云科技试水自媒体广告营销。唯品会副总裁马晓辉表示："在内容为王的媒体时代，程苓峰一直以独特新颖的视角、缜密的逻辑分析和判断发表众多高质量的内容，这与唯品会所提供的高质量的商品和服务是相互匹配的，也是唯品会能够迅速做出投放决定的最主要原因。当然，我们在日常投放中也会考虑媒体的影响力，程苓峰高质量的内容覆盖 2 万多高质量读者群的价值也是我们看中的。"

随后，云科技又刊登了两个广告：瑞库德猎头和金山旗下的猎豹浏览器。短短 10 天内，就成功卖出 8 个广告，进账 8 万元。

云科技微信广告主要依靠自媒体效应进行营销传播。程苓峰自称这种广告形式为"内容携带式广告"，即广告跟着文章走，文章和广告图片是一体的。而作为自媒体，当文章被别人转载时，广告也随之被转载，转载得越多，内容传播范围越广，它所附带的广告价值就越大。程苓峰的微信公众号如图 7-2 所示。

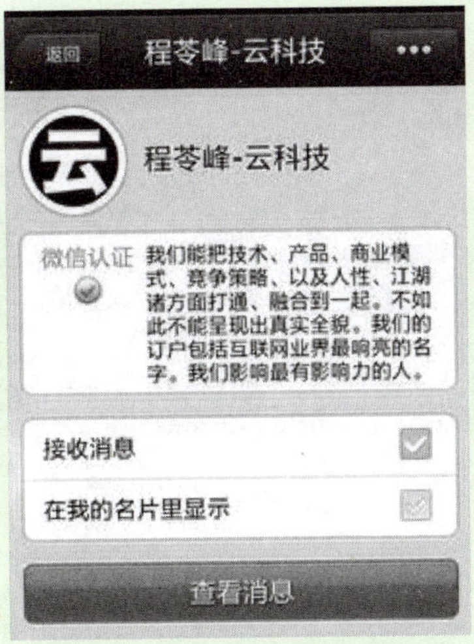

图 7-2

7.3.3　粉丝营销

粉丝营销是指企业利用优秀的产品或企业知名度拉拢庞大的消费者群体作为粉丝，利用粉丝相互传导的方式，达到营销目的的商业理念。

现如今是一个"粉丝"主导的商业时代，每个人都可以依靠自己的影响力吸引粉丝，创造商业价值。例如，你在朋友圈分享一条内容，就要考虑如何触及粉丝的心理需求，了解粉丝的喜好。微信的影响力决定了它必定走上粉丝营销的道路。

粉丝和用户并不是一个概念。一个企业拥有很多的用户，却不代表他们都是企业或产品的粉丝。粉丝是对某一种事物的疯狂喜好者，比如明星、漫画、动画、运动、产品等，其中比较知名的有钢丝(郭德纲的粉丝)、日和(动漫的粉丝)、果粉(苹果公司产品的粉丝)。粉丝和企业、产品、口碑之间的关系如图 7-3 所示。

对于公司来说，积累粉丝是一个时间问题，可口可乐公司在全球拥有 48%的极高市场占有率，各个地方都有喜欢可口可乐独特味道的粉丝，可口可乐公司出新口味或者新产品，这些粉丝都是最早的消费者，一直追随可口可乐品牌。苹果的手机产品也体现了粉丝营销的效果，一些狂热粉丝甚至为了购买苹果的手机通宵排队。对于这些公司来说，粉丝营销的效果体现明显。

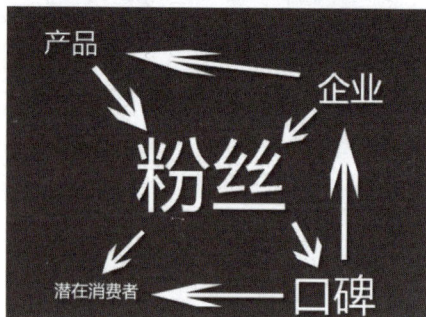

图 7-3

【精彩案例】

"行走的力量"公益活动引爆电商领域

"行走的力量"是著名演员陈坤创立、东申童画公司发起的心灵建设类的公益项目，旨在号召人们通过最本能的行走，在行走中安静下来，与自己的内心对话，获取正面的内心能量，并将正能量传播给他人。活动通过微信朋友圈大量转载，引起全国粉丝的积极参与。

陈坤在微信公共平台搭建自己的官方主页，吸引了许多粉丝的关注。主页中包括"新闻动态""智能产品""店铺""行走的力量"以及"行走俱乐部"各板块，粉丝还可以通过讨论区与其他粉丝交流关于偶像的话题，让粉丝参与其中，如图 7-4 所示。

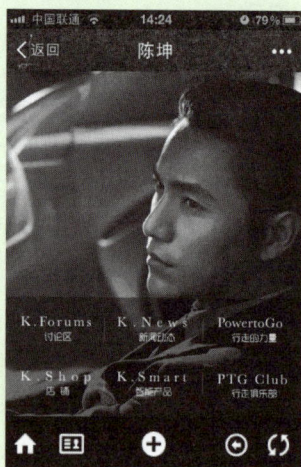

图 7-4

在讨论区内，粉丝可以自由发表自己的想法，并且辐射更多可能的话题，让内容拥有无限可能，同时可以通过粉丝之间的交流互动，自我巩固关系链。店铺分为"东申九歌系列产品""行走系列产品"和"东申童话系列产品"三个功能板块，支付的方式是通过微信直接进行在线支付。"行走的力量"大型公益活动由陈坤发起，参与活动的粉丝不计其数，粉丝可以通过微信公众平台的微官网了解活动的最新动态。2014 年 6 月，"行走俱乐部"成立，让更多的同行者可以分享大家的行走故事与人生感悟，内容充满了正能量。"新闻动态"板块中包括陈坤最新动态、写真、语音三部分，任意点击其中一部分，偶像的一举一动就会出现在用户的面前，此举很好地拉近了陈坤与粉丝的距离。

陈坤的大型公益活动"行走的力量"在微信上公布后，在朋友圈被大量转发，吸引了许多共同爱好的人参与其中，同时也在不断地吸引粉丝。该活动通过在新浪微博发起公益活动并附加官方微信的二维码，将微博粉丝转换为微信粉丝，大大地带动了移动电商粉丝关注的增长。

在浮躁的社会环境中，好多人都在找寻迷失的自我，透过大型心灵公益活动，陈坤引领更多的人找到了自己的人生方向和目标。如果生产的内容的确很有价值，自然会吸引粉丝关注。但是自媒体人往往很少能靠内容赚钱，其他的商业合作更是少之又少。如果自媒体人能够找到与其内容有很强结合点的企业进行合作，在生产内容的同时，帮助企业推广产品，可以说不失为双赢之举。当一个粉丝通过某种渠道关注了自媒体人的微信平台，那么很可能会辐射他周围的一些朋友，周围朋友又会继续向外辐射。

7.3.4　朋友圈营销

微信朋友圈就是个人分享平台，是一个微信好友间的私密圈子。为什么要加上私密？因为三者之间非共同好友，即无法看见相互的评论内容。即 ABC 三个用户，只有其两两之间互为好友，才可以看见三者之间互相的评论。如果 A 和 B 是好友，A 和 C 是好友，但是 B 和 C 不是好友，那么 A 发的朋友圈，B 和 C 都可以看见并评论，但是 B 和 C 彼此看不见对方的评论内容，只有在 B 和 C 也为好友，形成了三角关系的同时，才能看见互相的评论内容。朋友圈的私密性给用户创造了畅所欲言的条件，不用担心悄悄话被局外人看见，也不用担心因为朋友多，回复也太多，所以拉长了微信的朋友圈。

现在微信营销功能已经被神化了，很多传统营销机构都转型做微信营销培训，除了微信公众平台订阅号、服务号之外，个人微信朋友圈也是他们营销的战场。下面将从不同角度详细介绍微信朋友圈营销实战的技巧和方法。

(1) 编辑好个人信息。

完善资料信息和清晰的产品诉求，是任何一种营销方式必备的基础。做微信朋友圈营销，至少要让添加的朋友看到你的头像、名称和签名等，能清楚知道你是做什么的，然后再看你朋友圈发送的内容对他们有没有帮助。

- 头像：自己喜欢的就可以，但不可过于另类，要具有信任感。
- 名称：微信通讯录的排序规则为星标好友在前，然后根据首字拼音排序。名字排在越前面，越方便客户快速寻找到你；也可以用真实名字，显得更加具有信任感；也可以采用"名称+销售顾问"的名字。
- 签名：让好友能清晰地了解你是干什么的，业务范畴是哪些。
- 朋友圈展示位置头图背景：方便来访的朋友在短时间内能非常清楚地知道你是做什么的。例如，如果你出售的产品是汽车，则可以用公司门头、接待、自己与公司车的合影、公司的 Logo 等作为朋友圈展示位置头图背景。

(2) 发布的时间。

早上 8 点左右是新一天的开始，很多用户醒来很期待朋友圈更新的内容，更重要的是很多人在上班路上可以浏览。中午 11 点半到 12 点半这段时间为用户午餐或准备午休的时段，也是忙碌一上午之后的休息时间，很多用户会选择用这段时间收发信息，在朋友圈和粉丝互动。晚上 7 点到 9 点这个时间段很多用户已经吃完饭、散完步回到家里躺在沙发或床上看电视，是一天最放松和最无聊的时间段，朋友圈也是打发时间的地方。利用各时间段，把自己发布的内容及转发内容分开，不能同时发好几条。

(3) 发布信息的数量。

自己编写的内容 1～3 条为宜，谁也不喜欢刷屏的好友。转发链接文章控制在 5 条以内，如果转发过多，会让粉丝觉得你转发的内容没有价值。转发文章要是自己精选过的，分时间段发布，这样你的好友会觉得你分享的文章很珍贵，很有内涵，很自强上进，通过你的微信能够吸收很多东西，自然会对你有好感，长此以往，会每天关注你转发的内容。有了信赖，营销就简单了。

(4) 发布信息的内容。

在利用朋友圈营销宣传的时候，要先搞清楚你的微信好友喜欢什么，或是你想达到什么样的宣传目的，再来定位你的发布内容，当然内容一定要相关，并且是你的目标好友感兴趣的话题，最好能够给他们带来一定的帮助。一定要把自己塑造成一个积极向上的、鲜活的、有个性的人，而不是一个消极的、负面的、低级趣味的一个人，谁也不愿意和这类人合作。

发布自己编写的内容时注意以下两点：

- 内容可以是生活中的各种事、对生活的感悟；也可以让自己百变(帅气、可爱、搞怪等各类兼修之人)等，写一些吸引大家关注的话题。
- 发布关于公司产品信息的时候，可以把语气转化一下，不能有太过于明显的推销的感觉，谁也不愿意看到一个好友天天在朋友圈里发生硬的广告信息。注意在发布文字的时候，避免文字折叠，最好不用点开就能把字看完。90%内容+10%广告是较为理想的，纯广告会让人厌烦，甚至会被拉黑。

发布转发内容：多关注微信公众平台，比如汽车类的、生活类的、励志类的、佛学类的等，能够将自己塑造成一个有品位的人。在转发的时候，可以编辑一点对转发文章的看法。同样，转发文章的发布时间不能太集中。

(5) 怎么添加好友。

微信粉丝数量及质量是微信营销的基础，添加好友可以采用如下方法。

- 将自己的 QQ 好友加为微信好友。如何寻找目标人群并将他加为好友呢？除了宣传自己的微信名片让别人主动加之外，也可以主动出击。QQ 群是按照特定群体进行分类的，通过 QQ 群来找到各个行业的人群，也可以通过查找好友找到相应地区或者年龄段的 QQ 并加为好友。
- 将手机通讯录的人加为好友。因为有的人拥有自己的客户手机号码资源，那么如何更快地加这些人为好友呢？可以将手机号码资源用 txt 或者 Office 格式整理好，用豌豆荚或 QQ 手机管家导入到手机通讯录上。导入前，取消自己的个人微信号与所用手机号码的绑定，然后再导入生成手机号码列表。导入完成之后，再重新将个人微信号绑定所用的手机号码。
- 通过"附近的人"加好友。去一些商场、高端会所等人群密集的地方时，可以通过这个功能寻找客户。
- 专门的加粉软件。加粉快，但针对性不强。

(6) 怎么查看好友人数。

在通讯录最后会显示好友数目。

(7) 利用微信备注功能对用户进行分组管理。

如果微信好友过多，就很难寻找到想找的人。建议将好友的备注格式修改为行业或公司+姓名，如"房地产李总"；也可以在所有客户前统一加一个字母以方便区分管理，如"A 房地产李总"；如果不知道名字，也可以在前面加一个字母方便区分，如"A 老板"代表一类客户群体。

(8) 做好信任营销和情感营销。

微信好友圈中每一条内容下方，都可以赞或评论。每个人都喜欢被赞美、被表扬，经常赞或评论，就跟经常电话交流一样，可以让你的好友很快记住你。这样才能在真正意义上做到朋友间的"交流—交心—交易"。

(9) 善用微信群发助手。

进入微信首页，选择【我】→【设置】→【通用】→【功能】→【群发助手】→【开始群发】选项，再点击【新建群发】按钮，并选择要群发的好友的微信号，即可在好友众多时群发信息以节省时间。注意：群发切忌单纯的广告信息，更多的是感恩活动或者节日祝福。

(10) 充分开发微信群。

建立微信群，邀请自己的客户加入，很多客户能够通过这个群进行商业上或相同爱好的交流与认识，因此大部分客户还是很乐意的，但作为组织者，必须了解哪些客户能够连接在一起，将其邀请到同一个群里。微信群初始是 40 个人，每人有两次免费升级为百人群的机会。

【精彩案例】

红枣妹子用微信朋友圈挖掘 2500 名精准客户

2014 年是移动电商大爆发的时间，也是圈子经济爆发的时间，更是农产品电商奋起的最好时间，卖枸杞的、卖鸡鸭的、卖蔬菜的、卖土鸡蛋的等应有尽有。红枣是女性朋友的补血臻品。红枣妹子微信卖红枣，真正操刀的是不到 5 个人的团队，利用朋友圈，圈出 2500 多名准客户，这不花一分钱的广告可让很多红枣商家捶胸顿足。下面为大家分享红枣妹子的精彩案例。

红枣妹子案例数据的粗略统计

时间：3 天。

微信圈(100 人/个)：13 个。

个人微信关注人数：2500 人。

微信公号关注人数：1434 人。

参与试吃人数：800 人。

产生订单：100 笔订单，近 20000 元。

3 天时间做到如此效果，震惊了业内不少人士。

"1 吨红枣免费抢"噱头引爆圈子

这是一个普通到不能再普通的活动：免费试吃。活动主题是"1 吨红枣免费抢，抢多少，送多少"，预计拿出 1 吨红枣在 3 天时间进行免费试吃。试吃的流程：关注"哎特馋"公众号就可以获得 5 包红枣，还可以通过"抢红包"活动获得更多，如图 7-5 所示。

图 7-5

精选传播渠道，朋友圈实现深度传播

活动前期，他们选择了自己的朋友圈、朋友微信公众号、论坛、微信大号、QQ 群 5 个渠道。经过一段时间的传播发现，贴吧、论坛等基本上没什么效果，尤其是百度贴吧杭州吧的吧主还特意给发了一个加精的活动贴，效果也不怎么样；在 QQ 群里发的活动链接也没什么点击量，微信大号在跟进上还出现了一点小问题。

最终总结发现朋友圈、微信公众号带来 200 多的粉丝，可实现深度传播。一是朋友圈的铁杆好友，一旦确定活动属实就开始迅速转发，大力传播，增加了活动的真实性；二是部分提前收到红枣的朋友晒红枣，且分享试吃感受，并邀请亲朋好友来参加，将活动推向高潮。当然，他们也在自己的朋友圈将他们的红枣仓库及打包情况直播出来，更进一步地证实了此次活动的真实性，如图 7-6 所示。

据红枣妹子透露，在朋友圈直播红枣在仓库的打包情况，让活动第一天就轻松迎来客户火爆加微信的场面。大家争先恐后要求把红枣妹子的微信群二维码公布出来，只有 4 个人的他们第一天比较谨慎，只放出了 3 个群，100 人群基本秒扫瞬间满人。为了让后面的活动顺利些，他们还总结了经验和梳理流程，最终产生了 100 笔的订单，并且有朋友订购 200 斤红枣作为公司三八节的福利，如图 7-7 所示。

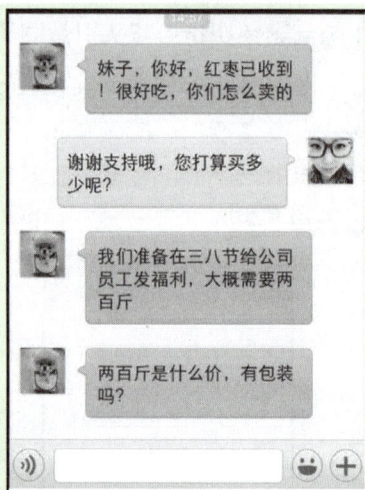

图 7-6　　　　　　　　　　　　图 7-7

案例总结：

产品和服务体验好，利用朋友圈传播，营销就能水到渠成。

不得不说红枣妹子"免费试吃"活动的成功，给微信营销带来了极大的信心。曾经某个电视剧中有这么一句经典台词，"世界上传播速度最快的不是光速，而是师奶大妈的嘴巴"，而红枣妹子的圈子经济似乎颠覆了这句经典台词，真正验证了"世界传播速度最快的不是光速，也不是师奶大妈的嘴巴，而是朋友圈"。如果你对自己的产品信心十足，那么从消费者出发乃营销根本，在此根本上用创意修饰，增加客户互动，提高服务体验，销售是水到渠成的事。

7.3.5　事件营销

事件营销是指企业通过策划、组织和利用具有新闻价值、社会影响，以及名人效应的人物或事件，吸引媒体、社会团体和消费者的兴趣与关注，以求提高企业或产品的知名度、美誉度，树立良好品牌形象，并最终促成产品或服务的销售的手段和方式。

【精彩案例】

IMOUTH 唇唇欲动，线上+线下全面引爆夜店潮流

IMOUTH 起源美国，是一款以时尚、酷玩、潮流为主题的产品。IMOUTH 开辟了一项崭新的行业领域，是一款以引领生活潮流乐趣，缔造健康、提神、舒缓压力都市新体验的崭新产品。该产品于 2014 年 2 月 22 日正式登陆中国市场，整合"线上+线下"两条推广线，上市前后不到 1 周的时间，IMOUTH 已在深圳区域市场人人皆知。

2 月 19 日，线上微博"上传夜店潮装，赢取夜店潮品 IMOUTH"活动同步发起，并发动"我们爱讲冷笑话""经典语录""深圳学生俱乐部"等本地一大批微博大号同时推进，微信大号如"深圳美食""深圳玩乐攻略""深圳吃喝玩乐嗨"也同步推送，做到目标人群精准推送，全面引爆。微博当天参与转发及互动人数达到 24 000 多人，微信当天参与人数达到 11 323 人，微信公众账号一天净增关注人数超过 2000 人。

2 月 22 日晚上，官方微博同步直播，话题持续讨论，让活动再次推上高峰。2 月 23 日，微信、微博再度发起"夜店潮品 IMOUTH 登陆深圳，转发/点赞送全套产品"活动，利益驱动、体验营销持续提高粉丝活跃度和关注度。

此次活动，线下活动总覆盖人数 130 万人，线上相关活动微博转发数达 10000 次、评论数达 1000 以上，微博话题参与人数近 2 万人，曝光数超 100 万；微信直发 10 万以上，参与互动人数 23 419 人，整个活动持续影响覆盖人群超过 300 万。

案例解析点评

(1) 创意+奖品——低成本"笼络人心"。

微信、微博的宣传方式成本极低，企业只需要一个推广平台和几个客服人员，在后台针对每日咨询的用户进行回复和引导，即可实现推广和宣传的目的。在此基础上，结合线下的直观宣传，强化营销的效果。

本次 IMOUTH 活动之所以如此成功，不仅在于活动创意十足，奖品吸人眼球，也在于成功将流行元素融会贯通，顺应市场需求，并且在微博、微信同步直播，不断扩大影响力，成功是必然的事情。

(2) 健康+环保+时尚——符合 21 世纪新理念。

随着现代人养生和环境意识的不断提高，也随着二手烟的危害不断加剧和控烟条例的出台，健康的电子烟应运而生，在符合大众口味和追求的同时，也算是为环保事业做出了一份贡献。

7.3.6　整合营销

整合营销是一种对各种营销工具和手段的系统化结合，根据环境进行即时性的动态修正，以使交换双方在交互中实现价值增值的营销理念与方法。整合就是把各个独立的营销综合成一个整体，以产生协同效应。这些独立的营销工作包括广告、直接营销、销售促进、人员推销、包装、事件、赞助和客户服务等。战略性地审视整合营销体系、行业、产品及客户，从而制定出符合企业实际情况的整合营销策略，包括旅游策划营销、事件营销等相关门类。

【精彩案例】

比亚迪"秦"微信整合营销

数字时代已经到来，从汽车行业来看，各大厂商已经逐渐从"产品为中心"的模式导向"客户为中心"的模式，要懂客户，并采用互动营销的形式，让消费者主动参与到汽车的研发当中，尊重消费者的个性需求，让他们表达出自己对品牌的要求。比亚迪"秦"新车上市进行微信整合营销，3个月实现了3万多个精准目标粉丝的积累，新车"秦"上线后的三周内，粉丝互动率达到了60%以上，并成功收集了2400多个销售线索。比亚迪汽车成为2013年Q4汽车行业最成功的微信营销案例。

2013年Q4比亚迪汽车微信运营团队依据企业微信营销特点，对比亚迪汽车微信公众账号进行了第一次技术升级，架构了微信官网，并增设了预约试驾、互动活动发布体系、LBS服务等多个微信模块，以提升比亚迪微信公众账号的互动性和用户服务体验。与此同时，比亚迪汽车即将迎来新款车型"秦"的上市，欲尝试一次以微信公众账号为核心的社交媒体整合营销，希望快速扩大比亚迪品牌以及新车"秦"的口碑传播，这成为2013年末的一次年终大考。

1. 营销方针

通过社交媒体营销特点充实联系线上、线下资本，买通线下勾当与社交媒体平台的联系关系，加深各类推行宣传勾当的传布效率，快速提升比亚迪汽车"秦"的品牌关注度和行业影响力，通过比亚迪"秦"同目标用户群的有效互动，促进微信粉丝数目的增加，加深粉丝对比亚迪"秦"双擎双模卖点的印象，实现销售线索转化。

2. 营销策略

将微信营销充实联系到传统的宣传推行系统中，吸引粉丝关注以便二次营销，让传统推行资本和勾当营销获得更大的价值体现，这是比亚迪微信运营团队和互动派团队共同达成的一致推广策略。尝试基于社交媒体的特点，将话题营销、互动勾当营销、文娱营销等新营销手段形成系统的运用，充分调动社交媒体平台每个粉丝的"自媒体"属性，打造汽车行业第一互动营销。整个勾当的营销时间由 2013 年 9 月 23 日起头执行，直到 2014 年 1 月 8 日才告一段落。

3. 创意执行

整个营销策略的执行由互动勾当——"寻'秦'记"起头，拉开比亚迪"秦"社交媒体营销序幕，好戏行将登台，如图 7-8 所示。

微信粉丝互动与传统媒体齐上阵，充分发挥粉丝的力量和传统媒体的权威形象，线上线下融合传播全面展开，如图 7-9 所示。

图 7-8

图 7-9

微信、微博、官网同步报名，现场直播北京密云机场比亚迪"秦"年夜战保时捷 911 等超跑，上演速度与激情，推波助澜，如图 7-10 所示。

"秦"你来定，系列微信勾当，加深粉丝对新车上市的期待，如图 7-11 所示。

2013 广州车展，展出土豪金比亚迪"秦"，将营销植进产物，如图 7-12 所示。

比亚迪 PK 特斯拉，抓住热门的话题创作，植进新品信息，借机造势，如图 7-13 所示。

开发比打飞机更刺激的微信赛车游戏，将比亚迪"秦"的油电夹杂和超级加速度卖点完善植进，打造汽车行业文娱营销的典型，如图 7-14 所示。

图 7-10

图 7-11

图 7-12

图 7-13

图 7-14

4. 效果显现

这场以微信为主要平台的营销活动，通过不同方式的手段将创意执行逐步推进和实现，实现了宣传效果的最大化。

微博话题打榜，带动比亚迪微博、微信关注，24 小时热门排行榜第 2 名，日均话题关注超过 100 万人次，如图 7-15 所示。

图 7-15

互动娱乐营销带来微信关注和粉丝活跃度大幅提升，如图 7-16 所示。

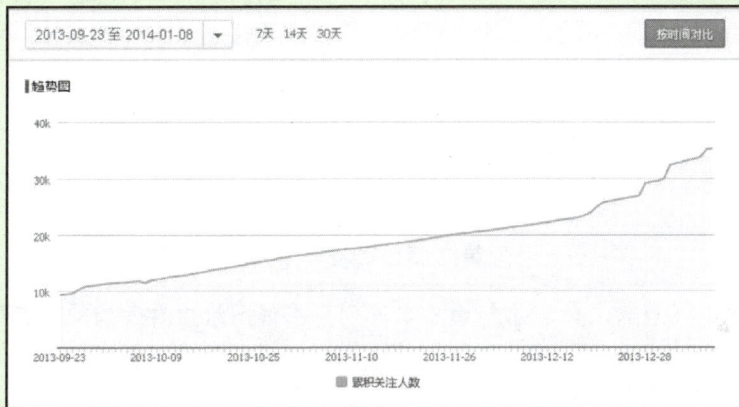

图 7-16

比亚迪汽车微信公众账号运营团队的不懈努力，让整个汽车行业在如何利用社交媒体微博、微信进行整合营销方面眼前一亮，不是单纯地追求粉丝数字，而是充分体现了比亚迪微信管理人员对社交媒体营销核心价值的追求，让企业的官方微博和微信真正"动"起来。类似这样的传统行业，能做到与时俱进，发挥网络优势提高销售量，是很值得学习和推崇的。

7.3.7　会议营销

微信会议营销是对传统会议营销的发展和创新，通过微信受众的巨大平台，整合消费者资料，分析消费者需求，通过朋友圈和公众账号，一对一定向投放相关会议的信息，达到组织特定人群参与会议、达成合作的目的。

与传统意义上的会议营销相比，微信会议营销的优势在于能快速收集特定人群资料并加以分类，并可以迅速建立相关群组，整合资源。微信的即时到达性，为微信会议营销提供了得天独厚的宣传优势，最大限度展现给受众最好的一面；微信的免费使用性，减少了广告宣传的费用，提高了资源利用率。

微信会议营销的重点在成功邀约后的会议，即"会议中营销"。会议中营销是指在会议现场运用各种手法进行促销活动，尽最大的努力激发目标消费者的购买欲望，在消费者心目中建立对品牌的信任，并长期维护这种信任。在竞争日益激烈、市场高度同质化的今天，仅靠产品本身往往难达到这一目的，还要对消费者进行针对性宣传，提供真诚服务。有效的营销策略都是极具个性化的，只有精确地锁定目标消费者，并与之开展一对一的沟通，满足消费者的差异化需求，方能提高满意度，增强品牌忠诚度，使企业得到长期发展。

微信会议营销的关键是会议后的保障，品牌的满意度和认同感来自长期坚持不懈的售后服务，完美的售后服务可以为微信会议营销带来一种良性循环，参加会议者随时可以把完美的参与体验通过自己的朋友圈向身边的朋友进行传播，达到不断扩大影响的目的。

【精彩案例】

中国第二届口碑文化艺术节

中国第二届口碑文化艺术节由哈尔滨创意在线网络口碑营销策划有限公司举办。作为哈尔滨的网络口碑营销领导品牌，其业务已扩展至全网领域。活动打出"让你免费学习网络营销"的宣传口号，正中受众需求，加上主办方自身的行业地位，一经宣传，即引起了强烈的反响。

截止到会议当天，中国第二届口碑文化艺术节报名人数达一万余人，会议当天，共有 700 余位前来参加会议的领导、企业高管和成功的创业人士。会议一开始就不断有人参加，但由于座位有限，许多人只能在门外咨询。会议后公司与三分之一的参会人员达成合作，这些合作客户一直续约到现在，通过他们的介绍又成交了许多新客户，公司的规模成功扩大了。

案例解析点评

第二届口碑文化艺术节只是企业众多营销手段中的一项，但作用不可小觑。口碑文化节整个会议结束后，企业达成合作意向金额达 200 多万元。哈尔滨创意在线网络口碑营销策划有限公司利用会议营销，把人集中到一起，从而省去了出去跑业务的精力，大大节约了成本，但前提是对微信平台粉丝质量的要求相当严格。

微信会议营销吸取了传统会议营销的传播方式，可以通过电话联系的方式预约。也可以在人流密集处进行宣传预约，但最主要的传播方式还是通过微信互动报名。微信公众平台的及时发布、朋友圈转发及多微信权威平台的联合发布，共同促成了信息传播途径的多样化。第二届口碑文化节就邀请了黑龙江省经济开发建设促进会、黑龙江商务合作促进会、大爱龙商等权威协会的微信平台进行转发。

7.3.8　数据营销

数据营销是指通过互联网采集大量的行为数据，首先帮助广告主找出目标受众，然后以此对广告投放内容、时间、形式等进行预判与调配，并最终完成广告投放的营销过程。随着数字生活空间的普及，信息和产品之间、线上和线下之间的联系变得愈加紧密，全球的信息总量正呈现爆炸式增长。基于这个趋势之上的，是大数据、云计算等新概念和新范式的广泛兴起，它们无疑正引领着新一轮的互联网风潮。O2O 数据营销将成为电子商务网站的下一个掘金点、传统企业的新蓝海。

【精彩案例】

绝味鸭脖玩转电商新模式

绝味鸭脖作为中国鸭脖的连锁领导品牌，目前在全国已拥有门店超过 5000 家，每日客流量达 70 万人次，平均每天售出 100 万根鸭脖，年销售额预计近 40 亿元人民币。

这么一个传统美食品牌在互联网时代的转型也相当迅速。早在移动互联网的萌芽初期，"绝味"就已经嗅到了这个时代即将喷薄而出的商机，建立网络基础设施，运营网络及传播品牌，搜集客户的数据并进行储存分类，进行数据分析挖掘与应用，总结归纳客户的购买行为与相关数据走向，进行全渠道运营推广，一发不可收拾地进行深入发展。同时，大胆尝试 O2O 营销(线上顾客转至线下消费)，运用数据营销的手段，为企业传播品牌，招揽客户，进行产品迭代，创造除了传统食品行业的新模式。

2014 年 6 月，绝味鸭脖线上活动如火如荼地进行，打出"鲜香麻辣刮刮乐，绝味好礼送不停"的广告词，利用刮刮乐活动送出礼券，吸引了广泛关注。

　　"经典招牌风味"的回归，恰值火热的世界杯赛季到来，绝味一改业内常用的促销模式，运用数据分析手段，充分预测时间走向，再次打出 O2O 营销的牌。活动从 2014 年 5 月 30 日至 2014 年 7 月 13 日，横跨整个世界杯赛程。新颖有趣的活动，操作简单的规则，并且最大的特点就是线上刮奖，线下兑奖，每天参与，100%中奖。消费者关注绝味官方微信，每天均可参与刮奖，赢得的代金券可以在三天内到"绝味"实体店兑换奖品。从各类新闻报道的图片来看，此活动深受年轻人追捧，更是引发了顾客购买热潮，各地门店人气火爆。6 月热辣的天气，仍然有很多人聚在门店门口排起长长的队伍，经典招牌风味也成为绝味最热销的产品，如图 7-17 所示。

图 7-17

案例效果评估

　　绝味掌握先机，手握主动权，以 2014 年世界杯赛程为始终，吸引无数球迷参与消费，并将国外韩流引进的热门影视剧《来自星星的你》中的"啤酒+炸鸡"引申为"鸭脖+啤酒"，引起星迷的追捧。当有了足够受众关注后，绝味立即趁势利用新型 O2O 营销方式，进行刮奖活动。绝味鸭脖的刮刮乐活动，在微信奖品上其实并不豪华，却能引起一番火爆，原因在于它运用了营销数据的手段有效整合了线上线下的资源，微博、微信巧妙宣传，全国 5000 多家实体门店的有力结合成就了此次微信营销的成功案例。

运营经验

本节导读　通过本章的学习，读者基本可以掌握微信电商营销的基本知识以及一些常用的操作方法。本节将详细介绍一些运营经验，以达到巩固学习、拓展提高的目的。

7.4.1　微信电商营销如何定位

这是很多人都在问的问题。确实，对于这个新鲜的营销手段，不少人很怀疑它的价值。未来的营销不需要太多的渠道，只要你的产品进入消费者的手机，就是最好的营销。传统电商和传统企业进入移动互联网的成本太高，而微信实现了"零成本"进入移动互联网。二维码是连接线上线下的桥梁，而公众则是一个交互空间。

关于微信电商营销的定位，需要强调的是，微信绝不是一个直接的营销渠道这么简单，而是高效的客服、CRM(Customer Relationship Management，客户关系管理)、沟通工具。电商客服工具用来解答用户在购买产品、使用产品或服务过程中遇到的各种问题；CRM 工具可以把会员按照地域、性别、肤质、身高、来源、购买产品等属性进行分类，定期定向推送精准匹配的产品和服务，实现精准营销；常规沟通工具用来刺激用户再次购买，增进客户感情，提高用户黏度。

7.4.2　微信电商运营团队搭建与考核

理想搭建模式核心点：服务导向，高层推动，中层主导，全员配合执行。执行方法如下。

(1) 市场专人维护，编辑内容，策划活动，融合企业的市场销售动态需求和信息。

(2) 与微博运营、网络推广内容同步。

(3) 客服部门提供微信客服沟通支持；管理人员定期进行数据汇总分析；高层提供资源支持和协调支持，提高运营效率。

合适的微信运营人员必须具有如下的特质。

(1) 微信重度使用者，善于内容策划，能换位思考，不以自己折射上亿网民。

(2) 细心、耐心。

(3) 具备全网思维，有市场嗅觉，精通社交媒体，俯身与网民沟通，心态好。

考核方法如下。

(1) 信息到达率 40%以上为合格，反推是否对用户足够了解，时间把握是否够准。

(2) 阅读率 30%以上为合格，反推内容编辑是否到位；活动粉丝参与率 20%以上为合格，反推活动是否吸引粉丝。

(3) 推广期间粉丝复合增长率 20%以上为合理，如果微信新增用户的活跃率不高，说明用户反感此类营销。

7.4.3　微信营销运营——以用户行为与特性为主的全覆盖

坚持七大原则：①持续投入，耐心经营；②简易原则，能一只手完成操作；③简短原则；④实用原则；⑤趣味原则；⑥精准原则；⑦及时亲切原则。

把握七个关键点：①准备工作，选择如 QQ 号或者好记的英文为账号，降低用户导入门槛；②内容框架、互动策略、粉丝滚雪球策略制定；③提高互动率，通过有奖活动，一定要有趣味性；④提高转化率，灵活穿插营销，网站等多个渠道宣传，引导用户购买；⑤避免微信认证的漏洞，微信目前只识别是否认证，而无法识别内容；⑥适度跨界，吸引目标用户的外围粉丝；⑦全方位引流、立体交叉，让粉丝进入并留住。

八点经验：①做好目标客户群分析；②内容为王，兼顾终端；③细分基础上做足互动；④持续投入，执行为本；⑤沟通基础上实现营销；⑥竭尽全力做到简易；⑦牢记微信官方的诉求；⑧润物无声、和谐生态、主轴不变的局部繁荣。

7.4.4　微信营销客户维护与转化率：情感、技巧、策略

提升转化率的技巧：①标题要有吸引力，概要精华，抓住用户心理；②配图优美，引导点击；③正文精短，突出对用户有用的信息；④适当收转，设置悬念；⑤网址可信，跳转快，缓冲少；⑥奖品诱人，获取容易；⑦多做有奖活动，规则简单，操作容易，让用户的操作不要超过三步；⑧精通投放、灵活穿插，实现精准推送；⑨大胆利用自有的各类媒体和渠道，聚集大量潜在忠实粉丝，包括公司官网、淘宝店、产品手册、推广手册、产品包装盒、活动现场海报易拉宝、各类投放的硬广；⑩口碑营销，鼓励用户推荐微信公众账号给身边的朋友，如分

享到朋友圈、QQ 群等。

提高粉丝忠诚度的方法：①淡化营销味道，避免引起用户反感，一味地打广告只会让用户抛弃你；②把握好发送频次，一周 1~2 次比较适宜，天天骚扰，用户肯定取消关注；③内容经营是王道，趣味、简短、有吸引力，内容精度要做足，做好小范围的内测，改进后再发送，参考标准为，让用户在 3 秒之内有兴趣继续看；④灵活利用其他工具的配合使用，如微博、QQ、淘宝旺旺、邮件群发、短信群发等；⑤多做有奖竞猜活动。

客户维护的三点建议：①及时(如 10 分钟内)解答用户的提问，态度友善、热情、到位；②尽量不要在发送内容里加入链接；③做好用户分类基础上的贴心关怀，针对不同区域的用户发送祝福。

微信营销的价值是巨大的，关键在于你是否把握好了方法和策略。

1. 进行微信公众账号定位

不少卖家在苦恼该推送什么内容给粉丝，这是因为在开设公众账号之前没有定位好。

电商的微信公众账号可以定位为纯粹的营销号，也可以定位为分享产品内容的媒体号，在内容中插入购买链接。前者的推广难度较低，而后者的转化率明显高于前者，但需要不少文案。这当然是因为用户对广告普遍抱有一种排斥的心态，更别说一个每天只推送广告的公众号。所以，软文营销就是将产品推广揉入文章中的好方法，能够提高阅读率、跳转率和转化率，但是在字数控制和引导粉丝下单方面就要注重技巧。

2. 做好微信的新老客户分组

电商微信公众账号的粉丝大都来自于线上的推广，新老客户都有，因此，做好新老客户的分类十分重要。

首先，目前微信公众平台的功能有限，而微生活的微信电商平台还需要一定的合作条件，那么单单使用微信公众平台现有的分组功能，也能够取得预期的效果。比如，在利用自身店铺或者包裹答谢卡推广公众账号时，当客户扫描了公众账号的二维码时，公众账号就可以自动回复一段文字说明，要求新客户回复"新客户"获取促销信息，老客户回复"老客户"获取优惠信息，当然得提前设置好相应的关键词回复相应的图文信息。接下来就是实时监控公众平台的实时信息，针对不同的回复将粉丝归入相应的分组。当然，添加备注也是必要的，能够方便后期调整分组。

3. 店铺促销活动粉丝主动分享

提高转化率的关键在于粉丝主动分享内容到朋友圈和微群，特别是店铺开展促销活动的时候。以化妆品电商为例，可将 9.9 包邮试用活动推送给大学生、白领群体，并且在内容中提示邀请粉丝把活动分享给好友，那么，只要是已经下单购买的粉丝进行推荐，那么所带来的新客户下单数量就取决于该粉丝的微信好友数，以及该粉丝在圈子内的影响力。一般而言，朋友之间的这种分享转化率都很高，特别是一传十、十传百之后，能够形成不断扩散的效果。因此，卖家可以考虑跟草根达人合作，利用其影响力来达到口碑营销的目的。

4. 利用微信接口

使用微信接口应用可以方便地进行推广，特别是现在有不少针对电商的开发应用，对改善用户的阅读体验和引导下单效果不错。

如果是为了监控所推送内容的打开率、跳转率的数据，则可以自建 WAP 网站或 3G 网站，以 HTML5 语言搭建的网站能够自动适应屏幕尺寸大小，效果不错。

微信营销对于电商来说已经渐渐变得熟悉，但在实际推广营销中还需要不断摸索最好的、最适合自己的方法。

7.4.5　微信营销内容运营的八种风格

微信营销内容运营一般有八种风格，下面将分别予以介绍。

1. 促销活动型

如果销售的是稀缺或必需品，一般无须太多的技巧，直接推销的效果反而更好，但也要关注掉粉情况，及时调整内容和发送频率。如果你的店铺经常搞促销，那这样的信息对于客户来说就是垃圾信息，效果和影响不言而喻。如果是难得促销一次，则效果会比较好。

2. 信息播报型

这类内容的关键在于发送的信息是否切中用户的需要。一般不建议发送这样的信息，除非需求面比较大，如上新、预售、抢购、拍卖等。

3. 专业知识型

这类内容专业特点强，由于介绍的并不是日常生活知识，故内容可读性较高，客户接受度高。

4. 幽默搞笑型

这类内容最适合成人类目商品，而且还可以和商品实现无缝对接。情侣相关的礼品类目，也可以通过此类内容获得不错的营销效果。

5. 关怀互动型

这类内容比较适合针对老客户，比如发货提醒、生日祝福、互动小游戏等，如果再加上些优惠券什么的，是不错的方法。

6. 文艺小资型

这类内容比较适合窄众类商品、外贸原单类商品、高端价位商品，也是塑造品牌形象和品位的好方法。不过，其难度也是最大的，因为这样的优秀写手太稀缺了。

7. 精神情感型

这类内容完全去商业化，此时无声胜有声。

8. 乱发信息型

出现这种情况，从微信营销的角度上来讲应该列为事故。关于内容信息发送的相关注意事项如下。

(1) 信息发送时机。

根据粉丝数量的多少，目前一条信息群发完毕估计在 1～15 分钟不等，信息发送时间最好选在午饭后或睡觉前。

(2) 信息发送对象。

目前来看，绝大部分公众号是选择全部客户发送，这是极其错误的。应建立客户分组，根据分组发送不同内容，这样信息的精准度也会相对较高。

(3) 绑定客户旺旺。

微信是腾讯的，旺旺是淘宝的，应尽可能通过一些互动、发优惠的方式让客户绑定旺旺，这样通过微信和旺旺就能定位到某个人，这对于以后的 CRM 客户营销会有很大帮助。

7.4.6　微信营销的三大误区

移动互联时代的营销要怎么玩？很多企业看似赶在了潮流上，实际上是"新瓶装旧酒"，仍然在用传统理念运营移动互联网营销。现在的微信营销普遍存在着三大误区。

1. 误区一：把企业账号做成 CCTV

有人说，如果你的微博粉丝超过 1000 万人，你就成了 CCTV。所以，几乎每个运营企业社会化媒体的人，都用粉丝数来衡量自己运营业绩的优劣。大家都希望做一个如同 CCTV 的社会化媒体大号，这必然导致传播结构的大一统，最终一个企业，只有一个社会化媒体的声音。

殊不知，社会化媒体时代，大家的内容需求是分众的。企业微博、微信号天然具有商业化内容的定位，粉丝对这些内容的兴趣是有限的。相对于严肃内容，所在区域或周围圈子的产品、服务及活动，不同消费者与品牌相关的轶事、趣闻等内容更容易吸引用户，而这些内容往往散布在企业员工、经销商、消费者、第三方合作伙伴等企业广泛的商业生态结构的社会化媒体中。

希望有一个大一统的社会化媒体传播结构，做成 CCTV，且不谈实现可能性有多大，就传播结构本身而言，它又从去中心的趋势中复辟到中心化的结构趋势了。既然去中心化的媒体结构更符合移动互联网时代的趋势，为什么不建立多元的社会化媒体传播结构体系呢？除了企业官方账号以外，企业的经销商、员工、消费者、股民、第三方等都成为你的传播体系中的一个组成部分，这样的结构才是符合社会化传播规律的结构。当然，这样的结构，它的监管、引导和激励一定会更复杂，如果没有移动互联网的技术，是难以想象的。

2. 误区二：绞尽脑汁做精品内容

按照把企业账号做成 CCTV 的传统思维模式，自然会沿用传统的内容生产方式——走精品路线。企业的账号运营人员想破脑袋都在琢磨内容，追求语不惊人死不休的创作，但往往都是皓首穷经的投入、掌声寥寥的回报。

显然，单枪匹马的企业社会化媒体运营人员既不是央视内容创作的豪华班底，也不是 4A 公司的金牌文案，内容质量显然很难称得上"精品"内容。所以，大多数粉丝都不买账，活跃度有限。反过来，谈及企业微博、微信为何运营不好时，企业往往还是归咎于"内容、内容，还是内容"。其实，社会化媒体是去中心化，内容完全没有必要精品化。去精品化，输出和社会化媒体定位匹配的内容，就足够了。发在朋友圈的内容，哪怕完全是流水账记录，都可能有若干个闺蜜或死党给你点赞，这就是社会化媒体的本质形态——有限的人通过他们感兴趣的有限的内容来交互(当然，如果内容质量更高，交互的人会更多)。

所以，企业社会化媒体运营的内容定位应该是明确定位，针对有限数量的目标人群，努力做匹配自身能力的内容就足矣。一个生鲜企业，天天在微信上发布他的土鸡如何饲养、牛肉如何可追溯、蔬菜如何有机种植这样的话题，就成功地黏住了一大帮追求品质的吃货粉丝。所以说社会化媒体结构多元化的搭建及管理问题解决之后，内容其实不是高大上的难事，讲你受众关心的朴素语言，就能够达到润物无声的传播效果。

3. 误区三：移动电商就是微信商城

以中心化为特征的传统营销思维下的移动电商，往往是建立一个微信商城，然后拼命引流。但社会化媒体时代，社会化的商业也该是一个"去中心化"的商业——既然移动互联网时代已经形成去中心化的网格化交互格局，为什么一定只需要一个移动商城呢？

企业建立了社会化媒体的系统化结构之后，这个体系下的每一个"节点(point)"，无论是员工，还是经销商、合作伙伴，甚至是消费者，都可以是一个微商城，销售产生之后，移动互联网的这个体系可以帮助你实现每一个节点的销售利益的激励，销售产生的信息流、支付流和物流都可以通过完整而成熟的电商体系来管理，这才是符合移动互联网的电商模式。

至此，可以明确一个定义，移动互联网时代的营销其实是去中心化的营销，而去中心化的主要表现就是网格化，网格化上的每一个节点，可能既是你的消费者，又是你的传播者，还可能是你的销售员。传播、购买、体验、口碑、销售在网格中可以融为一体，所以，我们把它叫作网格化营销。

传统的营销传播需要一个 place 网络，传统的销售陈列也需要一个 place 网络，并且两个 place 网络基本毫无关联。而在移动互联网时代，传统营销的两个 place 网络，被一个移动互联时代的节点网络所取代。尤其对于已有庞大线下渠道网络的传统厂商来说，应该利用已有渠道，通过移动互联网快速搭建线上的节点网络，实现真正的 O2O。

以快消品行业为例，在品牌商传统的营销运营模式中，由于品牌商无法直接将货铺到异常复杂的多级市场和管理数量庞大而细小的终端，这些工作只能通过若干个渠道商的力量进行深度分销，所以，建立庞大的渠道商的网络往往是传统营销工作的核心。而在分众化、去中心化的社会化商业时代，单个品牌商的社会化营销工具显然无法深度渗透更多的目标市场时，我们为什么还在坚守一个品牌商官方的社会化媒体工具上下求索呢？

方向错了，所有看似正确的动作都只能算错。所以，顺应社会化媒体与社会化商业的大势，建立一张基于社会化商业的渠道网络，持续运营、管理和不断调优，才是正道。

7.4.7 自媒体营销的三大要点

自媒体营销这种技术门槛低、操作简单、信息传播效果强的媒体形式毫无意外地被营销人员所掌握和利用。从最早的论坛、贴吧、博客到今日的微博、微信，每一个新兴的自媒体平台的出现都在营销界掀起一番新的混战。

下面将简单分析一下自媒体营销容易陷入的误区以及应对方法。

1. 平台的选择：认清自己的优势，不要盲目追随潮流

微信是现今最强势的自媒体平台，朋友圈作为一个外封闭状态的熟人平台，引导用户阅读的障碍更小，信息转发意愿更强；而通过交际圈的重合点，又实现了信息的多次转发。相比起日渐式微的微博，现在运营自媒体营销的人员更愿意把重心放在微信上。

微博在衰落，这是事实。但当看到很多企业微博、媒体大 V 和优秀的营销账号纷纷减小甚至放弃在微博上的投入和积累，满怀热情地投入微信营销的新阵地时，必须得考虑清楚，即使微博的用户群基数从亿减小到千万甚至百万，我们是应该继续发挥掌握在手里的百万用户群资源来发挥余热，还是投身到未知的用户群中从头来过。

2. 营销的形式：一味地自夸会带来抵触，恰当的自黑有奇效

营销人员永远的痛就是网络上随便一个段子莫名其妙地成了流行语，而自己辛辛苦苦想出来的话题永远没人注意。这其中最重要的自然是创意，但也有引导方向太过单一的问题。

无论是实物产品还是文化产品，道理是相通的。最没有创意的宣传形式，就是老王卖瓜自卖自夸。何不反其道行之，与网友一起吐槽自己？当然，自黑的程度和形式必须经过慎重的考虑，以防弄巧成拙。

3. 互动性：互动不能只停留在网络上，垂直引导到线下才能形成影响力

互动是自媒体营销永恒的话题，而大多数互动都停留在网络平台的交流上，这种互动非常容易达成，但更容易失去黏性。如何把互动垂直引导至线下，又如何利用线下活动真正让你的网络粉丝成为铁杆支持者？这是自媒体时代的重要课题。

以网络剧《笨贼一箩筐》为例，他们在前期预热期间发布过这样一条微博：三伏出行哪里去，网剧《笨贼一箩筐》剧组零距离接触，一手八卦，客串角色，强势围观搞笑新剧抽风现场。即日起至 8 月 8 日，转发本微博并关注"笨贼一箩

筐网络剧"，既有机会得"剧组三日游"机会，三个名额！我们承诺，管吃管住路费报销，还可带亲友一名(地点北京)！

当时正是该剧的拍摄时期，同时也是暑假期间。一次管吃管住路费报销的旅行，一个探班剧组接触明星的机会，把粉丝从线上互动引导到线下，并通过近距离的接触、足够的交流时间、在产品中留下印记(这三名网友后来都在该剧中客串了角色)来培养出三个铁杆支持者。再借由这三人自己的圈子，向外辐射。

自媒体营销未来还会有更活跃的平台、更专业的操作模式、更多的收益点，但同时也带来了更大的挑战、更强的竞争、更多的误区。营销人员应找准自己的优势，选择最适合自己的平台、最恰当的营销形式，同时追求具有引导作用的互动性，不让自己、创意平白被无视，不让自己的心血被白白浪费。

7.4.8　二维码六步营销方案策略

二维码铺天盖地而来。但是，如果品牌运用二维码只是为了证明自己紧跟时代潮流，使用了最前沿的营销工具，那还是不要轻易蹚浑水。拒绝盲目跟风，是二维码营销必须注意的关键点，那么二维码究竟该怎么用，又该如何评估投放的二维码是否发挥了作用呢？

1. 定位

任何营销活动首先都要明确目标，这不但为整个过程定下基调，同时，你的目标越明确，活动结束后也越容易评估结果。因此，首先要明确你投放二维码的目的。以汽车行业为例，下面列举几个可能的需求。

(1) 推广新车、增加曝光度(奔驰 A 级二维码伪装车身)。

(2) 给感兴趣的消费者提供车型信息等相关产品资料，进行口碑营销(雪佛兰：二维码帮你答疑解惑)。

(3) 通过提供试驾、优惠券等形式，收集销售线索。

(4) 作为辅助手段，吸引消费者参加线上活动或下载 APP 应用等。

这里只是列举几个可能的需求，总之，目的越明确，就越容易识别是否实现目标。

2. 告知消费者扫描的价值

现在你已经确定了目标，下一步就是吸引消费者前来扫描二维码。对于消费者而言，明确的价值就是扫描的动力，不要让消费者疑惑这孤零零的二维码是干吗的，明确告诉消费者扫描后可以得到的好处，比如，可以获得优惠券，可以抽奖等。

"奔驰 A 级二维码伪装车身"的活动一方面形式新奇，另一方面提供了丰富的奖品；而"雪佛兰：二维码帮你答疑解惑"活动，对于对雪佛兰车型感兴趣的消费者，扫描就可以获得更详细的信息，这就是动力。

3. 花里胡哨的二维码

不得不承认，二维码真的不好看，有时候极其破坏画面感，千篇一律的黑白方框实在让人提不起兴致。所以，为了吸引眼球，不妨设计一款让人眼前一亮的二维码。

二维码有比较强的容错度，在生成二维码时，冗余代码可以高达 30%。这意味着，你可以遮挡 30%的图案，把 Logo 直接打在画面上，而不是编在代码里。当然，这有一定的局限性，因为代码的某些部分是不能分割的，也不能被删除，比如三个角上的定位符，但这依然为创造性的设计工作提供了机会。

4 链接页面的设计感和可用性是关键

到这里，消费者已经因为某些实用的正面激励或者引人注目的设计而扫描了你的二维码，下一步，他们将来到这枚二维码中所隐藏的页面。这至关重要。在手机上打开电脑桌面网站的糟糕体验会让消费者瞬间点击关闭，前面的一切努力都烟消云散了。

所以，设计一个界面友好的手机版本的网站非常必要。你还可以加入特定代码，跟踪分析用户的浏览轨迹。

5. 评估结果

如果消费者在跳转页面中停留了足够长的时间，那么恭喜你，你找到了一条与消费者互动的有力途径。如果二维码扫描量过低，这时就该反省下中间的细节，比如，是否是投放位置不利于扫描、宣传推广力度不足、整体活动不够吸引人、整个二维码营销方案不够完善等。

6. 跟踪与分析

接下来要对你的客户数据进行跟踪分析与维护。二维码营销带来的客户都是精准客户，可以利用终端工具对其进行分析，对客户的喜好、习惯等进行统计和分类，以便进行精准营销。这就相当于一个未成型的小金库在等着你经营。

7.4.9 事件营销的五种基本技能

事件营销对企业和商家来说是一个很好的营销方式，不仅成本低，而且影响力广，很多时候比刻意投巨资做的广告收益还要高，但是要想顺利开展事件营销，还需要具备一些基本技能。

1. 丰富的知识储备

进行事件营销，策划者或组织者需要在经济、人文、历史、法律等各方面有所涉猎。对设计网络话题能力的要求等同于新闻记者，并且要时刻保持政治敏锐性，对网络话题的设计不能触犯底线，勇敢出击又能够把握全局，能够从企业、产品、需求、网友认知度等多重角度中转换工作职能，甚至能够从网友的跟帖中找到灵感和思路，以此突破话题方向。

2. 策划一个有效的事件营销方案需要有针对性地进行网友心态分析

当前，随着互联网用户的增长，用户成分复杂，利益趋于多元化。随着微博、微信等新的沟通工具出现，总体上，网络氛围已经从精英转型草根，话语权逐渐掌握到草根手中，从娱乐需求转向多元利益诉求。一个不起眼的小人物，一个不起眼的小帖子，也能引起轩然大波。据 CNNIC(中国互联网络信息中心)报告，我国网络用户组成成分复杂，可分为政治利益诉求、情感利益诉求以及经济利益诉求等多种心态。

3. 策划网络事件必须具备专业的新闻素养

目前，受关注的话题越来越同质化。网络新闻是一种极其容易腐烂的物品，抢时间、抓内容品质是话题保鲜的最好方法。但信息传播借助科技手段，产品更新换代非常快，覆盖群体纵深发展，网站之间竞争激烈。以往的单向新闻传播路径(信息——媒介——受众)已经发生了改变，现在人人都既是传播者又是受众，人人面前都有一个麦克风。因此，策划者需要时刻保持职业高度敏感性，要在最早、最短时间内发现新闻，寻找最有爆发力的新闻事件，迅速植入客户产品和品牌信息。王老吉亿元捐款，就是在一个恰当的时刻抓住了千载难逢的机会。

4. 随时随地进行网络感觉的培养

很多策划者还处在闭门造车的阶段，拍脑门进行方案的撰写，从来不上微博，也不看微信。网络感觉需要随时随地进行培养，这种感觉在一定程度上犹如评估一条普通新闻对于网友潜意识的冲击，及网友面对此新闻的第一感觉。网络感觉和新闻素养是一个网络公关从业者的谋生手段。一个新闻工作者一定要具备杂文家的素质，能够从新闻背后挑出骨头，能够看出新闻背后的话题，做好新闻延续报道及深度报道。针对话题炒作，抛出话题仅仅是开端，后续的修剪非常重

要，如果没有良好的网络感觉，则在话题的延续和品牌信息的衔接上会感到很难，这也是很多看似漂亮的方案为什么没有达到预期的原因之一。

5. 需要经常性关注几个网站并且去钻研

百度搜索风云榜，百度新闻关键词，必定代表着当天互联网上最热的事件。天涯和猫扑，不仅需要看，而且需要经常去灌水和发表你的看法，一定要成为它们的资深用户和网友。要去新浪、搜狐、网易和腾讯的微博看看大家都在写什么，同时自己每周也写两到三篇。订阅《华尔街日报》、《联合早报》、《金融时报》和《财经》的新闻，看看这些新锐媒体都在讨论什么，它们的专业文章是怎么写出来的。对于任何一个网络热点事件，要及时进行跟踪，"外行看热闹，内行看门道"，要仔细研究每一个事件发生的来龙去脉，学习非常重要。

Section 7.5 成功案例——28 岁美女微信"摇"出 3000 万元

本节导读

　　本案例介绍的 28 岁的重庆美女文心鸟，是一款 APP 手机游戏"摇钱树"(Money Tree)的创始人。她打造出一种新型的端(商家)到端(用户)的广告模式，称之为掌心广告。在短短几个月时间内，"摇钱树"已实现收入 3000 万元，重庆的用户量已达 13.7 万人，还吸引到 4 家风投找上门来。

28 岁的重庆美女文心鸟，是重庆鸟鸟科技有限公司的老板，同时也是一款 APP 手机游戏"摇钱树"(Money Tree)的创始人。引人注目的是，这个 2012 年 12 月上线的 APP 手机游戏，同时号称打造的是一种新型的端(商家)到端(用户)的广告模式，我们称之为掌心广告。短短几个月，"摇钱树"已实现收入 3000 万元，重庆的用户量已达 13.7 万人，还吸引到 4 家风投找上门来。

玩微信玩出大商机

2007 年，文心鸟从重庆南方翻译学院英语系毕业，从事的工作与 IT 毫无关联。但是迷上微信聊天的文心鸟，发现摇一摇手机还能找到身边的玩家，这触发了她的灵感。"我手机里的软件不少，比如说丁丁优惠、大众点评、食神摇摇等，我突然想到，如果能把它们的功能集纳整合到一起，那就好了。"于是，她立刻熬了几个通宵，把这个创意写成了一份报告，并且开始寻找合作投资者。

3000 万天使投资来了

经朋友介绍，文心鸟联系上了重庆本地的天使投资人博恩科技董事长熊新翔。这是一家做传统软件起家的企业，并不强调公司控制权，而又极度认可新的互联网创意。当年崛起的重庆 IT 行业明星"猪八戒网"，找到的第一个天使投资人，正是熊新翔。

见面聊上数小时，崭新的创意和商业模式让熊新翔眼前一亮，7 小时后，他就决定拍板投资。随即，博恩科技与智慧力资本决定携手投资 3000 万元，打造一个全新的手机 APP。这笔资金将分 4 期注入，首期资金达 500 万元。

摇一摇就能中大奖

"摇钱树"APP 很快就被开发出来。用户免费下载"摇钱树"软件后，只要登录摇一摇手机，就能随时参与商家的广告摇奖，有机会获得商家提供的各种优惠奖品，还可以和好友进行赠送、交换，甚至买卖优惠券和奖品，用手机支付进行交易。比如你想到万达电影院看一场电影，在"摇钱树"里没摇到奖券，但你朋友有一张，就可以在"摇钱树"里通过短信直接点击联系朋友，谈好价格后用手机支付交易。这背后依靠的就是重庆第一张第三方支付牌照"易极付"的支持。此外，"摇钱树"还开发了许多有趣的功能，比如用户一直登录(包括后台运行)摇钱树 APP，有可能喜从天降，随机被后台系统选中中奖，而你的奖券如果在一定时间里忘了领取，好友还可以像网上偷菜一样把奖券偷走。对商家而言，他们把优惠信息通过奖品的形式放在"摇钱树"客户端，商家只用传统广告 1/10 的价格，就能把广告信息送达上万倍客户的手上。这款手机应用也做到了真正的双赢效果。

文心鸟表示，"摇钱树"已推出了 2.0 新版本，增加了 GPS 定位功能，让附近有优惠活动的商家都可以展示在地图上。同时"摇钱树"也开始在全国布局，正以 300 万元/年的价格招全国代理商，目前有川滇沪和澳门等 11 个城市签下了地区广告代理权协议。仅此一项，已入账 3000 多万元。

文心鸟的成功再一次向我们证明，微信蕴藏着巨大商机，也令我们更深信，微信真的可以赚钱，这样玩才能赚钱。

第 8 章

微信电商运营

本章主要介绍产品管理、财务管理、客户服务和物流配送等方面的知识，同时还讲解融合发展的相关知识。通过本章的学习，读者可以掌握微信电商运营方面的知识。

产品管理

> **本节导读**　产品管理是企业发展策略和经营思想计划的实现手段，是产品形象与技术高度统一的载体。微信店铺开起来之后，只有完美地对产品进行管理，才能帮助实现企业或组织价值最大化。本节将详细介绍产品管理的相关知识。

8.1.1　产品的选择

产品的选择决定销量和生意的好坏，这在很大程度上是必然的。对于天猫、淘宝这样的电商，只要选中市场上紧俏的产品，外加流量的推广，销量基本上是有保证的。但是做微信电商就不一样了。

这主要是因为平台属性不同。微信是一个社交性的平台，而淘宝、京东是一个功能性平台。消费者选择淘宝，是因为淘宝是一个购物平台，可以根据所需商品进行搜索；而对于在微信公众平台上卖东西的商家，消费者需要先关注，才可以看到商品。

基于微信平台的属性——社交性，微信公众平台必须要有吸引关注的能力，就是要定位准确，独具一格，如果做成像淘宝那样的杂货市场，即使拥有流量，也面临着转化率低的困境，所以，产品的选择是很重要的。

要对微信公众平台进行定位，这样才能留住一部分忠实的关注者，所以产品的选择就要与所运营的公众平台的个性或这个个性所吸引的粉丝人群的品位、喜好相匹配。

产品选择的主要流程可以分为"平台定位→群体定位→试点调研→主推选品→价格区间"。

下面将以电商"花木兰韩洪英"的案例来说明产品选择的过程。在网络推广中，各行各业都有较为适合的电商切入点和产品的选择方式。每个行业都需要结合自身的优势进行定位，然后再策划相应的推广活动。不是一步到位，也不是一朝成名，而是细心铺垫，稳步执行，最终才能迎来爆发。花木兰韩洪英的发展历程如下。

(1) 创立自己的内衣品牌秀姿美，首批皇冠，年销量上千万元。

(2) 接手宝轩黑茶全网代运营，发展 20 个全国分销商，销量 3 个月破 200

万元。

(3)　帮助俱乐部合伙人 1 天卖出 2 架飞机。

(4)　创立"斤面膜",微信上 1 小时卖出 200 斤,销售额 20 万元,后续销售超百万元。

(5)　订制高级服装,2 天狂销 1000 件,销售额超 200 万元。

(6)　通过分销代理模式,2 个月网络交易超过 3000 万元,创微信交易最高客单价 2000 万元(帝皇绿翡翠手镯)。

(7)　帮助多家企业实现微运营直接落地,销售额突破 3000 万元。

(8)　玩朋友圈一个星期促成 15 套别墅交易,价值上亿元。

选择的产品一定要有足够的吸引力,而选择的过程要有更详细的步骤、更合理的规划、更细致的安排、更有力的引爆,这才是网络营销和策划的核心。

秀姿美平台主要面对高端女性。女性的衣食住行在商城中都有相关品类的产品,但商城要推广必须精选出小类商品进行主打营销,快捷有效地锁定目标用户。经过一定的试调研和朋友圈的实践分析,该平台综合考虑后选出珠宝首饰、稀有彩色宝石类产品作为主打,最后将 80%的产品价格集中在 200~2000 元。

8.1.2　产品的展示设计

手机端产品展示和 PC 端产品展示的不同在于,手机屏幕更小,离人的眼睛更近,因此,产品的展示设计就要做到简、细、真。

(1)　简:简明介绍,简单扼要地说明产品的材质、属性、功能、特色,不宜过于累赘。

(2)　细:体现细节,产品的细节给客户更多的购买信心,也是产品优势的主要体现。

(3)　真:视觉真实,不需要做太多的渲染和加工,让产品显得更加自然,顾客所见即所得。

关联营销是一种建立在双方互利互益基础上的营销,在交叉营销(交叉营销是指把时间、金钱、构想、活动或是演示空间等资源整合,为企业提供一个低成本的渠道,去接触更多潜在客户的一种营销方法)的基础上,在事物、产品、品牌等所要营销的东西上寻找关联性,来实现深层次的多面引导。同时,关联营销也是一种新的、低成本的、企业在网站上用来提高收入的营销方法,有时候也叫绑缚营销。目前关联销售在很多店铺里面已经开始使用,即一个产品页面中同时放了其他同类、同品牌可搭配的关联产品页面。

1. 为什么要做相关商品推荐

商品详情是可能挖出金子的岛屿，当我们通过各种招式，终于让用户来到了商品详情页面时，时常却发现许多用户不会购买这个商品。难道让用户就这么流失？相关商品推荐的作用就是让用户继续逛下去，直到让他找到喜欢的商品。好的商品推荐，就是让用户不能停住脚步。

关联营销的关键就在于"相关"。例如，你走到一个牛肉泡面的货架前，拿起一包泡面仔细地端详起来，可能这个口味不喜欢，那么你可能从旁边的货架上找到其他口味；可能"康帅傅"的字样终于被你发现不对了，那么你可以在旁边货架中找到真的"康师傅"。前者是基于口味，后者是基于品牌。

2. 关联营销的几种方式

电商平台的推荐无非两种：一种是基于商品品类的推荐，一种是基于用户行为的推荐。其中，基于品类有两种方式：搭配相关和销售相关。

搭配相关我们都很熟悉，比如平时买衣服时看到的上衣和裤子的搭配，买手机时看到的手机膜和手机壳的搭配。那么销售相关是指什么呢？比如在网上买了件东西是不包邮的，但是往往会看到页面中提醒你还差多少就可以包邮了，这就是销售相关。在这种营销方式下，商品的出售概率也会自然上升。

另一种相关推荐基于用户行为，也就是所谓的大数据，即通过用户个人或者群体表现出来的特征进行推荐。这种方式，亚马逊用得可谓淋漓尽致。像"猜你喜欢"等功能，是基于用户的个人属性特征，比如年龄、性别、购物偏好、收入水平等进行推荐。不过，如果没有丰富的数据，普通的 B2C 根本实现不了这样的功能。但其实还有一些更简单的方式。最简单的莫过于"最近浏览的商品"模块，唤醒用户记忆，简简单单。还有"浏览该商品的用户还浏览了""浏览该商品的用户最终购买了"，这是基于群体的浏览行为；"购买该商品的用户同时还购买了"，这是基于群体的购买行为。推荐是一种有效的营销方式，但不能满屏都是，再者手机屏幕本就是方寸之地，放不下太多商品，多了就会影响用户体验。

下面来介绍推荐商品的分类，推荐商品可分为同类商品、补充商品和友好商品。

一件衬衣的商品详情页中，推荐了另一件衬衣，这是同类商品；推荐了一条皮带，就是补充商品；推荐了一支钢笔，则为友好商品。一般来说，"同类商品排行榜""浏览该商品的用户还浏览了""浏览该商品的用户最终购买了"，推荐的往往是同类商品；"相关搭配""购买该商品的用户同时还购买了"，推荐的是补充商品；"猜你喜欢"之类的，推荐的是友好商品。

财务管理

本节导读　　财务管理是组织企业财务活动、处理财务关系的一项经济管理工作。本节将详细介绍支付方式的选择及申请、成本的核算等方面的知识。

8.2.1　支付方式的选择及申请

提到网络支付，很多人会想到的是支付宝，但是由于腾讯与阿里巴巴是竞争关系，微信电商不能选择支付宝账户，而要选择微信支付或者其他与腾讯合作的第三方支付平台。下面将详细介绍微信支付的相关知识。

2014 年 3 月，微信正式推出微信支付，除了要求商家缴纳 2 万元的保证金外，还有对行业的限制以及 0.6%的手续费，目前只有已经通过微信认证的服务号才可以申请。具体的申请流程如下。

(1)　商家在注册账号时申请为服务号，然后申请微信认证。

(2)　准备商户资料、业务审核资料、财务审核资料，签署腾讯的承诺函。

(3)　开始开发工作，签订电子合同。

(4)　缴纳保证金，申请全网发布，售卖商品。

关于更详细的信息，商家可以访问微信公众平台进行查看，网址为 http://mp.weixin. qq.com。

8.2.2　成本的核算

成本是所有微信电商都关心的。电商的成本主要包括 4 个方面：平台固定成本、运营成本、货品成本和人员成本。

1. 平台固定成本

平台固定成本(Rental Cost)属于电商运营的基本建设成本，包括微信商城的技术服务费用，以及微信支付的保证金费用。

2. 运营成本

运营成本(Operating Cost)属于电商运营的扩展建设成本，可以划分为硬运营成本和软运营成本。

(1) 硬运营成本：指的是电商运营中所需要的一次性或稳定固定额度的硬件或后端软件的成本，如 CRM 系统、ERP 系统等软件或打印机、扫码枪等硬件购置成本。

(2) 软运营成本：指的是电商运营所需要做的推广投入，如定期发起的微信活动或者广告投入等。

3. 货品成本

货品成本(Goods Cost)属于电商运营的核心元素成本，主要包括货品净成本、库存积压成本、仓库管理成本、货品残损成本等。

4. 人员成本

人员成本(Personnel Cost)属于电商运营的支撑元素成本，主要包括员工成本、场地成本、管理成本、办公设备成本等。

下面将以一个例子来说明如何计算成本的投入。

某品牌拥有 5 款单品，产品均价为 105 元，产品均净成本为 65 元。这些是基本信息，下面是我们需要计算的总成本。

根据行业数据分析，此类产品日均销售 30 单，产品的稳定生产周期按 1 个月计算，此时微信商城以及其他软件费用为 12000 元左右，平均 1000 元/月。

(1) 硬件成本：电脑、办公桌椅等，平均 2000 元/月；打印机设备、办公耗材等，1000 元/月。日常推广成本，5000 元/月。

(2) 3 万元的备货(备一个季度的销售量)，800 元的货品损坏成本，1 万元的库存积压的存储成本，2000 元的仓库管理成本。

(3) 人工成本：包括视觉设计、活动策划、客服人员、售后人员等，费用 2 万元/月。

(4) 租金成本：3000 元/月。

(5) 所有成本共计：7.48 万元。

(6) 其他开支(包括微信支付成本)：2 万元保证金。

这里的固定费用是按照年进行计算的，货品费用是根据生产周期和行业的习惯周期进行计算的，是保证品牌进入销售阶段及政策启动经营所需的预备资金。货品部分所需资金是活动流转资金。

按照这个微信商店的经营数据计算，此店铺的月销售额=105×30×30 元=9.45 万元，每个月的总成本是 4.48 万元(总成本减去备货和库存积压)，利润是 40×30×30 元=3.6 万元。这里还需要考虑其他的一些费用，如包装的成本、运费和管理成本等。

此数据充分表明这项经营处于硬亏损状态。如果这家微信店铺要盈利，需要做的是，在开始规模小的时候，减少硬件投入和人员成本，可以考虑将部分业务分包；提升每月的推广比重，可以做些活动，这时引流是最直接的手段，可以有效提升销量。总体而言，很多固定费用是存在的，所以要提升销售量，以提升微信店铺的盈利能力。

从这些数据可以推断出，当推广系数增大、经营规模增大时，固定成本的投入占比基本不变，而规模效应则会变得越来越明显。

以上成本计算方法可以帮助电商预估投入，不过不同的产品有不同的环境和要求，一些计算参数会发生变化，微信电商的店主可以根据自己的情况进行测算。

Section 8.3　客户服务

本节导读　客户服务工作是企业产品销售的延伸服务，是完善产品性能、满足客户第二需求的有效途径，也是提高公司品牌的重要途径。本节将详细介绍微信电商的客户服务的相关知识。

8.3.1　客服任职基础

基于公众平台打造的电商要有自己的品位、风格，不仅产品如此，背后的运营人员更应该符合产品的特点。所以客服的服务不单代表着产品，还是一种品味的交流。甚至有的时候，客户不仅仅是在上门卖商品的时候才需要服务。任何时候，粉丝都会与你交流，因为在他们的心目中，你不是一个老板，你与他的交流也不是以利益为目的，你是他身边的一个朋友，一个懂他、理解他、支持他的人。他和你拥有一样的世界，一个只有你们才懂的世界，所以他很依赖你，也许还会不停地和你说些无关痛痒的话。对于这样的客户，客服可能会觉得很累，但是想想这样带来的成交率的提升，也算是苦尽甘来。微信的客服很重要，说是灵魂也不为过。粉丝经济不可能只依靠优质的商品来维系，客服的服务也是必不可少的成功因素。

8.3.2　在线客服文字沟通技巧

淘宝网每年的销售额很高，很大程度上是因为很多礼貌用语使顾客对商家产生亲切感。礼貌的对话是高质量服务的前提，但应避免落入俗套，一味地套话并不能缩短商家和买家的距离。客服要真心地为买家解决问题，这是俘获买家芳心的最好办法。微信对客服的要求更是严格，因为客服面对的大部分客户都是回头客，甚至是朋友，遇到这样的客户，不妨说话方式平常一点，可以带点生活上的小插曲，提出的意见一定要中肯，还可以在节假日时以朋友的名义送出祝福。一定要注意的是，微信客服要尽量少推荐产品，如果这个商品一点不符合买家的要求，买家就认为你不懂他、不了解他，甚至认为你只是一个过路的商家而已，不会持续关注。

要想解决客户的问题，仅仅解释和抱歉是不够的。通常而言，买家咨询时往往带着困惑，此时客服就要察言观色，及时为买家提供对策和解决方法，要让客户真正体会到"客户至上"的感觉。

8.3.3　在线销售型客服的必备条件

在线销售型客服的工作宗旨在于卖出产品，服务好客户。本着这两个宗旨，在线销售型客服必须满足以下几个条件。

(1) 热爱本行业，对电子商务有一定的理解，大体了解电子商务的发展方向和前景。

(2) 具有相关技能，具有一定的营销技巧，熟悉电脑基本操作，打字速度较快(1分钟50字以上)。

(3) 要有较强的心理素质，不要因为成交而洋洋自得，也不要因为不成交而郁郁寡欢。面对每一个客户都要本着乐观向上的态度，不要因为你的情绪影响到顾客的心情。

(4) 要有较高的职业操守，工作时一定要认真、仔细，不能玩忽职守。

(5) 要熟悉网络支付功能，如果有客户在支付上出现了问题，客服要及时解决，指导客户正确支付。

8.3.4　售后客服工作细则

售后客服是必不可少的人员，不要认为把东西卖出去之后就跟客服没有关系了，某些情况下，售后客服的工作要比售前客服的工作更重要。售后客服的工作主要包括以下几条。

(1) 对客户进行定期回访，记录客户反应的问题和客户对商家的建议，及时解决客户提出的问题和要求。

(2) 处理客户投诉，并把问题汇总上报给相关的负责人。

(3) 网购之后，盼望看到货品是每一个买家的心理，所以客服一定要告知发货。

(4) 预计快递到达后，联系买家问其是否收货。如果没有正常到达，查一下快递情况，即使有延误，对于这样的服务，相信很多买家都会谅解。

Section 8.4　物流配送

本节导读　物流的发展伴随着电子商务的发展而进行，多年来物流行业给人们带来了很大的便利，在电子商务企业和消费者之间起到了良好的衔接作用，承上启下。经过这些年的发展，电子商务物流配送也拥有了它自己独特的魅力和体系。本节将详细介绍物流配送方面的相关知识。

8.4.1　第三方快递的选择

对于网络购物，物流是一个不可避免的重要问题，物流速度的快慢、服务态度的好坏也会影响店铺的生意，因为在用户的意识里，快递公司和快递员与商家是紧密相关的。因此，找一个好的快递公司就变得异常重要。

1. 快递公司的选择

根据产品的情况，先多选几家快递公司，经过一段时间的合作，再确定长期合作的公司。选快递公司时一般要注意以下几点。

(1) 发货速度：选择发件速度较快的快递公司，客户付款后都希望早点儿看到货物。

(2) 快递价格：不要选价格最低的(除非谈得好)，一般价格最低的快递公司在服务方面会打折。合作时间久了，单子多了，才有资本谈合适的价格。

(3) 如果价格都差不多，就对比谁的服务好。服务态度好的快递自然更受客户喜爱。

2. 快递收件员的选择

要选择比较老练的收件员，这一点很重要，那些经验不多、工作不认真的快递员，做事不负责任，一旦出事就会推卸责任，可能在收件发件时出现快递损坏等意外。同时必须让收件员知道你是做微商的，以后会有很多业务，这样快递公司会觉得你是一个大客户，出了状况也会帮你一起解决。

3. 快递公司的询价

首先必须了解每家快递公司的邮费折扣，可以多咨询一些同行，将一家快递公司作为重点，但也要选择一两家作为备用。

可以制作一张报价表格，填入自己能够承受的范围以及快递公司能接受的范围，针对各个快递公司分别制作出一张报价表格，填上快递公司的名字，与快递公司进行沟通，并出示此表格让他过目，而且必须说明你是微商，这是之前在其他地方得到的报价。如果快递公司说没问题，那你的主动报价就成功了。如果有问题，那就要咨询大概价格是多少，一般快递公司不会乱收邮费，因为他们知道乱报价会失去客户。报价收集完毕后，进行对比并选择合适自己的快递公司。

通过以上筛选之后，基本上可以选出 1～3 家适合自己的快递公司，选择你觉得最优秀的一家作为重点对象，其余作为备用。

4. 做好快递跟踪

发货后的快递跟踪是很重要的，必须每天抽出一些时间查看快递情况，比如货到哪了、是否签收等。在预计情况下没有签收的要联系快递公司，看看是否在运输途中出现问题，比如收货人搬家、写错地址等，导致成为疑难件(发货前应提前确认好)。在这种情况下，如果快递公司联系到了买家，一切都好说；如果联系不到买家，就要及时与快递公司和买家联系，以免买家因为自己的原因而把怨气撒到你身上。这个步骤应主动些，等到客户来质问"我的包裹怎么还没到时"再去解释可能就容易起争执。一个优秀的微商都是从细节上体现出来的。

有时还会遇到快递被代签或者草签的情况，卖家往往不会在意这种情况，觉得快递反正被签收了，买家肯定是收到了。但是有时候买家并没有收到货，也许是同事帮忙签收后忘了告诉他，这种情况下他可能会认为是你的问题而怪罪于你，即使这不是你的责任，但当买家没有发泄渠道时，你也只能默默忍受。所以在看到物流跟踪显示快递已经被签收之后，应主动询问买家是否已经收到货，以示关心。

5. 快递员跟买家闹矛盾

快递员跟买家闹起矛盾来怎么办？这种情况是常有的，这时候绝对不能推卸责任，也不能偏袒任何一方，而要做个和事佬。首先，你的货还在快递员手上，如果闹僵了，货送不到；另一方面，如果买家变卦不要货了，或者买家收到货后不满意，最后都会惹火上身。所以，当这种情况出现时，必须想办法处理好两者的关系。有的卖家觉得应该讨好买家，帮买家把快递员痛骂一顿，但这样快递员的服务会更不好，买家还是不如愿，反而让事情更加恶化，最后的恶果也要卖家自己承担。而且卖家与快递员也是长期合作的关系，对快递员的态度也应该友善一些。

8.4.2 货物包装的特点

细节决定成败，独特的包装不一定能成就卖家，但成功的卖家在包装上肯定要下功夫。比如，可以把自己的二维码附在包装上，这是推广自己时再超值不过的方法了，用户扫一扫便可以抽奖，还能得到优惠，不仅可以拉回头客，还可以拉来新客流。

包装具有超值性。所谓超值性，就是产品经过包装后效果超乎顾客的意料。包装时可以赠送一些辅助用品，例如有的卖家在卖手机时可以赠送手机链，卖瓷器时可以赠送当地一些廉价却古色古香的装饰物等。如果随便用报纸包装产品，当买家拿到货品时也可能因为心理感受不好而造成负面的评价。尤其对于女性消费者而言，除了商品本身的完整性之外，包装精巧的商品必然能博得她们的喜爱。用干净整洁的牛皮纸袋取代透明塑料袋，用小盒子取代塑料封口袋，马上就能提升商品的价值感，让买家觉得超值。

外包装要包得结实，边缘要包得特别牢固，千万不要只想着节省那么一点胶带费。棕色的封胶是最结实的，透明的玻璃胶就不太牢固了。在箱子上贴上自己的店名或昵称，可以让买家记住你。再有就是在箱子里放张祝福的卡片或纸条，显得很人性化，可以给买家留下好印象。

外包装一般有以下 4 种。

- 纸箱：这是使用比较普遍的一种包装，其优点是安全性强，可以有效地保护物品，需填充一些报纸或纸屑来对外界冲撞产生缓冲作用，缺点是大大增加了重量，运费也就相应增加了。
- 布袋或编织袋：寄包裹可以用袋装，常用材料有棉布和尼龙，最好能够防水，但只能自己缝线，比较麻烦，而且要找粗一点的针线才牢固。

- 泡泡袋：其优点除了价格相对较低、重量轻之外，还可以比较好地防止挤压，对物品的保护性相对比较强，适用于包装那些本身有硬质外包装(如礼盒、光盘盒)、体积较小、扁平形状的物品。
- 牛皮纸：其优点和泡泡袋差不多，就是防挤压性较差，适用于包装那些本身有硬质外包装(如礼盒、鞋盒)、体积不是特别大的物品以及比较厚重的书籍。

快递公司对包装无特殊要求，但是邮局对自备纸箱则有以下要求。

- 箱体必须结实，不容易破损。
- 箱体外表不能有与双方地址资料无关的图案和文字。
- 箱体必须能方便邮局盖印章并且不会掉色。
- 纸箱的基本尺寸要求是长、宽、高之和不少于30厘米。

还有一些特殊商品对包装有以下要求。

1. 容易脏污的商品

容易脏污的商品如精品衣服、皮包、鞋子等。这类商品包装可以用不同种类的纸张单独包住商品以防脏污，像牛皮纸、白纸等。如果使用报纸的话，记得里面要加一层塑料袋。遇到不规则商品如皮包，可用胶带预先封口并用纸包住手提袋并贴胶带固定以减少磨损的可能。寄衣服时要先用塑料袋装好，再装入防水、防染色的包裹里。用布袋寄服装时，使用白色棉布或其他干净、整洁的布感觉最好。

2. 香水液体类商品

化妆品大部分是霜状、乳状、水质，多为玻璃瓶包装，因为玻璃的稳定性比塑料好，化妆品不易变质。但这一类货物也一直是邮局查得最严的，因为它在物流运输途中最容易引发货物泄漏事故，所以除了包装结实确保不易破碎外，防止渗漏也是很重要的。邮局对液体物品有专门的邮寄办法，按照规矩应该是用棉花裹好、用胶带缠好。一定要在封口处用透明胶带绕几圈，让邮局人员觉得一定不会外漏，然后再用较厚的棉花整个包住，最后再包一层塑料袋，让他们认为即使漏出来也会被棉花都吸住并有塑料袋作最后的保障，不会流到纸盒外面污染到别人的包裹。至于香水包装，可以到五金行或是专门的材料用品商店买几大卷透明的气泡纸，在香水盒上多裹几圈，然后用透明胶带将其紧紧封住。为了更加确保安全，最后再把裹好的香水放在小纸箱里，可以象征性地塞些泡沫块或报纸。

3. 易碎商品

易碎商品的包装材料可以使用气泡袋、报纸、泡沫、纸箱和胶带。一般都是少量商品的包装最容易，先将商品用气泡袋裹三层，这个主要是为了防止商品遭受挤压；再将气泡袋裹好的物品用胶带绑紧，让商品不会动摇，这个主要是为了防止运输途中商品和商品之间的摩擦，如果没有绑好，两个商品之间的摩擦可能就会致使商品刮花碎裂。然后将泡沫割得和纸箱一样长，厚度在 2.5～3 厘米左右，放在纸箱的底部和侧面，再把整张报纸用手揉成一团，多放一点。之后把商品放进去，边上都塞紧，最上面再放几团报纸和一块和纸箱口一样大小的泡沫。最后用胶带封好。这样就算是让快递员稍稍地扔几下也不会有事。

如果选用的是外买的标准包装，比如邮政纸箱或者专用的购物礼品袋等，那么无疑成本会有一定的上升，但是，我们也应该看到，一个好的包装对于商品运送过程中安全性的保证，以及对于商品、店铺的档次和形象提升会起到不可估量的作用。

Section 8.5　融合发展

> **本节导读**　在电商迅猛发展的新形势下，微商如何抓住机遇，主动变革，顺势而为，如何进行融合发展，可以说是当前微商急需解决的问题。本节将详细介绍融合发展的相关知识。

8.5.1　与淘宝、天猫的融合方式

淘宝商城是阿里巴巴集团投资创立的亚洲最大的电子商务购物平台，它成立得比较早，以免费入驻、运营成本低等特点吸引了大量的公司和个人在淘宝开店，自己上货、自己经营、自负盈亏。对卖家来说，不需要雇用太多员工，在很大程度上降低了成本。对消费者来说，淘宝最大的优点就是产品样式多，可以选择各种各样的东西。

但是，淘宝也有缺点。对于店主来说，产品推广难，无宣传就无点击量，阅读量上不去，产品就卖不出去。对于消费者来说，看不到实际的商品难免有疑虑，因为虚拟世界存在着很多虚假的东西。

淘宝也在向移动端发展，而且淘宝购物已经成为大部分人的习惯性购物方

式，特别是在三四线城市，人们都喜欢在淘宝上买东西。

天猫平台也是阿里巴巴投资的商城，它主要的服务对象是大型卖家和部分品牌商家、代理商、经销商，将淘宝品牌价值和品牌意识提高到新的水平。在天猫上购物，产品品质得到了很好的保障。天猫整合了数千家品牌商、生产商，入驻者必须为企业，个人不得申请。它为消费者提供了一站式的解决方案，对于售货方来说，天猫不显示信誉，只显示已售件数，所以不会受到信誉的干扰。天猫更值得消费者信赖的是其强制执行消费保证，先行赔付，这样保证了消费者在网上购物的零风险。

天猫的缺点是，用户很难在其中找到差评，久而久之信用体系就会被削弱。企业如果开有淘宝或者天猫店，应考虑如何与现在的微信商城有机融合，在竞争中发展，在发展中融合。阿里巴巴和腾讯现在水火不容，各自屏蔽了对方的业务体系，使得同时拥有淘宝、天猫、微信商城的商家左右为难。对此，企业管理上可以由一支团队管理，也可以分开管理，或者是以大带小，因为有的产品适合在淘宝上卖，有的适合在天猫上卖，有的适合在微信商城上卖。目前，淘宝、天猫在电商界如日中天，而微信电商还有待发展壮大。

企业可以在部门设置、财务费用、产品管理、仓储物流、售货服务等方面进行有机融合、有机分配，利用产品自身的特点进行优化选择，在各个电商平台上进行有效的管理和运营。比如，可以把淘宝上的用户数据信息倒流回来，还可以进行支付端口的数据信息倒流和广告倒流。利用自媒体宣传和其他网络宣传，包括跟其他商家的捆绑销售，把这些客户倒流到当前的平台上进行维护、交互，实现二次销售，甚至多次销售。

8.5.2　与京东、苏宁等商城的区别和融合方式

京东商城是中国最大的自营式电商企业，2014 年 5 月跃升为仅次于阿里巴巴、腾讯、百度的中国第四家互联网上市公司。京东的服务模式是自己进货并配送商品，是典型的 B2C 模式，这也是京东和其他商城相比最大的优势。有一些商品标有第三方配送，实际上是卖家在京东购买了相关的网页进行产品销售，使用京东的物流发货。

京东商城的特点是快递服务做得比较好，京东商城的产品比淘宝贵，但是质量都有保障。2014 年腾讯入驻京东，实际上是强强联合的全面战略联合，二者的物流业务将在未来深度合作，并共同谱写电子商务的新篇章。

在京东和腾讯基于优势互补共同搭建的新舞台上，所有腾讯电商将站在一个更高的起点和更大的平台，服务更多的客户，创造更大的价值。京东获得了微

信、手机 QQ 的入口，将构建行业中最完善的电商商业圈，从而覆盖更多的用户群，并为合作伙伴提供量身定制的解决方案。

苏宁商城是苏宁云商集团股份有限公司投资设立的，苏宁是中国商业企业领先者，经营商品涵盖传统家电、电子、百货、图书等。线下苏宁实体店有 1600 多家，线上苏宁易购位居国内电商 B2C 前三名，线上、线下融合将引领发展的新趋势。苏宁的优势是它的线下实体店，经营多年且拥有雄厚的物流仓储、实体店倒流功能。

微信电商与这类商家融合时，如果商品在京东、苏宁上销售，自由的微信电商也销售，就应该采取一定的营销策略。团队是否分开，财务、产品、物流、售后服务等是否按照各自电商平台的属性进行分别管理，这些将取决于企业的规模和企业的层级管理。

但是，企业面对的客户都是同一批客户，大的商城有足够的流量与信誉，每天流量非常多，微信商城还处于开发、应用阶段，目前最大的问题是没有流量，没有人来询价或购买商品。因此，还是以京东商城或者其他商城上的产品销售为主，然后通过包装、售货服务、支付等途径进行客户数据收集，利用自媒体宣传实现倒流关注，把现有的客户和边缘的目标客户吸引到平台上，让他们成为产品的铁杆粉丝。

8.5.3　与自营电商的融合方式

电商营销、电商成交的电子商务平台，可以分为企业自建自营、代运营、部分代运营三种模式。在以往的电商平台竞争中，很多企业都建有自己的平台。企业自营的电商平台就是企业在网络上建造的销售平台，大部分在 PC 端运营。现在要转型为移动电商，又建了微信电商平台，那么怎样处理这些平台呢？这要视市场的竞争力和产品的售卖率来决定是关停并转还是继续发展。

微信电商平台跟企业自营的电商平台之间的关系就是互相宣传、互相倒流，将 PC 端商城积累下来的粉丝客户逐渐过渡到移动电商端，把微信电商做强做大，集中精力把 PC 端的商城顺利转型为微信电商商城。

总之，在企业自营的电商平台与微信商城的发展融合中，要充分发挥企业在 PC 端原有商城的品牌、客户积累、客户购买习惯的优势，再结合微信电商的自媒体、社交化电商的属性和移动化的属性，将产品在两端充分延伸，不断地把客户倒流到自媒体中，不断地购买商品并分享，成为迭代产品最好的试货源。

8.5.4　与传统实体店的融合方式

随着移动互联网的蓬勃发展和微信社交属性的深入人心，很多实体门面店的老板都在跃跃欲试，要做微信电商。如果上了微信电商这个平台，则要十分珍惜线下实体店的功能，因为当今非常流行的 O2O 模式就是让客户来线下体验，线上支付购物，把线下的客户倒流到线上购买，再把线上的客户倒流到线下来体验。

企业如果以线下实体店为依托开展微信电商活动，一定要注意以下三个方面。

(1)　应发挥实体店地理位置和人员流量的优势，把原来积累下来的客户不断倒流到微信电商和自媒体上。

(2)　要发挥微信电商的社交属性和移动属性。让门店发挥巨大作用，划定出地理限制位置，与客户在虚拟空间上进行互动、交流，最大化客户价值。

(3)　要清醒地认识到，要把线下实体店变成产品的交互场所，让顾客到店里购买你的产品，并提出产品改进方向，把顾客黏在自媒体平台和线下实体店中，让他们参与整个产品的设计、生产、售卖以及改进、迭代的过程。

总之，线下实体店老板做微信电商要先从互联网基因和互联网思维入手，这样才能充分发挥线下实体店和线上虚拟店各自的优势，把企业经营好。

Section 8.6　运营经验

本节导读　　通过本章的学习，读者基本可以掌握微信电商运营的基本知识。本节将详细介绍一些运营经验，以达到巩固学习、拓展提高的目的。

8.6.1　中小企业电商如何做好成本控制

电商企业成本控制中比较重要的一块是如何控制营销推广费用。要想用较少的运营推广费用取得不错的销售业绩，第一要爱惜品牌，第二要接地气。

有多爱自己的品牌，电商企业的成本就能节省多少。一般大集团内部是跨部门合作的，电商渠道属于电商部，传统渠道属于督导部，广告属于策划部。大多数企业对于 P4P(P2P 技术的升级版)和 CPM(每千人成本)广告需求很强烈，P4P

及其相关的关键词必须摆在前三位，不管单次的 CPC(每次点击付费广告)是多少；CPM 广告要求每天必须要有，不管是首页焦点还是一屏通栏。长此以往，企业的结果可想而知，就是硬亏损。每个月 200 万元左右的广告费甚至不能换来 200 万元的销售额。虽然这个例子比较极端，但是确实是很多大集团的问题：员工们其实没有很爱他们的品牌，只是为了完成自己部门的 KPI(关键绩效指标)。

第二是要接地气。举个例子，很多小企业抱怨小品牌在天猫运营，运营成本、人工成本日趋上升，品牌商的毛利越来越低，赚不到钱。目前很多品牌所做的模式都不能顺应成本日趋提升的大环境，因此生存情况不如预期。企业可以考虑做渠道的创新和新媒体下的精细化运营，提升品牌整体调性，然后反过来做平台类推广，同等投入下会产生出更多的回报。

例如，如天猫这样受用户信任的大平台营销成本高，那么企业的宣传可以在其他渠道做，其他渠道的营销成本不一定高，但其他渠道用户没有信任度，就算获得曝光，最后也不一定成交。如果把二者结合起来，就能做到控制成本。很多企业已经在用微博、微信、SNS 的推广，最终引导客户到天猫这种平台上成交，这种小尝试比较容易获得利润并控制成本，这都是接地气的做法。

8.6.2　如何增强在线客服的沟通技巧

网上购物和实体购物不同，实体购物可以接触到事物，可以亲身体验，但是网上购物摸不到、看不到，那是什么原因让买家决定购买你家的产品？作为与顾客沟通的第一桥梁，客服起着非常关键的作用。

下面将详细介绍在线客服的沟通技巧。

1. 沟通的及时性

何谓沟通的及时性呢，简单来说就是在买家想咨询卖家店内的商品时，能够及时联络到各位在线客服。作为专职的在线客服，或者是在线时间长的在线客服，及时性一般都是可以保证的。只要有客人联络，首先应该赶紧回复，哪怕只是回复一句"你好"，都会让客人有心安的感觉。关于这一点，还要补充的是，如果客服真在线，请迅速回复，这里面就有点技巧性了。有的客服打字并不快，那么建议尽量多设置一些常用语言，或者分几条打出你的内容，还可以事先准备好一些常见问题的答案，需要时进行复制。作为买家，只要信息滴答滴答在响，就会觉得卖家很热情，有很被重视的感觉。

2. 沟通过程的关切度

在线客服并不只是简单地回复客人的问题就行，很多买家在购物过程中，就曾因为卖家在线客服的关切度不够、不够热情而打消了购物的念头。卖家在线客服一定不能觉得烦，因为买家看到的只是商品的图片，在完全没有看到实物的情况下，有针对性地提出一些问题是很正常的，在线客服应该给买家好好地介绍清楚。毕竟有些买家，特别是新手买家，并没有好好看商品说明的习惯，有些东西即使他们不问，在线客服也应该要解释清楚。比如卖家是做服装生意的，那么往往衣服上都要自己搭配些饰物，有很多买家看到图片后，先入为主地以为衣服上的配饰也是包含在内的，如果不解释清楚的话，买家收到商品后就会找你理论了。

还有些买家仅仅是抱着试试看的心态跟卖家进行交流的。这种情况下，有些卖家在线客服感觉到了，就没有对其给予很好的关注。其实这部分人还是可以通过沟通达到成交的，因为他们并不是完全不想买。虽然商品说明已经很清楚，卖家在线客服还是应该再重复为买家解释清楚，比如质地、做工以及价格等。如果买家没有明确的反应，还可以问问看需不需要再推荐其他几款非常不错的商品。这时，如果买家愿意继续听在线客服的介绍，那么就有成交希望了。

3. 沟通的技巧性

技巧性是非常关键的，往往决定成交是否能够达成。通常情况下，最终没有达成交易的关键点往往就是价格、质量和服务。很简单，就是缺什么补什么。如果买家觉得价格贵，在线客服一定要更耐心地说明一下商品的材质等方面的优点，这时，质量及服务方面就是你的侧重点。当然，能给客人适当折扣的话更好，如果买家收到东西后觉得超值，下次一定会再来光顾。如果实在不行，在线客服可以用比较法，用产品来说话。质量和服务方面同理。

4. 沟通的专业性

专业性也是非常重要的一点。首先，要拿出在线客服的专业精神及良好的职业道德出来。对新客人尽量多用敬语，这样能很好地体现出你作为专业在线客服的良好品德，买家也相对放心。其次，就是要对自家店内的产品具备一定的了解程度及相关的专业知识，这可以帮助买家更清楚地认识产品，使买家更信赖你。

5. 成交后的确认工作

有些卖家在线客服在买家付款后就像鸟儿般飞走了，对买家不闻不问。其实，在买家付款后，在线客服应该再跟买家确认一下快递地址及联络方式，确认你使用的快递公司能够到达买家地址。确认清楚后，明确告知买家，配好货后何时发件，并在发货后提供快递单号给买家。

8.6.3　娱乐行业的微信营销策略

随着电子商务和网络营销的崛起，娱乐行业的商家们也开始喜欢上了网络营销。特别是在 2013 年 7 月，当全国微信用户已经达到 4 亿的时候，各个娱乐行业的老板们开始更注重微信营销了。娱乐行业是一个各具特色的行业，微信营销对其显得十分重要。

某 KTV 店通过微信营销赢得了很多客户，是娱乐行业内使用微信营销的一个成功案例。下面将详细介绍它是怎么运作的。

这个 KTV 的微信公众号经常会与粉丝进行一些有新意的互动，比如，通过回答问题、做小游戏等给粉丝带来不同的体验，如果粉丝回答得好，还会得到 KTV 的优惠券。这样一来，不但提高了粉丝的黏性，还可以更好地让粉丝去宣传该 KTV，达到口碑营销的良好效果。比如该 KTV 的微信账号设立了"K 歌达人"板块，粉丝只要根据提示唱出一小段歌词，连续答对 5 题，就可以获得该 KTV 两小时的免费包房优惠。当然也有些粉丝不一定全都能答对，但只要答对两题，便可获得该 KTV 提供的免费饮料若干或者代金券。

这样的微信营销方式很容易就会形成一定的影响力，一个粉丝通过这样的方式获得了优惠，那么他一定会向他的朋友推荐和扩散该 KTV 的微信公众号，从而一传十、十传百，很快就会扩大它的消费群。这对 KTV 来说，既提高了利润又得到了很好的宣传，可以说是一举两得。当然，随着微信新版本的发布，很多 KTV 在微信营销上还会更积极地与粉丝互动，了解粉丝的需求，甚至会将粉丝预订的房间图片在第一时间发送过来，直到让粉丝满意为止。此外，KTV 的微信公众号还可以利用"附近的人""摇一摇"等功能来向附近的人发送 KTV 的最新优惠活动，让更多粉丝加入到这个娱乐活动中来。

上面介绍的是 KTV 的成功案例。在娱乐行业中，很多商家都可以利用这种方式来扩大自己的消费群。比如电影院，可以开通微信公众账号，向关注者发送电影院的最新优惠券；还可以实现在线选座支付，这时，粉丝可以直接在线支付，无须去电影院排队选座，以免错过最佳位置和电影。当然，电影院商家也可以利用给粉丝设立小问题的方式来让粉丝赢得优惠券。

知名的游戏平台 31wan 也早已开通了微信公众号，并且通过增加线下的地面二维码等方式累积了大量的粉丝。目前，31wan 的微信公众号不但有了大量的"铁粉"，而且还通过这种微信营销取得了前所未有的成功。可以说，31wan 也是娱乐行业微信营销比较成功的一个。当然，健身房、休闲书店、游泳馆、瑜伽中心、唱片店等都可以利用这种微信营销方式来为自己拉拢客户，赢得粉丝，扩大自己的消费群。

8.6.4　服装行业的微信营销策略

在服装行业，虽然随着网络店面的火爆，很多商家看中了阿里巴巴的淘宝网、天猫，而且很多品牌服装也都依附于一些大型的网站进行销售，但是如果没有一个好的营销方式，那么也未必会吸引到消费者。而随着微信营销时代的到来，很多服装行业的企业也都开始青睐这种营销方式。但是在营销上，服装行业必须要找到符合自己的营销融合点，才能避免被淘汰。

最先在微信营销这块土地中开辟空间的服装行业企业其实也有不少，比如凡客诚品这个被大众所熟知的潮流品牌。如今，凡客诚品在网络上的走红已经人尽皆知，包括凡客的广告"凡客体"也成为很多年轻人热衷的新生词语。当然，最吸引人们的还是凡客诚品的服装物美价廉。很多年轻人只需要花费几十元钱就可以买到称心如意的潮流 T 恤衫。而且凡客诚品的物流运送也十分方便快捷。而这样一个店居然没有实体店，其靠的就是网络来进行推广营销。网络营销是凡客诚品的一大特点，不管是搜索引擎、游戏植入还是视频，凡客诚品都不会放过。而随着微信营销的火爆，凡客诚品当然也不会放过这一块"肥肉"。

用户只需要绑定在凡客的账号，就可以轻松进入凡客商城，享受微信带来的便捷服务，不但可以通过微信快速查询物流位置、送达时间，还可以获得凡客最新的优惠活动。

在凡客诚品的微信公众号上，用户还可以快速享受到凡客微信为他带来的尊贵享受：手机购物、促销推荐、快递查询、秒杀团购、购物车等。通过微信在线支付，用户在凡客诚品商城随时随地愉快购物，省去了很多麻烦。而且在微信上，凡客诚品的客服人员还会与用户进行一对一的沟通。

这样一体化的服务，让凡客诚品的公众号粉丝达到了百万，而且这些粉丝大都是喜欢凡客精神的年轻人。他们年轻勇敢，喜欢挑战，热爱交友，也会将凡客的微信公众号推荐给自己的好友。这样一来，凡客诚品的营销就做到了恰到好处。

而与之相比较，另外一家叫作季候风的女装品牌也在微信上火热营销，同样取得了不错的成绩。打开季候风的官方公众号，你会发现这样一幅清新如画的风景，如图 8-1 所示。

单是这个画面就能够让人们眼前一亮。这样一句"欢迎光临季候风"，仿佛邀请你进入了爱丽丝漫游的仙境之中。在海边沐浴阳光的同时，你的心情也一定是爽朗的。当然，这主要归功于季候风服装的微信营销创意。如此诗情画意的情景，难免会让人们想去点击。

图 8-1

点击下面的【在一起】或者【谈谈心】按钮，会出现一个面板，里面有很多有意思的内容。在【在一起】板块中，如果选择【明星童照猜猜看】选项，那么只要登录，就能看到很多大牌明星小时候的样子，可以让你在微信中感受到轻松愉快的氛围，同时也迎合了广大女性消费者对八卦、娱乐的好奇之心。这样浓情蜜意的创意，怎会不吸引广大的女性消费者，且这样充满故事情节的购物会让用户体验到浓浓的小资情怀，这也正是季候风想要达到的目的。因此，季候风的微信营销是成功的，也是极富创意的。

服装行业绝对是最适合微信营销的行业。看过凡客诚品和季候风在微信营销上的成功案例，我们可以知道，要想让你的服装品牌在微信营销中做得成功，需要注意以下三点：第一，做好富有创意、新颖的标题策划，在这一点上季候风做得相对好一些，不但迎合了相关人群的兴趣点，而且还打造出了唯美多情的意境美，让人流连忘返；第二，需要更新最新的优惠、秒杀活动；第三，一体化流程需要完备，比如物流、购物、款式选择等，这些都要做到位。做好了这些，那么你的企业一定能够通过微信营销获得成功。

8.6.5　快速消费品行业的微信营销策略

所谓快速消费品其实就是指一些被快速消费的产品，比如个人护理行业中的牙膏、牙刷、洗发水、护肤品、纸巾、剃须刀等，家庭护理行业中的空气清新剂、肥皂、杀虫剂等，食品、饮料以及烟酒等行业。

众所周知，微信营销更注重精确性和私密性的互动特点，所以，很多企业就

利用这一点来与粉丝进行私密性的互动，这样不但可以为该品牌加分，还有助于这些粉丝的私下扩散。在这一点上，杜蕾斯就做得很好。杜蕾斯品牌不但专门成立了"陪聊"小组，而且每次与粉丝的互动都是十分私密真实的，当然其中也不乏一些幽默情趣的风格，总之，让消费者十分喜爱，如图 8-2 所示。

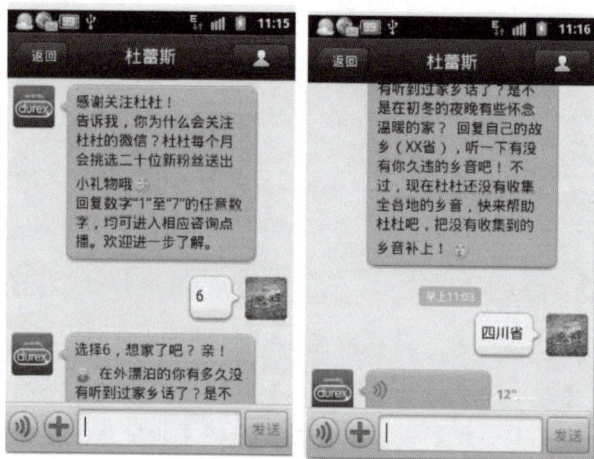

图 8-2

从某种角度上来说，杜蕾斯的这种微信营销让很多用户了解到了与以往不同的杜蕾斯，并且对杜蕾斯品牌有了好感。而且在与杜蕾斯公众号的互动中，用户还可以根据自己的问题来向"杜杜"询问关于情趣等方面的趣事和技巧，让用户非常赞赏。

当然，其他的快消品牌也可以向杜蕾斯学习微信营销，增设"陪聊"环节，让用户感受到不一样的体验。用户体验到了"激情"之后，自然会与好友分享，而且还会无意中扩散杜蕾斯的公众号，这也在无形中帮助杜蕾斯进行了宣传。鉴于杜蕾斯的成功，飘柔品牌也开设了相关的微信营销策略。杜蕾斯的微信昵称为"杜杜"，而飘柔的微信客服人员则给自己起了比较深情浪漫的名字"小飘"。而"小飘"不只陪聊、说段子，还能与用户粉丝一起唱歌等。看样子，快消品要想在微信营销上做得出色，需要多才多艺才行。

其次，做好促销活动。快消品，顾名思义就是快速消费，因此唯快不破。那么怎样的微信营销才能让快消行业的销售快速增加呢？当然这还要从微信讲起。在这方面，众多快消行业企业得出的经验是，做好微信促销。比如星巴克是一家集合咖啡、甜点的快速餐饮店，在促销这方面，星巴克做的功课就很扎实。打开星巴克中国的微信公众号，就会收到星巴克的促销活动。如此一来，从微信上看到促销活动的粉丝很可能就会去星巴克店进行购买。这就是快消品在微信营销上的促销策略。

做好了这两点，快消行业的微信营销大概就会"功德圆满"了，而且这也是考验每个做快消行业企业的老板的一大营销难题。毕竟与消费者直接对话，对快消行业有重大意义。只有与消费者沟通得当，才能取得用户的信任，也才能凸显出品牌的力量。

8.6.6　餐饮行业的微信营销策略

餐饮业是一个非常适合微信营销的行业，而且在微信营销发展的这几年之中，微信营销也受到了众多餐饮业商家的喜爱和欢迎。当然，这其中最重要的原因是在餐饮业内，微信营销相对来说成本低，回报却很高。

下面我们就以星巴克的微信营销成功案例来介绍一下餐饮行业该怎样开拓微信营销策略。

2012 年 8 月 28 日，星巴克企业入驻了微信，开启了微信营销业务。星巴克认为，注重数字媒体和电子商务是非常重要的一项业务内容，而且也是一种较为时尚的商业行为。而星巴克微信平台则正是迎合了当下年轻人、白领人士的一大需求。星巴克还在微信账号上签上温馨的签名，让你关注星巴克的那一瞬间，就成了它的好朋友。

另外，星巴克很注重与用户的互动。作为咖啡店的巨头，星巴克醉心于网络营销，比如微博和微信营销的双向发展。当然，在星巴克看来，微博营销更注重一些品牌故事和动态，而微信营销则更注重与用户一对一的私密互动。当然，星巴克的微信营销还不满足于文字、图片，更注重语言、视频等传播。比如，星巴克曾经为了让用户感受到星巴克的创意和潮流，在 2012 年夏季，利用音乐来进行与微信粉丝们的互动。星巴克设立了夏季冰摇沁爽系列创新饮品，星巴克微信平台还推出了"自然醒"活动，关注星巴克微信的粉丝只要发送一个表情，就可以获得星巴克微信团队为你呈现的特别自然醒音乐曲目，并可以与星巴克微信展开丰富多彩的对话互动。另外，如果星巴克有什么最新的优惠活动或者其他节日活动，也会在第一时间通过微信通知用户，而用户不只是可以看到，还可以与星巴克微信沟通互动，以此来更加详细地了解活动内容。

当然，星巴克的创意从未间断过。星巴克借助微信推出了"星巴克早安闹钟"活动，以此来配合星巴克早餐的上市。星巴克的粉丝只需要动动手指，下载"星巴克中国"手机应用软件，就可以在每天早上的 7～9 点在闹钟响后 1 小时内来到星巴克门店，在享用咖啡的同时半价享受早餐新品。

星巴克的这种微信营销，餐饮业企业都可以拿来借鉴，利用微信营销来打造一个全新的餐饮业。根据星巴克的成功案例，我们能总结出餐饮业微信营销的三点策略。

(1) 打造品牌微信公众账号。这是很重要的，这相当于给人的第一印象。比如，像星巴克那样，给自己弄一个标志性的头像和温馨关爱的标签话语。

(2) 与粉丝进行轻松时尚的互动。星巴克通过音乐曲目的方式来巧妙地与粉丝进行互动，不但能够赢得粉丝的喜爱，而且还带给粉丝一种关怀感，有利于粉丝将其更好地传播和扩散，而且这也十分符合喜欢星巴克的粉丝的内在要求。

(3) 富有创意，优惠活动要宣传及时。无论是星巴克的"冰摇沁爽·自然醒"还是"早安闹钟"活动，都体现出了星巴克的创意。当然，这也告诉餐饮业企业，要想通过微信营销来取得成功，获得粉丝支持，就要开动脑筋，想出富有创意的活动和内容。当然，在这个过程中，实体店与微信的推广要同步进行，优惠活动要及时为粉丝送上。

8.6.7　电商行业的微信营销策略

一提起电商行业，大家可能就会想到天猫、京东商城等电子商城。说起电商行业的微信营销，还必须要从前几年电子商务的起落说起。在 2008 年之后，电商行业有些不太好做。到了 2011 年年底，电商行业便开始出现了一定的复兴和繁荣，很多传统的线下销售企业也开始走入线上。因此，在这一阶段，电商行业出现了新的生机。然而，由于大批量的商家开始寻求线上销售，因此营销模式又出现了问题，很多商家因为要花钱做营销、广告、宣传，因此变得入不敷出。面对日益上涨的网络广告宣传费用，很多商家甚至出现赔本现象。当然也有人认为这几年微博宣传比较火爆，可以借助微博营销来让自己占领市场。但是如今，微博活跃度也已经开始下降，电商行业的商家们必须要考虑到营销成本和推广宣传度的双重问题。而这时候，微信营销的崛起，恰恰就解决了商家的难题。

微信的更新以及越来越多的功能都表明，这种营销方式不但节约成本，而且效率很高。于是，在微信 5.0 版本发布之后，电商行业的企业家们更是越来越多地看准了微信营销这个领域。

电商行业中的商家们不但可以利用微信 5.0 上的众多免费功能，如对话、语音、图片等功能来与粉丝进行互动，还可以将自己的公众号实现 APP 与电商本身内部数据相结合，从而实现用户咨询、商家促销、客户服务等的一体化。而且微信 5.0 还开启了全新的支付功能，这样一来，用户可以直接在微信上支付货款购买商品。试问，这样一体化的便捷流程是哪个电商企业家们不愿意开辟的呢？

另外，电商行业还可以利用微信营销来与客户进行一对一的沟通，这样不但可以与老客户进行情感交流，还可以通过一些有趣的小环节来吸引新客户的加入，当然也提高了电商的吸引力。比如，知名电子商务网站唯品会的微信公众号是这样与粉丝沟通的：点击"摇一摇"，你会发现不同的新鲜体验，有可能是唯品会为你准备的劲爆大奖，也可能是唯品会带给你的意想不到的惊喜。点击"微特权"之后，你会发现唯品会为你送上的尊贵待遇。

其实电商行业本身就是一个 O2O 的经营模式，所以商家与用户之间的问题能直接解决是最好的，微信营销会帮你解决这个难题。在电商行业的这些微信营销中，客服、促销、反馈等都能直接实现，而这是以往的一些营销模式不曾达到的。

当然，像唯品会这样的电子商务企业能做到的，其他的电商企业也能做到，无非是多开动脑筋，想出一些奇妙的点子，让用户感到满意，从而去宣传和扩散你的品牌信息。如此说来，微信营销也是电商企业进入网络营销的最佳平台。

8.6.8　金融行业的微信营销策略

微信作为当前中国最为火热的移动网络平台，在营销方面的势头也是势不可当的。其实，不只是那些快消品、电子商务行业、服装行业等可以做微信营销，就连枯燥无味的投资理财金融行业也可以实现微信营销。有了微信营销，投资理财行业反而变得不那么枯燥了。因为微信营销能够让金融行业变得有趣生动起来。

目前中国的微信用户已经达到了 4 亿多，因此，微信营销的影响力是很大的。如今微信用户基本可以不去银行，甚至不用登录电脑就可以办理业务。似乎在一夜之间，微信与金融有了很多交集。金融行业内对微信营销最有感触的要数招商银行。招商银行最初推出了微信咨询、账户查询等业务，到 2013 年又推出"信用卡微信"等业务。根据了解，招商银行的微信营销特色是一对一地与用户沟通，而且用户还可以根据招商银行微信公众号上的自定义菜单选择查看自己的账户信息以及其他的活动政策。

下面将介绍一下中国银行的微信营销政策，以此来说明金融行业应该怎样使用微信来进行营销。

首先打开中国银行微银行的微信公众号，进入之后，中行的微客服会为用户提供一系列的贴心服务，如图 8-3 所示。

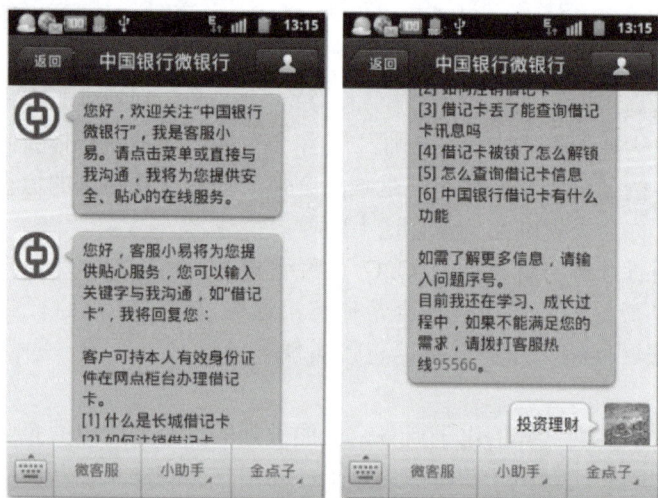

图 8-3

通过中行微客服的这种引导，用户可以询问任何关于投资理财、信贷储蓄的问题。另外，界面最下方有【小助手】和【金点子】按钮，这也是中行微信公众号为用户提供的一种快捷服务方式。比如，点击【小助手】按钮，可以看到更多详细的内容。如果想知道最新的利率、外汇牌价等内容，轻松一点就可以获取信息，如图 8-4 所示。

图 8-4

如果想要让自己的中行账号与手机微信绑定在一起，那么也很方便，只需要安装一个手机客户端即可，这样就可以轻松享受微信为你带来的金融体验，让你足不出户就能办理一切业务。当然，如果要去周围的网点办理业务，而又不知道具体地址时，那么还可以点击【小助手】中的【周边网点】，让中行微信帮你具体地找到离你最近的中行网点，而且中行微助手还会为你找到最合适的乘车路线，如图 8-5 所示。

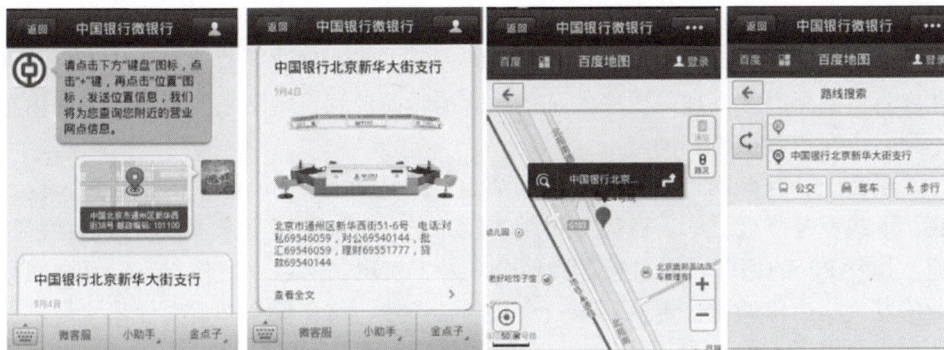

图 8-5

用户还可以通过【小助手】中的【金融工具】来找到相关工具帮你理财，让你的工作更加方便和快速，如图 8-6 所示。此外，用户还可以点击【金点子】按钮，向中行提供自己的宝贵意见和想法，如图 8-7 所示。因为这不是一个纯粹的机器操纵的微信界面，其大部分都是人工服务的，所以中行的工作人员是会看到的，而你的建议对中行的发展具有很大的意义。同时，你的点子也会为广大用户赢得银行更好的服务。

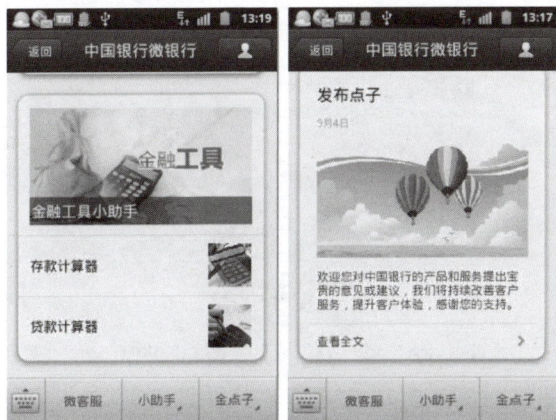

图 8-6　　　　　　　图 8-7

8.6.9 互联网行业的微信营销策略

对于互联网行业来说，除了网络内容新奇、吸引用户关注之外，还需要一个很好的推广渠道，而在这一环节中，微信的力量不可取代。如今全国已经有 5 亿多的用户在使用微信，利用好微信来进行营销，有助于互联网企业的运作和发展。

比如百度贴吧这个大型的互联网品牌之所以能够如此受欢迎，靠的不只是它在内容上的新颖和兴趣，更多的是依靠营销。而说到百度贴吧的营销，也许你想不到它也在依赖微信营销。

事实上，互联网行业最关心的一个问题就是如何提升 APP 的下载量。说到底，下载量是终极目标。微信 5.0 版本发布之后，互联网商家可以将微信接口打通，让 APP 的服务可以直接在微信公众号上实现。所以，这样一来，互联网行业的发展将会借助微信再次迎来一个高潮。当然，这需要从微信上导出流量，那么就需要更多人的关注，因此微信营销和推广对互联网行业来说十分必要。

百度贴吧正是借助微信公众平台来向粉丝发送一些消息，以此获得粉丝的支持。首先，百度贴吧利用微信的自定义回复功能设置了很多与粉丝互动的形式，同时，借助网络上最新的内容和信息来向粉丝发送一些有趣诙谐的内容，博得粉丝的青睐，如图 8-8 所示。

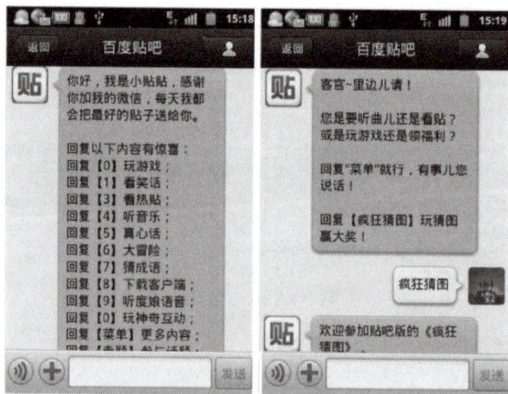

图 8-8

百度贴吧微信的"小贴贴"会与粉丝进行神奇的互动。比如，在图 8-8 所示的菜单中，用户可以回复其中任意一个，从而选择与"小贴贴"的互动。这样的内容既好玩，又新颖，而且还能让百度贴吧的粉丝在闲暇之余寻点乐子，开心一下，如图 8-9 所示。

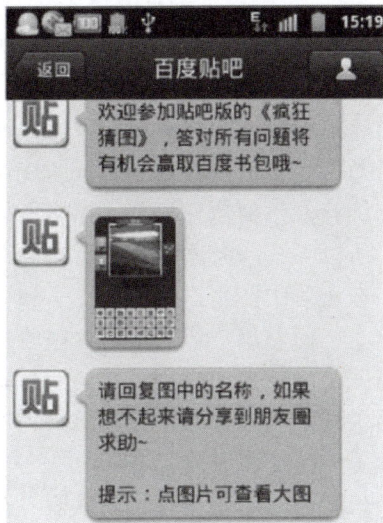

图 8-9

此外，在百度贴吧的微信公众号上，还可以为粉丝提供一些社会热点问题的讨论，及时向粉丝推送信息。当然，百度贴吧还很用心地将"度娘"这个角色真实化，可以让粉丝真实地与"度娘"沟通、调侃。如此真实互动的一个微信公众号，想不吸引粉丝都难。

从百度贴吧的微信营销中，可以得出，互联网行业要想利用微信营销取得成就，至少需要做到以下三点：首先，实现与粉丝的真实互动，与粉丝进行真切的沟通和问答，让粉丝感觉到你的真实性和热情，抛弃网络的虚拟化和冷漠化；其次，借助互联网行业品牌本身的资源，为粉丝每日推送最新热点和图片信息；最后，设置创新有趣的环节，比如百度贴吧在微信上设立的"疯狂猜图""真心话"等板块，都十分吸引粉丝。

另外，建议广大的互联网企业一定要充分利用微信公众号的自定义回复接口，注重自身品牌与微信最新功能特色的结合，向粉丝推送有质感的内容，这样才能让粉丝们看到你的实力和品牌内涵。

8.6.10　其他行业的微信营销策略

除了前面介绍的几个重要典型的行业比较适合来做微信营销之外，其实还有很多行业也可以使用微信来做营销，比如教育、医疗、房地产、艺术创意、培训等。这些行业都可以在微信营销中找到属于自己的营销之春。

比如，以教育培训为例。教育培训为什么适合做微信营销呢？其实在本质上，微信营销给教育培训行业找到了一条便捷之路。大多数的教育培训机构所做的营销方式主要分为两种：线上和线下。线上主要有网站搜索引擎、网站推广、QQ 群、微博广告等，而线下则包括一些电视广告、报纸杂志、宣传单、户外广告等。这种情况下，大多数的教育培训机构是有钱的烧钱，没钱的贴"牛皮癣"广告。如此一来，教育培训行业不但鱼龙混杂，而且很多用户从这些广告中很难看到具体的标准和内容，所以不会因为这些广告而去咨询或者报名。

而微信营销则不同。在微信中，用户只要关注了教育培训机构的微信号，就能收到一些关于培训的信息，而且用户还可以与这些机构进行一对一私密性的互动联系，在询问价格、时间上也就更为自由灵活。而且教育培训机构也可以在微信上直接罗列出粉丝们所关注的问题，通过微导航来为用户解决问题。可以说，在微信上做教育培训营销更为便捷和方便。

比如，被众多粉丝所信赖的"中国教育培训联盟"在微信上的营销就十分火爆。用户可以在微信上通过与该企业的公众号互动来索取一些教育培训的信息。点开公众号的一些内容导航，还会发现更多的精彩。而且在微信上，有些用户甚至还可以得到一些报名优惠政策。这样一来，企业不但得到了粉丝的关注，还能从中获得实际的订单，同时对那些有需求的用户来说，这也是一种很好的体验和帮助。

一些房地产企业也很看好微信这块宝地。以往的房地产企业在营销广告宣传方面通常会下血本来进行宣传造势，比如进行网站门户宣传、投放视频媒体广告等。众所周知，这样的广告需要大量的费用，企业在广告宣传方面每年拿出的费用不菲。另外，房地产企业也还会做一些报纸、杂志、电视广告，人工宣传，展销会等，这些营销费用也相当高。所以作为房地产企业来说，如果能够有一个平台可以将自己花费的营销费用减低，那么它们是很愿意的。而微信的兴起正符合了它们的愿望，所以很多房地产企业都纷纷在微信这个湖泊里下水捞鱼。微信营销的费用很低，而覆盖率却很高，消息推送的到达率也极高，而且更为重要的是，企业可以通过微信公众平台挖掘到深层的用户，为企业积累人气，实现高的转化率。下面将以腾讯房产企业为例，说明一下房地产行业在微信营销中的优势。

进入腾讯房产微信公众号界面时，会清晰地看到有【楼盘搜索】、【看房团购】、【购房宝典】等内容，如图 8-10 所示。这说明，用户在这里可以获得更为准确的一手房产信息资料。

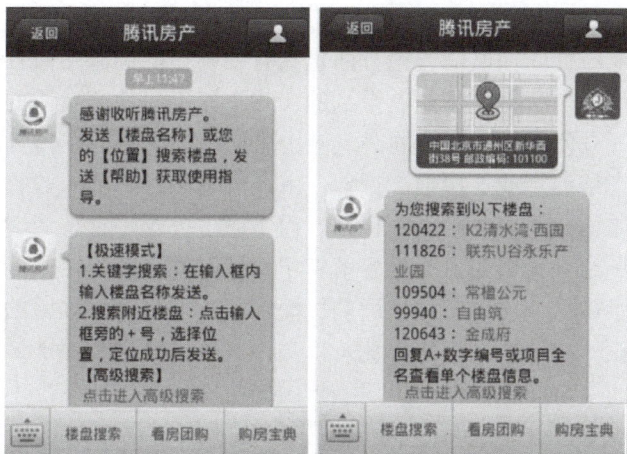

图 8-10

在【楼盘搜索】中，用户可以搜索到任何位置的房产信息。图 8-10 所示就是根据发送位置而获取的楼盘信息。查看其中某个楼盘，可以看到价格、优惠情况、咨询电话等信息，这样用户便可以一目了然地看到自己需要的所有房产信息，如图 8-11 所示。

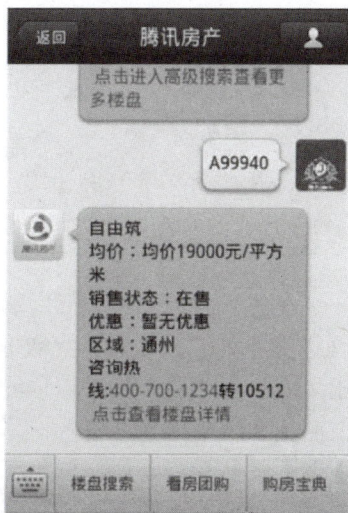

图 8-11

当然，如果是新手，那么还可以从这个企业的微信中得到购房宝典等帮助信息。另外，对那些精打细算的用户来说，企业还设有"团购"环节，能为用户节

省金钱和时间。

可见，房地产行业在微信营销方面也具有很明显的优势，而且企业微信的推广也很便利，可以在所有用户能看得到的实物上印上房地产企业的微信二维码和微信号。这样既方便用户关注，同时又减少了房地产企业的宣传费用。

不只是教育培训行业、房地产行业，就连一些医疗、艺术等行业也可以通过微信来营销。比如一些著名的医院也都开设了微信公众平台，患者可以直接通过微信来挂号、预约大夫看病，为病患节省了排队时间。此外，很多机关、政府部门也纷纷开通了微信，比如某派出所的民警证上都印上了该民警的微信号和二维码，只要市民扫一扫这个二维码，就可以关注民警的动向，还能通过微信来了解自己周边环境的安全问题，以及快速寻求民警帮助。

如今，越来越多的行业都开始运用微信来营销、服务，这也是将来营销的一个大趋势。微信将深入到我们每个人的生活中，为市民提供方便，为企业提供便利。

Section 8.7 成功案例——微信"蛋糕哥"生意成倍增长

本节导读

本案例中介绍的"蛋糕哥"是在杭州打拼的一位普通的打工者。他成功的秘诀是微信、二维码……"长枪短炮"齐上阵，最近又频开分店，人气飙升。从一个街边小摊贩，到现在的分店遍布下沙大学城，在"蛋糕哥"身上看到的不仅仅是个励志的故事，自我营销是他成名的另一个关键。

"天气越来越热，我计划在传媒店开发一个豆腐脑，不知童鞋们喜不喜欢？售价约为 5 元左右"。在网络上非常红的"杭电蛋糕哥"继推出小馄饨和肉夹馍之后，又在他的微博上贴出了新产品预告。另外，他的理工分店还有半个月左右就要开张，财经大学的样板店也在积极地筹划中。

关于蛋糕哥的故事，很多人都已知晓。他在杭州下沙卖了 5 年的小蛋糕，后因杭州电子科技大学的一个学生为应付作业随便采访了他，而红遍整个下沙，被学生邀请到学校座谈，并受到了媒体的关注。

从一个街边小摊贩，到现在的分店遍布下沙大学城，在"杭电蛋糕哥"的身上不仅仅是个励志的故事，我们还应看到，自我营销是他成名的另一个关键。

"蛋糕哥"名叫楼智杭，浙江绍兴人，小学学历，15 年前来杭州打拼。他说自己做过蔬菜批发生意，跟人合作开过理发店，还开过麻辣烫店，但是由于没技术，他都亏本了。到 2007 年，他开始跟一个师傅学习做小蛋糕，但师父的技术也不好，只能糊口罢了，后来他开始自己"搞研发"。

"蛋糕哥"一边说着，一边拿出他的工具"铁饼"，将它放在煤气上预热，而后将事先制作好的蛋糕原料均匀地浇在"铁饼"上一个个花朵形的模子中，盖上盖子。只需 30 秒的时间，一锅小蛋糕就新鲜出炉了。

小蛋糕口感软糯，外脆里嫩，咬一口，鸡蛋柔滑的口感和浓郁的甜香弥漫开来，使人欲罢不能。可是，蛋糕固然美味，但杭城类似口感的店面比比皆是，就这么简单的一个小蛋糕，是如何让"蛋糕哥"扭转做什么亏什么的局面，并成为网络名人的呢？很多人十分好奇。

我们了解到，原来是"蛋糕哥"自创经典雷人叫卖语录首先走红网络。

"来买小蛋糕、鸡蛋糕，纯手工打造，现场直播，闪亮登场，火爆进行中""小蛋糕 2.0，火爆升级中啦""小蛋糕 3 块 3 块，全场 85 折，标准跳楼价"。

他的叫卖被杭电同学写成经典语录放到了网上，之后他又参与了传媒大学某学生拍摄的视频，继而一夜成名。他甚至还被杭电的同学邀请去做演讲，各大媒体也开始争相报道。

后来，他又想出了限量发售的"噱头"，这样一来，喜欢猎奇的大学生更是蜂拥而至，销售额成倍地增长。

最后，楼智杭"一不做二不休"，打算将"雷人"进行到底。他在装小蛋糕的纸袋上印上"好吃才是硬道理，再不买就涨价了"等雷人标语，还在店铺的墙上挂了一幅漫画：印有楼智杭头戴绅士帽的画像，再配上"通缉令——杭电蛋糕哥，城管头号抓捕对象"，令人忍俊不禁。

双微互动成实体店营销生意法宝

2010 年元旦前后，楼智杭开通了微博，还申请了实名认证。关注他的微博进而光顾蛋糕店的顾客，大概占了营业额的 15%左右。他没有想到数量会如此庞大，事实证明微博是一种很好的营销手段。由于没有资金扩大规模，蛋糕哥又想到了"技术入股"。他在下沙华元电影大世界附近找到了一家即将倒闭的 DIY 手工蛋糕店，于是，借着"蛋糕哥"的名声及技术，这家手工蛋糕店起死回生了。

当微信来临的时候，"蛋糕哥"又搭了一次顺风车，通过 QQ 群和微信等渠道对门面进行宣传。

　　当然，他的微信也做得相当有意思："蛋糕迷们，这是我的微信二维码，名字叫杭电蛋糕哥，有事没事我们都可以一起交流心得哦"。他说："我卖的不是销售量，而是生活态度"，令微粉们再次为之疯狂。另外，他还计划拍微电影，制作二维码，将所有能动用的网络营销手段都用上，把他的小蛋糕卖到全国各地去。

　　微信已经让越来越多的人获得成功，无论你是 SOHO 一族还是小创业者，抑或是大公司老板，如果你曾错过了很多机遇，那么，这一次的微信商机，请你牢牢抓住。

第9章

微电商团队管理与营销效果评估

　　本章主要介绍微电商团队的岗位设置、企业微电商的组织构架、打造不同企业的微电商方案、微电商的用人原则、微电商团队的规范准则、实施高效绩效考核、抓住微信电商精英的心、微信营销的衡量指标、微信营销的考核标准及计算方法，以及巧用微信数据进行统计方面的相关知识。通过本章的学习，读者可以掌握微电商团队管理与营销效果评估方面的知识。

微电商团队的岗位设置

本节导读

近几年，随着电子商务产业的集中爆发，越来越多的传统企业杀入移动互联网战场。在微信电商领域，传统企业前赴后继，不断衍生出各类竞争。微信账号的运营由多个环节组成，环环相扣。有一个环节处理不当，便会使用户受到不利影响，使账号的粉丝数出现波动甚至下滑。所以，一个好的微信电商团队是必不可少的。

微信电商团队的职位设置是根据工作内容来安排的，也就是需要确定整个部门的方向，确定哪些工作是必不可缺的。以中型企业组建电商团队为例，该团队一般包括运营总监、渠道专员、策划专员、技术专员、编辑、美工、客服及物流配送等岗位，各岗位互相合作、各司其职，如图 9-1 所示。大企业因业务需求，职位构成大同小异，一般会将整个职位独立成一个部门(如策划部门、技术部门等)或将职位再度细化，进而层层细化，分工明确，方便管理。

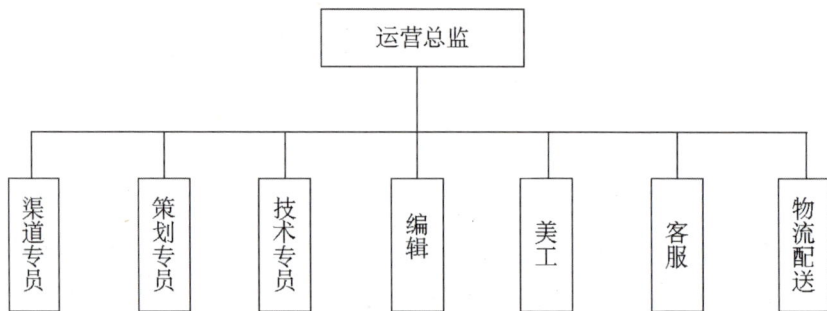

图 9-1

小企业组建电商团队时，需要根据员工的人数和电商部门在整个企业战略地位的占比，以及公司的需求做适当的调整，有些岗位可以一人身兼多职，如图 9-2 所示。

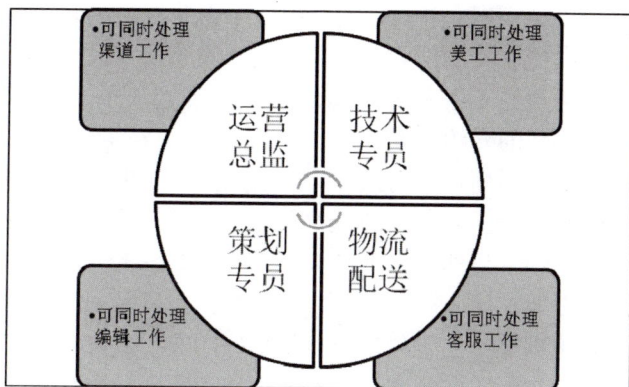

图 9-2

9.1.1　运营总监

　　微信电商的运营总监不仅要对互联网、移动互联网有一定的了解，还涉及对于整个企业各部门的协调，这就需要了解企业的发展战略，熟悉企业各部门的特点，且有能力做好各部门之间的协调。运营总监最好在公司内部高管中选拔，因为他们长期受公司文化的熏陶，更能坚持公司的核心价值观，且对公司各部门的情况和客户群都比较了解，便于开展工作。至于互联网和微信电商的相关知识，可以通过学习、考察等多种方式进行了解。

1. 运营总监的前期工作

　　微电商运营总监的前期工作大致有定位账号、确定账号名称、撰写企业账号的介绍和确定账号主要功能等，下面将分别予以详细介绍。

　　（1）定位账号。

　　根据企业所属行业、经营特点及建立微信账号的目的和重视程度，确定企业微信公众账号的定位，确定目标市场，确定战略取向，更要确定好是选择订阅号还是服务号或企业号。

　　（2）确定账号名称。

　　账号的名称非常关键，它直接关系着账号之后的自然流量增长以及用户心目中对企业、产品的定位。

　　有些账号适合直接用企业的名称或简称，如"1 号店""招商银行""中国联通"等。但是大多数企业的微信公众账号是不适合直接使用企业名称的。如果企业或产品的知名度还不足以引流，名称又没有吸引力，自然很难受到关注，吸

引到精准的粉丝就更难实现。在这样的情况下，需要根据企业经营产品的功能、行业、区域，再加上一些好的创意，使账号定位清晰又不缺乏趣味性，如"股票哥""旗袍汇""美容与养生""北京演唱会"等。

(3) 撰写企业账号的介绍。

账号的介绍应该遵循简洁、易懂和特别的原则。如果这段文字能让用户在最短的时间内明白这个账号是做什么的，并且能让精准粉丝"一见钟情"，看完有关注和打开账号的冲动，显然再好不过。

(4) 确定账号主要功能。

账号的功能是根据账号的定位以及目的来确定的。微信公众账号的定位决定了各个功能板块的内容设置和策划，以及接下来为实现相应功能所做的技术开发的难易程度，为账号建立和运营提供了有力的策划和技术保障。

2. 账号建设完成后运营总监的主要职责

账号建设完成后运营总监还需要进行如下工作。

(1) 账号运营的整体规划以及各岗位职责确定、工作职责的分配。

(2) 全年微信营销的目标设定和各营销工作的监理。

(3) 季度微信营销的目标设定和监理。

(4) 每月初制定账号推广的阶段性工作目标以及工作计划，每月底根据运营的所有数据进行分析总结，对各岗位负责人的工作进行评估，调整运营、推广策略，完善账号功能。

(5) 微信公众账号日常运营相关工作的统筹安排。

(6) 跟踪微信推广效果，通过大数据分析及各岗位的报告和反馈，总结经验，规划下一个阶段的有效运营手段，提升用户活跃度和体验感知，增加粉丝数量。

9.1.2 渠道专员

渠道专员的主要职责如下。

(1) 渠道开拓和渠道借力(如微博、QQ 群、人人网、各大论坛和微信群等)。

(2) 媒体、圈子、各类资源拓展(如通过会议、活动、整合营销等机会)。

(3) 借助分销渠道进行二维码推广。

(4) 制定社会化媒体运营与品牌营销策略，在微信、豆瓣、百度等社会化媒体上开展品牌营销工作。

(5) 思考优化方式，不断促进各渠道的业绩增长。

9.1.3 策划专员

策划专员的主要职责如下。

(1) 负责制定微信运营策略及活动策略。

(2) 能够熟练地掌握并实施企业、产品、内容的微信运营矩阵策略。

(3) 了解和搜集同行以及竞争对手的信息动态，深入竞争对手的网络平台，分析其优势与劣势，思考并总结出适合自身企业特点的微信平台运营的可行性策略。

(4) 指定并实施清晰的用户互动策略，发展粉丝与好友，通过持续互动转化潜在客户，提升企业及产品口碑，扩大自身影响力。

(5) 根据每月的任务、市场及账号运营的情况，策划当月最佳线上和线下活动方案。

(6) 制定二维码推广阶段性方案，包括阶段性推广的具体实施方法。

(7) 与技术、编辑协调，保证各类线上活动的有效执行。

(8) 活动后进行评估、总结，对用户参与性、阅读量以及转发量进行分析和总结汇报。

(9) 策划并组织线下与线上活动，通过活动增加社会化媒体的曝光率，提高粉丝与好友数量，提升用户的黏性。

9.1.4 技术专员

技术专员的主要职责如下。

(1) 前期需要根据电商规划和需求进行平台技术的开发。

(2) 日常技术支持，操作微信公众号后台，设置线上活动。

(3) 根据新的需求，对账号的板块及功能进行技术开发及调整。

(4) 培训策划人员及编辑，帮助他们熟悉后台功能。

9.1.5 编辑

编辑的主要职责如下。

(1) 负责每天微信图文内容的确定和发布。

(2) 按月进行内容的整体性规划。

(3) 配合策划进行活动软文的撰写。

9.1.6 美工

美工的主要职责如下。

(1) 对日常图文信息，对微官网、商城中的图片和框架进行视觉处理。

(2) 制作一些视觉营销内容，如"图片剧"。

(3) 制作微视频。

9.1.7 客服

客服的主要职责如下。

(1) 日常粉丝信息的回复和答疑。

(2) 汇总经常遇到的问题，设置关键字回复。

(3) CRM 管理，筛选客户并进行分类。

(4) 处理线上订单，与客户互动。

(5) 线上售后服务和咨询。

(6) 搜集有效粉丝的问题反馈和批评建议，对有效粉丝的需求和行为进行数据分析，将整合后的数据提交给总监。

9.1.8 物流配送

物流配送人员的主要职责如下。

(1) 定期汇总订单，根据订单严格分配商品。

(2) 打包，及时联系快递公司发货，若公司有快递渠道则可直接发货。

总而言之，企业在微信电商团队的岗位设置上，应当根据自身的情况和预算等因素考虑团队职位的分配，用最科学的岗位配置保证最高效的电商团队运作。

Section 9.2　企业微电商的组织构架

本节导读　微电商的组织构架是由运营战略决定的。在企业微电商的组织管理中，既要看到"森林"，同时也要看到"树木"，每一份成绩都是众木成林的结果，这样的管理对微电商人员和企业微电商才更有实际意义和价值。本节将详细介绍企业微电商组织构架的相关知识。

巴纳德在《经理人员和职能》一书中将组织定义为"把两个以上的人的各种活动和力量有意识地加以协调的体系"。他进而又论证了组织存在的三个要素，即共同的目标、协作的意愿和良好的沟通，将组织的本质落脚于信息沟通问题上。

对于企业微电商的组织构架，需要根据微电商的需求和运营管理的目标特征进行设置。在设置企业微电商的组织构架时，必须要遵循以下几个原则。

1. 实现目标原则

建立企业微电商运营团队，其目的是要保证微信账号的运营效果。微电商运营团队的运作必须和企业的发展相适应，要适当超前，在未来的 1～2 年能支撑企业微信账号的发展目标的实现。企业最终需要在两个方面取得平衡，以达到高效的组织形式：一个是效率，另一个则是成本。

2. 因事设岗原则

微电商运营团队的目标，是通过对运营人员活动的安排来实现企业的目标，并实现整体效果大于局部效果之和。若企业和微电商运营中需要某个岗位，不要因为现有人员达不到要求而降低标准，而应按照岗位要求进行招聘、选拔、培训，这是基本原则。

3. 精简、高效原则

精简与高效是手段和目的的关系，提高效率是组织设计的目的，而要提高组织的运行效率，又必须精简机构。具体地说，精简、高效包含以下三层含义。

(1) 组织应具备较高素质的人和合理的人才结构，使人力资源得到合理而又充分的利用。

(2) 要因职设人而不是因人设职，组织中不能有游手好闲之人。

(3) 组织结构应有利于形成群体的合力，减少内耗。

4. 幅度合理原则

管理幅度是指直接向运营总监汇报的下属人数。管理幅度是否合理，取决于下属人员工作的性质，以及运营总监和下属人员的工作能力。正常情况下，管理幅度应尽量小一些，一般为 6～8 人。但随着企业组织结构的变革，会出现组织结构扁平化的趋势，即要求管理层次少而管理幅度大。

5. 稳定、弹性原则

企业微电商团队应保持队伍的相对稳定，这对增强组织的凝聚力、提高员工

的士气是必要的，就像每一棵树都有牢固的根基。同时，组织又要有一定的弹性，以保证不会被强风折断。组织的弹性，就短期而言是指因经济的波动性或业务的季节性而保持员工队伍的流动性。

Section 9.3　打造不同企业的微电商方案

本节导读

不同阶段、不同规模的企业在微电商的打造上所遇到的问题都是不一样的。企业微电商的打造，是由自身的经营模式和企业规划决定的，具有长远性和可持续发展性的特征。本节将详细介绍打造不同企业的微电商方案的相关知识。

9.3.1　需要建立全新电商部门的企业

对于没有涉及过互联网的企业，微电商的打造需要分阶段逐步进行。最佳的手段是由企业选出部门负责人与专业的第三方代运营公司配合开展。

1. 创始阶段

由于粉丝积累、活动策划、技术支持需要的人力和财力的前期投入大且耗时，所以中小企业的电商团队初期组织可以由一个部门经理加一个策划专员组成，以低成本迅速启动账号的运营工作。

(1) 部门经理：负责账号的定位、规划、功能的确定、渠道的开发。

(2) 策划专员：负责日常消息的发送，以及微博、网站等各类渠道的推广，线下活动的引流，线上活动的发起等。

(3) 第三方代运营公司：根据企业的需要完成账号的建设、技术支持等。

这样的配置基本满足了前期推广的人力需求，账号微站的建设及会员卡、互动插件的应用使企业有了电商的发展平台，日常消息的推送则可积累和维护粉丝。

2. 成长阶段

在企业逐步对微信及互联网有了一定的了解之后，需要重新评估微信公众账号的运营状况，对企业或产品的特性进行分析，重新调整、完善对账号功能的设置，调整运营策略，然后根据需求增加相关的板块及人员。这个时候，人员可以增加到 5～6 名，渠道、美工、在线客服、物流配送开始设专职人员。企业可以根据粉丝的需求增设一些新的插件、亮点，使账号不断完善。

3. 成熟阶段

企业电商团队逐步成熟起来，当账号的粉丝量达到 10 万左右时，商城也不断完善，此时需要加强在线客服以及渠道推广相关人员的数量，扩大电商规模和销量，提高服务、售后质量。企业也可以开始尝试对淘宝、天猫商城、京东等其他网站的开发。

9.3.2　有 PC 官网的企业

对于仅有独立 PC 官网的企业，可以考虑增设 PC 商城并建设手机版商城和官网，使微信账号与手机商城、PC 商城的商品和相关推广信息同步。

通过多个渠道进行推广，不管客户通过哪种线上渠道购买，都可以只在一个后台进行数据管理、更新等相关操作。

团队的建设中，策划、美工、渠道、客服都是必不可少的。技术部分如果有实现难度，可以找第三方做技术支持，甚至可以通过技术开发来实现特殊需求。

9.3.3　有独立 PC 商城的企业

已经拥有独立 PC 商城的企业，基本上已经拥有一个成熟的电商团队，微信为这种企业提供了一个潜力巨大的新电商渠道。

总监可以由之前的电商负责人兼任，技术、配送都有成熟的人员，只需要增加微信电商活动策划和微信客服，然后对全员进行微信相关运营的培训即可。

9.3.4　有淘宝、天猫运营团队的企业

已经有了成熟的淘宝、天猫运营团队的企业，基本上不需要增加人员就可以入手微电商工作，但不能将微信和其他的电商运营混为一谈，微信有其特殊性。

对于这种企业，可以在现有的团队中，选拔学习能力较强的各部门员工负责微信电商相关岗位的工作。因为有一个团队进行运营，所以通过活动推广、会员特权等将淘宝、天猫上的人流引导至微信，是很容易入手和实战的。

微电商的用人原则

本节导读

一个运营良好的企业微信账号，需要一支强有力的微电商运营团队进行维护和运营。在传统企业移动互联网化的转型中，企业微电商运营团队的素质是一个企业微信账号运营成功的关键，也是传统企业移动互联网化转型的核心竞争力。本节将详细介绍微电商用人原则的相关知识。

在微电商运营团队的建设中，从吸纳贤才到管理贤才，每一步都不是容易的事。步步为营，才能有良好的基础，才能让微信电商运营团队为投资方带来更大的效益。

1. 一般性岗位要求

正直，敬业，热爱互联网，熟悉网络语言，熟悉新媒体特征及营销方式，能够承受较大工作压力，有很强的自我学习能力。

2. 用人唯才

熟悉微信运营，具有良好的网络感觉。在各类网络社区的活跃度高，微信控、微博控，熟悉互动营销工作的流程、网络推广的流程以及病毒营销等。

3. 能力重于学历

微软的人事变动极为频繁，因为微软的用人制度和招聘原则不唯学历、资历和老本，而是"谁比我更聪明"。有"硅谷常青树"美称的惠普公司在这方面是一个包容性很强的公司，它只问你能为公司做什么，而不强调你从哪里毕业。所以，能力是重于学历的。

4. 高级人才选拔内部优先

例如，运营总监最好是由在企业工作过一段时间的高管来担任，因为企业内的高管能更深刻地理解和领会公司的核心价值观。

5. 适才原则

把适当的人安排在适当的位置上是用人的最好准则。

6. 安排工作需谨慎

不要给不熟悉的人安排新的重要工作。

7. 招聘出色人才安排到重要的职位上

招聘最出色的人才并将其安排在对公司未来最重要的工作职位上。

Section 9.5　微电商团队需要具备的能力

> **本节导读**　虽然很多人逐步意识到微营销的重要性，也开始尝试进行微营销，但是还有很大一部分人不清楚怎么才能把电商团队做好。本节将详细介绍微电商团队需要具备的能力。

从电脑到手机，从淘宝开店到微电商，时代在变，营销模式也在变。用户购买商品将不用坐在电脑前，而是用手机随时随地完成购买。那么，做好微营销需要具备哪些能力呢。

1. 总结与归纳的能力

很多营销运营者只顾着埋头苦干，却忘了总结。总结与归纳就是从浩瀚的内容中总结出对自己有价值的东西，并且能够很好地将语言组织到位，同时融入自己的理念与观点。这是微信运营的第一个能力，也是考验基本功的能力。尤其是做微信公众平台，需要每天去看后台数据、看粉丝情况、看文章传播情况，总结出哪些地方做得好，哪些地方需要改善。

2. 抓住重点的能力

抓住重点即指找到平台独特的吸引点，而不是毫无规则乱做内容，也就是能够迅速、准确地在众多的微信用户以及所发布的内容当中找到自己想要的，并且能够结合时下的热点以及受众用户的兴趣事物，将其很好地用自己的话呈现在公众面前，同时还要做到精、细、美，这也是微信内容运营最重要的三大核心。

3. 积极思考的能力

一名出色的微信运营者一定是思维敏捷的，因为他们无时无刻不在思考，思考怎样让自己的内容更有价值，思考如何提高图文转化率，思考如何让更多人分

享转发，思考如何吸引更多受众用户的关注以及如何对微信进行整体策划与方针制定等。

4. 不断学习的能力

微营销时代，学习不只停留在书本上，而更应该学习的是实战经验。建议多多关注做得比较成功的微信平台，不断地去学习别人是怎么做微营销的，把学到的东西运用到自己的微信营销上。

5. 建立关系的能力

现在不再是单打独斗的时代，如果还在单枪匹马，迟早都会被抱团的人击败。微营销时代也是一个资源共享的时代，要学会去建立属于自己的人脉圈子，建立自己的资源圈子，不仅仅要建立与粉丝之间的关系，还要建立与同行或者其他微信运营者之间的关系，还有其他一些网络平台的运营者、管理者等都要去建立关系，方便以后需要。比如说找到一些优秀的平台运营者，跟他们建立关系之后，可以很好地进行平台互推；或者是与一些网络管理员成为好友，可以借用他们的资源帮助你推广平台。

6. 了解受众兴趣的能力

除了通过一些活动和调查的方式来了解受众兴趣之外，还可以利用微信平台的数据统计功能进行了解。了解受众兴趣的能力不仅可以让你快速了解你的用户，还可以从中捕捉到很多信息。比如某天发布某篇文章被疯狂转载，或者发布某些文章后阅读量大增，这些都是需要去了解背后的原因并且不断做总结的。

7. 定位与分析的能力

定位是非常重要的，关系到一个公众平台的兴衰存亡。必须定位好公众平台，才能顺畅地运作，创造出更大的价值；如果盲目地去做，运作起来会很艰难。微信运营者要有针对整个局面以及企业本身的定位特点来进行企业微信定位分析的能力，从企业本身、行业特点、当下市场、受众用户等各方面进行全方位的分析，最终完成定位。一个成功的微信平台必须要有以下十大定位：账号定位、人群定位、产品定位、营销定位、推广定位、时间定位、运营定位、竞争定位、成本定位和赢利定位。

8. 综合推广的能力

有了平台，没有推广，只是发布文章靠粉丝自然增加，那么运营几个月可能还是一天只增加几十个粉丝。应该学会改变运营策略，主动用各种方法去推广平台，再经过一两个月的推广累积，就会做到每天增加 500～2000 多人，而且都是与行业相关的精准用户来关注的。综合推广能力对于微信平台的发展来说也是非常重要的，大家千万不要忽略掉。

9. 营销策划的能力

目前大部分的微信公众平台运营者都不知道怎么去做营销，还有很多微信营销是停留在发广告的思维上面，认为发一条广告出去，有人来买单，这就是微信营销了，其实这只是表面上的了解。也有很多平台，营销一次效果还好，想要进行二次营销，那就变得不容易了，这也是微信营销遇到的一大难题。营销策划是指根据企业的营销目标，以满足消费者需求和欲望为核心，设计和规划企业产品、服务和创意、价格、渠道、促销等，从而让平台的粉丝主动来购买产品。营销最忌讳的就是发"纯广告"，即信息里只介绍产品名称、价格等，这样只会骚扰自己的粉丝。想要学好营销策划，建议多去研究苹果、小米等的营销方式，用到微信营销上也会非常有效果。

10. 差异化营销的能力

任何营销只要做出一个小小的改变都会变得更有价值，这就是大家常说的差异化营销。纸质媒体只知道某一期卖出去了多少份报纸和杂志，可是它们却不知道读者对于它们提供的内容喜不喜欢，读者对哪些内容感兴趣，对哪些内容不感兴趣。

微信中的新媒体就可以解决这些问题，拥有多少的订阅用户即表明有多少人真正会阅读自己推送的文章，通过读者的回复和主动分享就可以知道文章受欢迎的程度。

当然，要使内容更有价值，就要在内容上做到差异化，内容是死的，可是人却是活的，所以要打造一份有生命力的媒体，就需要增加互动性。运营微信中的内容时，每推送完一篇文章内容以后，都要跟读者分享自己的观点，并且针对文章中的观点让读者进行讨论，发表自己的观点，这样就快速提高了公众号的活跃度，在内容上做到了小小的差异性。

11. 整合内容的能力

每一个公众号都需要有优质的内容，这样才能吸引更多的读者关注公众号，所以可以跟那些写原创内容的作者进行合作，你帮助他们推广他的文章和公众号，他也帮助你推广公众号和文章，通过相互的内容整合，写一篇文章就拥有了10 个，甚至 100 个发布平台，这样就放大了创作内容的价值。

实施高效绩效考核

　　企业微信电商团队的人员绩效考核制度应该由运营总监来制定，老总只需要和运营总监探讨品牌规划、下一步的战略计划、年度指标、季度指标，而从月度指标开始，就该完全交给运营总监去制定，老总只需要确定运营总监实现目标之后，怎么奖励他以及他的团队。本节将详细介绍实施高效绩效考核的相关知识。

9.6.1　薪酬机制

　　微信电商不同于其他行业，其销售及业绩取决于全团队的配合、努力，所以各个岗位都应该有相应的提升激励，这与粉丝增加、会员增加都有着密切的关系。

1. 分配机制

　　制定分配机制时一般有以下几个原则。

(1)　基本提成(根据销售业绩)。

(2)　制定团队月实现目标、挑战目标，设置团队奖励措施。

(3)　奖金按照工资所占团队工资的比例发放，提成按照基本提成比例发放。

(4)　基本目标与挑战目标之间，根据超出比例额外提成10%～20%。

(5)　运营总监根据月实现目标销售业绩，提成 5%～15%(根据不同行业资深的利润空间确定)。

2. 薪酬机制

　　薪酬作为分配价值形式之一，遵循按劳分配、效率优先、兼顾公平及可持续发展的原则。

(1)　公平性原则：薪酬以提现工资的外部公平、内部公平和个人公平为导向。

(2)　竞争性原则：薪酬以提高市场竞争力和对人才的吸引力为导向。

(3)　激励性原则：薪酬以增强工资的激励性为导向，通过活性工资和奖金等激励性工资单元的设计激发员工的工作积极性。

(4)　经济性原则：薪酬水平须与公司的经济效益和承受能力保持一致。

3. 奖励机制

可以按季度、半年、年设置团队业绩达标奖励，根据不同行业、不同规模、目标完成的难易度设置奖励措施，奖励的内容可以为实物、旅游、奖金等员工需要的东西。

9.6.2　会议机制

为规范企业各项会议及各类流程，统一会议管理模式，减少会议数量，缩短会议时间，提高会议质量，必须制定一些制度。关于会议机制，本节将通过一个模板案例来进行详细说明。

公司会议管理制度

第一章　总　　则

一、目的

为加强公司会议纪律，规范议事日程，进一步提高会议的质量和效率；为进一步规范会议内容和程序，提高公司的办公质量和工作销量，建立健全决策机制，提升公司运营水平，特制定本制度。

二、原则

强调会前通知、会时签到、会中记录、会后落实四项要求。

三、适用范围

适用于公司各种例会及专题会议。

第二章　职　　责

一、归口部门

各位员工负责监督该制度的执行。

二、职责

(1) 各部门主管负责各级例会的组织及相关工作，负责部门例会及各种专题会议的监督。

(2) 行政负责各种会议的会场安排、设备准备，负责管理保存所有会议纪要原件。

(3) 公司各部门负责本部门例会及主责专题会的组织及相关工作。

三、要求

(1) 会议应根据实际工作需要召开，着眼于有效沟通、协调公司内部各方面关系，解决问题，安排部署工作。

(2) 会议应该注重质量，提高效率。会前应该做好充分准备，做到充分沟通，心中有数；对议而不决的事项提出解决的原则与方法；各类会议力求精干、高效，工作进展和安排应明确、具体、量化，杜绝空谈和形式主义。

(3) 讲求实效。会议议定的事项、布置的工作任务、提出的办法措施与会议人员要按照职责分工传达、贯彻、落实，力求取得具体成果。

(4) 严格会议纪律。应加强会议管理，做好会议安排；与会人员应认真准备、准时参会，不得缺席或指定他人代表，确因个人紧急事务需要请假的，须向会议主持人请假，同时指定专人代为参会。

具体内容安排如下。

每日晨会：确定每日工作以及各岗位之间的协调。

每日夕会：检查每日工作完成情况、粉丝情况。

每周例会：周工作分配、上周总结。

每月启动大会：确定当月的粉丝目标、会员目标、销售目标。

每月发工资大会：考核目标完成情况、激励。

半年会、年会：总结微信电商运营状况，制定下一步发展方向与目标。

Section 9.7 抓住微电商精英的心

本节导读

管理者对员工应适度而有效地进行一些奖励，这可以在最大程度上激发和保持下属工作的主动性和积极性。学会激励下属，这是领导者的一种行之有效的管理手段。本节将详细介绍如何抓住微电商精英的心。

管理者千万不要吝惜腰包中的钞票，更不要吝惜赞美和夸奖之词，要不失时机地对下属进行物质奖励和精神鼓励，使他们觉得自己的付出并没有随着汗水而付诸东流，而是有一种成就感。下面将详细介绍几条能抓住微电商精英的心的法则。

1. 充分肯定下属的出色工作

如果下属完成的工作质量非常出色，而身为管理者的你却从来不去注意，他们很快就会觉得实在没有必要如此卖力工作，毕竟这项工作完成得一般还是出色与他们的关系并不是十分密切，于是，下属们的工作质量就会慢慢地下降。

更重要的是，你的下属们会认为是你将他们的工作成果全部据为己有，你成了一个"摘桃子"者。这时，作为一个公司的管理者，就有必要也有义务让你的下属们知道你是一名有劳必酬的管理者。这是一种最好的激励方法。

2. 让下属承担富有挑战性的工作

每一个人都喜欢表现自我、超越自我，都希望在原来的基础上取得新的成就，更上一层楼。那么，你的下属也一样。对于你的下属来说，从你那里接受挑战性的工作可以使他们非常清楚地意识到自己肩上担子的分量。

正是接受挑战性工作本身的这种紧迫感和责任感而不是工作本身，使得你的下属今后得以成功。工作中的挑战性是非常重要的，它能够激发一个人的工作热情，激励你的下属在今后的工作中更加勤奋努力，从而对自己树立起坚定的自信心，获得事业的成功。这一点无论是对新下属，还是新来员工，都是如此。

3. 恢复下属的自信心

美国哈佛大学的劳伦斯教授一直将自己的研究工作专注于影响工作业绩的关键条件上，他指出，导致一个人工作业绩好坏的因素主要来自于自信。那么，下属怎样才能在工作中树立起自信心呢？

一个人的自信心的获得是在一次又一次渡过危机的过程中实现的。一个人自信心的提高，会使我们对自我的把握能力加大，这种自我把握能力是一个人对自己准确评估与预见的能力，它会在人的内心产生一种能动的力量，促使个人向完善发展。

4. 在工作中多褒少贬

一个出色的、精明的管理者，不会在一些小事上对自己的下属"横挑鼻子竖挑眼"，而是应该采取一种宽宏豁达的态度，让下属在犯了错误做了错事之后尽快地了解自己的错误而不是打击他们的自信心，给予他们时间去争取下一步的胜利。

5. 不要无谓地非难你的下属

在公司管理工作中，对于下属的失败，假如你熟视无睹，不加以斥责的话，就有可能使下属缺少警惕性，很可能还会重蹈覆辙。为了使你的下属不被同一块石头绊倒两次甚至多次，你一定要深究造成失败的原因，促使他自己进行深刻的反省，所以，斥责犯了错误或者失败了的下属是对的。

但是，斥责不意味着你就可以去非难他，斥责和非难这两者之间的区别是显而易见的。从对象的角度和心理去考察，"非难"带有明显的攻击意味，而攻击下属的失败，在结果上只能使他们产生一种逆反心理，使得批评的效果大打折扣。而你若是通情达理、体贴下属的话，你就应该斥责他，下属并不会因此而怀恨在心。因为正确地运用批评的武器也是一种激励手段。

6. 让你的下属有归属感

从管理者和组织的角度来说，一个有着主人翁意识的员工，一定是深爱着自己的工作、自己的部门、自己的公司，对组织有着巨大的献身精神的人。而从员工本身的角度来看，主人翁意识意味着他们有权对自己的工作以及与之有关的其他事情做主。主人翁精神就是一种创造性的精神，它要求人们运用自己的判断力，去解决组织所面临的困难和问题，用自己的自豪感、自信心所焕发出的巨大热情去创造一个又一个奇迹。

Section 9.8 微信营销的衡量指标

本节导读　微信营销对于广大企业来说还是个新鲜事儿，在困惑如何利用它做营销的同时，我们也困惑怎样考核它的效果，有哪些指标来考核。KPI(关键绩效指标)一直是衡量和检验营销的标准。那么，对于微信营销来说，应该包括哪些 KPI 呢？本节将详细介绍微信营销的衡量指标的相关知识。

企业开始做微信营销，或者说企业将微信营销作为企业日常推广来做，想得到好的结果，了解微信营销的 KPI 是必不可少的。

1. 微信内容营销衡量指标

微信内容营销的衡量指标主要可以从以下 5 个方面入手。

(1) 独立访问量(PV)：这是最典型的衡量指标，能够明确表示出在特定的时间内(通常为 cookie 保存的周期，即 30 天)有多少个体用户浏览了你的内容。这个 KPI 指标提供了一个良好的基线，可以用来对比不同类型的内容及其发展趋势。

(2) 地域分布：可以按地域对阅读的用户进行分析，从而制定更好的营销策略。

(3) 图文浏览量：这能够表明读者的参与度，浏览量高通常意味着他们会经常定期访问你的内容。此外，对于你的内容来说，这也是一个很好的衡量方式，能够帮助你了解到内容所获得的传播效果。比如，读者是否在阅读了一页后便放弃了阅读，或者根本没有看。这一类问题的答案能够帮助你明确该如何针对读者的喜好优化今后发布的内容。

(4) 读者评论：在这个社交媒体的时代，你发布的几乎所有内容都将成为双向沟通的话题。评论越多，就代表话题针对性越强。企业可以针对评论进行话题策划。

(5) 社交分享：想让自己的内容吸引到更多人的眼球，最有效的方式就是人们在社交网络中进行的内容分享。即便是得到为数不多的社交分享，内容的传播范围就能够以不可思议的速度迅速传播开来。

内容营销的终极目标就是扩大品牌的传播范围，增加企业的经营利润。因此，衡量成功的最终指标通常就是内容营销策略所获得的潜在消费者数量。然而，在追求潜在消费者或销售额的过程中，不要忽视这些 KPI 指标，倘若如此，你就能够从内容传播中获得更多的成果。

2. 微信服务衡量指标

微信服务可以从留住你的粉丝、提高粉丝的满意度等方面来进行衡量。比如，服务号是否提供了 400 或 800 全国免费电话、在线留言与产品评论、网站帮助、配送范围与物流费用、支付方式多样化、退换货标准等服务。客户遇到的问题是否及时得到解决、客户的满意度是衡量微信服务的主要 KPI 指标。

3. 微信信息到达率衡量指标

我们知道微信的到达率是 100%，企业信息可以强曝光。但是这里的到达率是指你发出去之后有多少人点开看了。信息到达率是指企业发布的信息内容对接收对象的信息需求的有用程度和影响能力。这个定义涵盖了以下内容：①有用性，信息内容有较高的使用价值；②实用性，信息内容对改变观众的学习、生活、工作和事业发展有实实在在的帮助；③权威性，信息内容真实可信，准确无

误，对社会和公众极为重要；④公信力，信息内容对社会和公众具有重大影响；⑤持久性，信息内容在观众记忆中留存的时间长，并具有能引发联想的空间；⑥覆盖面，信息内容在传播区间内有效的接收数量。

信息到达率应该从粉丝需求、关注度、受众满意度和有效转发等参考指标和要素出发，主要根据粉丝的需求整合信息资源，实现信息传播的时效性和有效性、实用性和共享性，提升信息质量，对粉丝产生较强的吸引力、影响力和说服力。

(1) 需求性。

具体来说，企业微信应该从 6 个方面考虑粉丝对信息的接受程度：需要什么，想看到什么内容，知道了什么，相信了什么，思考了什么，结论是什么。一定要知道"对谁传""传什么""怎么传"，把这个作为信息取舍和发布的标准，从而构成信息互动，为信息到达率奠定基础。

(2) 关注度。

引发粉丝的关注与浓厚兴趣，是实现信息到达率的重要手段。企业微信所发的信息越有用、越实用，粉丝的关注度就会越高，关注面就会越广。因为，有用、实用、共享是关注度的重要考核标准。

有用性是指信息的普遍性和重要性。信息的有用程度越高，接收者越重视，信息也就越有传播价值。比如，和人们生活相关的价格信息和供求信息等是公众倍加关注的信息。

实用性是指信息的及时性、重要性和可靠性，最重要的是解决问题的客观存在性。比如，对人们的日常生活、学习、工作等有实实在在帮助的内容。

共享性是指信息能够满足大众的生理、心理、欣赏、休闲等的需要。共享性信息一般指文化娱乐和知识类资讯，可以简单地理解为精神消费类信息。

(3) 满意度。

满意度作为信息到达率的重要指标，主要反映信息在传播过程中是否满足了粉丝的急需。一是提供粉丝急需的，能够帮助解决问题的信息；二是提供有利于提高其业务水平的相关信息。

对微信信息到达率的调查主要应涉及：微信信息投放后，有多少实际到达目标受众；实际到达目标受众的微信信息中，有多少是有效到达的；微信信息实际投放数量与实际达到、有效到达数量的对比数据。

4. 微信阅读率衡量指标

阅读量的下降已暴露出微信内容不理想的端倪。在"快速、快感、快扔"的消费时尚的引导下，以快餐式、跳跃性、碎片化为特征的"浅阅读"正成为阅读的新趋势。读图代替读文，读屏代替读书，读博客代替读经典，读故事代替读思想已成为常态。因此，微信阅读量衡量指标主要从阅读的娱乐化和实用性入手，主要衡量指标有三个。一是内容的可读性，只有内容具有可读性，才能吸引更多的读者；二是内容的贴近性、鲜活性、趣味性和服务性。如果内容可以成为粉丝的信息超市、生活帮手和精神伴侣，达到与粉丝心心相印、水乳交融的理想境界，就能赢得读者的认可和赞誉。三是有用性，要推送有用的内容。

5. 转化率衡量指标

转化率是企业微信能否盈利的核心，是衡量企业微信综合运营实力的重要指标。企业微信转化率是指在微信粉丝当中，有多少比例的人发生过对企业微信有利的动作行为。有利的动作行为包括购买交易行为、收藏微信、对微信进行二次访问、咨询企业微信和宣传微信等。

考核企业微信转化率的因素有品牌、用户体验、商品吸引力、客户服务、顾客行为等因素，这里重点讲下商品吸引力因素。企业微信需要有好的商品、好的客户服务，更需要吸引客户眼球。商品吸引力从以下几个方面去考虑：商品质量、商品特色、价格优势、商品图片与描述、折扣促销团购积分活动。微信营销特色商品(品牌特色和品质特色)有助于企业微信转化率的提升，比如销售其他平台没有的产品，选择竞争对手少的行业去做，垂直化、细分化，做出有品质特色的产品。另外就是价格。价格是直接影响到企业微信是否盈利的关键所在，也是企业与竞争对手展开竞争的重要手段之一。根据自身优势给产品选择合适的定价策略，让自己的商品在价格上有优势，有助于促进销售、提升企业微信的转化率。

Section 9.9 微信营销的考核标准及计算方法

本节导读

营销的本质是传播，而既然是传播，就必须有一个核算 KPI 标准。如果公众账号没有形成传播或是传播的力度不够，那么无论想借助它实现怎样的营销目的都很难达成。本节将详细介绍微信营销的考核标准及计算方法等相关知识。

微信营销要遵循服务、互动的原则，进而为客户创造价值、诱发分享，从而达到营销的目的，并借助于微信提供的手段进行客户锁定、拓展、维系、服务、

从而不断地增加客户、产生交易、形成利润，达到营销的最终结果。

微信营销一定要本着互动、服务、为客户创造价值的原则来进行。因此，我们要根据这个原则来设定考评公众账号运营的 KPI，从而观察和分析营销的效果。建议采用的 KPI 如下。

1. 粉丝数

微信公众账号的粉丝超级精准，且来之不易。粉丝数是第一指标，这决定了传播的直接效果。

粉丝数(累计关注人数)=原有关注人数+净加关注人数(=新关注人数-取消关注人数)

2. 流失率

微信公众账号不能主动添加好友，而公众账号的好友却可以随时关闭与你的互动，这种掉粉的状况称为流失率。营销理论认为，吸引 1 个新客户的成本是留住 1 个老客户的 15 倍，精准客户流失 1 个都是极大损失，所以考评微信运营的重要指标是看流失率，绝不能因为好友增长大于流失而忽略对流失好友的关注。

3. 传播率

理论上微信传播的到达率为 100%，但是要实现传播效果的放大，需要打破第一个闭环。通过定位精准的内容可以诱发破环传播，发生不亚于微博的开放传播，但这一点极难实现。所以微信的传播率更难实现，一旦实现，回报便会呈指数级增长。

4. 转化率

从在线的关注到线下的消费，或是从线上的关注到线上的消费，每一次好友到客户的转化，以及好友转化的比例，都是最终考评营销效果的关键。这是营销的终极目的，必须关注。

5. 好评率、分享率、反馈率

这几个指标也可以作为参照，针对公众账号实际营销行业、内容的区别，选择适合的 KPI 指标，用以评估营销行为是否有效。

巧用微信数据统计

本节导读　微信公众平台的数据统计功能，共包括用户分析、图文分析、消息分析和开发支持 4 个模块，这让企业可以轻松掌握微信的实际运营情况，并可以监控微信运营效果，可谓一举两得。本节将详细介绍巧用微信数据统计的相关知识。

下面将详细介绍微信公众平台数据统计功能包括的 4 个模块。

1. 用户分析

管理者可以在这个模块中了解到账号的用户增长情况及用户属性。用户增长关键指标包括新增人数、取消关注人数、净增人数、累计人数等，以相应的曲线图和数据表来显示数量发展趋势，如图 9-3 所示。

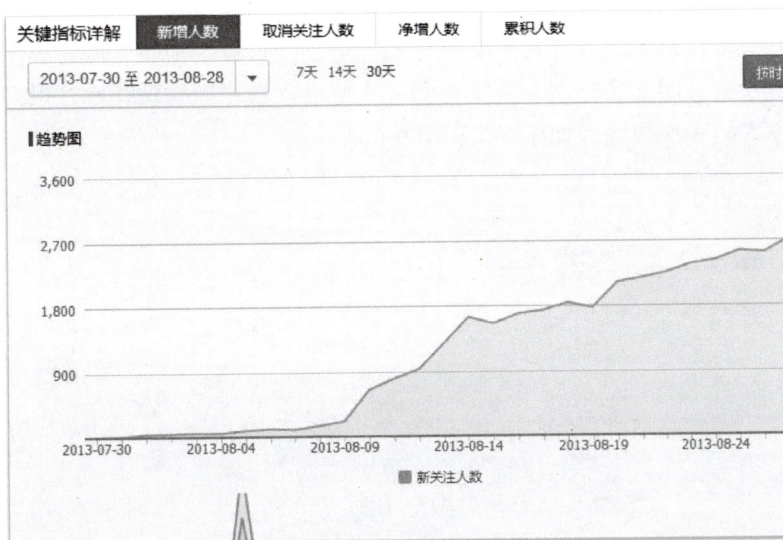

图 9-3

在用户属性中，可以看到用户的性别、语言、省份分布数量以及各自所占的比例，如图 9-4 所示。

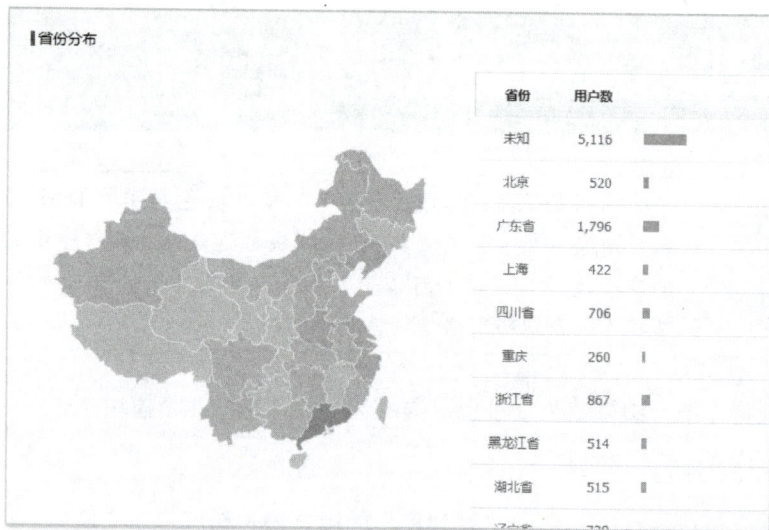

图 9-4

2. 图文分析

图文分析包括图文群发和图文统计两部分。在这里管理者可以看到图文页阅读人数、次数、图文转化率，原文页阅读人数、次数、原文转化率，以及文章的分享转发人数和次数等，如图 9-5 和图 9-6 所示。

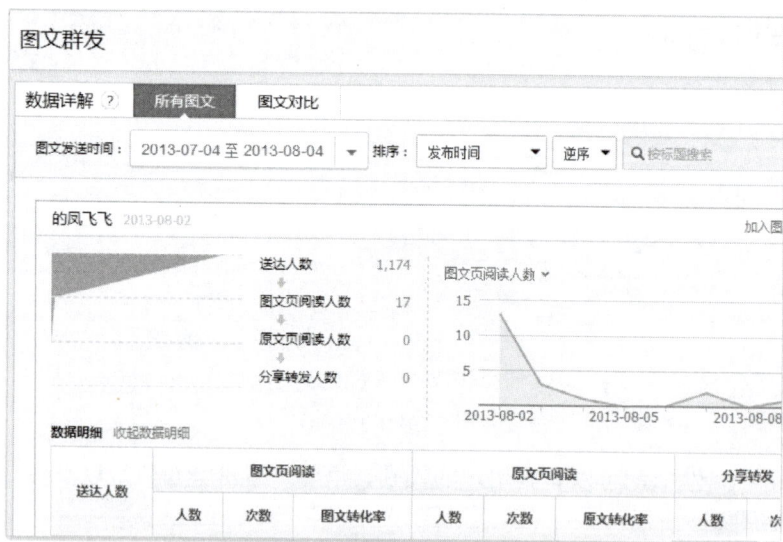

图 9-5

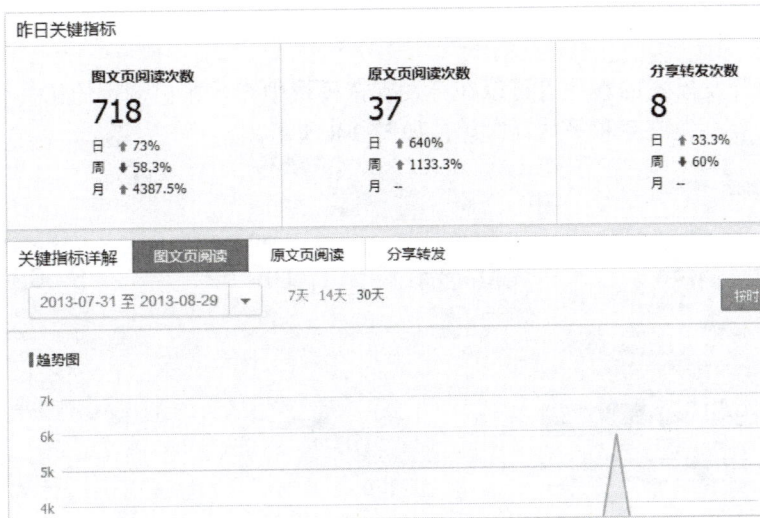

图 9-6

此外，后台也提供了按照图文页阅读人数、分享转发人数进行排序的功能，相应的时间段内，哪些文章最受欢迎一目了然。

3. 消息分析

在消息分析模块中可以查看用户向公共账号发送的消息统计，可以帮助管理者了解读者与账号的互动情况，如图 9-7 所示。

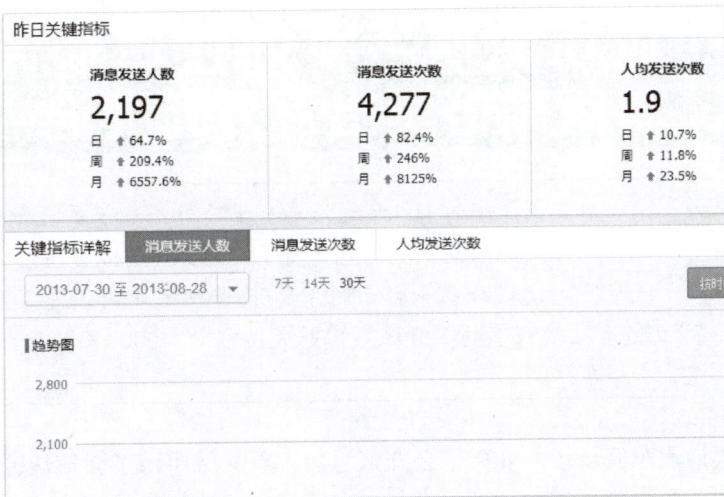

图 9-7

4. 开发支持

使用开发模式的管理者可以在开发支持模块中查看接口调用的相关统计，比如调用次数、失败率和平均耗时等，如图 9-8 所示。

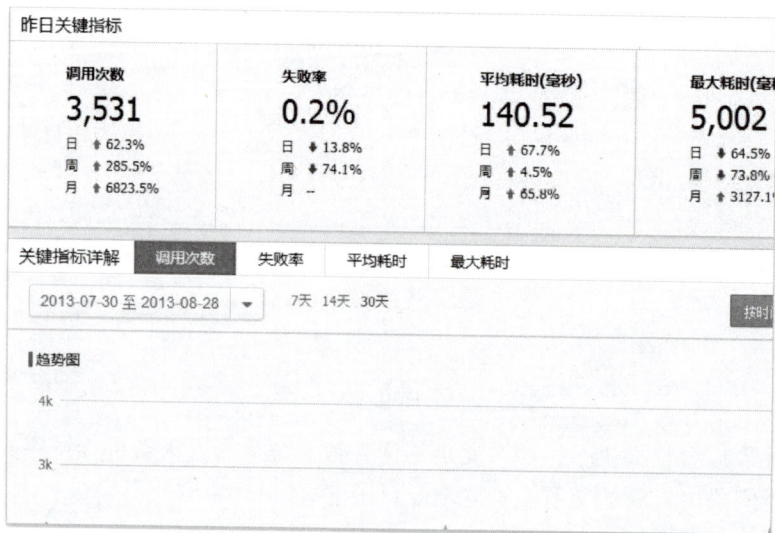

图 9-8

另外，需要注意的是，数据统计均从 2013 年 7 月 1 日起，每日数据会在第二天上午进行更新。

Section 9.11 成功案例——浙江奥通汽车用微信卖出百万元奥迪

本节导读

　　本案例介绍的浙江奥通汽车有限公司，在很多同行还不知道微信是什么的时候，就抢先开通了企业微信公众账号"浙江奥通汽车"，通过公众平台上的互动(比如回复实时消息、活动策划等)来延续线下的尊贵服务，并成功绑定 4000 多粉丝，多卖 20 多辆车。

　　浙江奥通汽车开通了企业微信公众账号后，首先就申请了微信认证，单单此举就能在微信公众账号搜索列表中有了展示给客户关注的位置，公众账号认证之后被推荐的概率大于非认证账号。他们坚持不乱撒网、盲目追求粉丝数量，只让已有和潜在客户知道并关注公众账号的营销理念。公众平台每天群发一张精心设计的尺寸为 700 像素×300 像素的头图，加文章的摘要提炼。图文相结合在整体上保证诉求表达清晰，外加开发基于微信接口的手机版网站用以丰富内容，从这些细节上可以看出奥通对订阅用户负责的态度。

不服不行！用微信卖出百万元奥迪

家住杭州城西的王先生，两个月前从浙江奥通买了辆全新奥迪 A6L。与别人不同的是，他是通过微信公众平台了解到车型信息和优惠情况的。要知道，王先生只是浙江奥通 4000 多位微信粉丝中的一员。

自 2012 年 10 月上线以来，几个月内，奥通通过微信平台，直接或间接地已经售出 20 多辆车。除了直接营销，平时浙江奥通召集客户活动，大多数人也是通过微信报名的。

据奥通市场总监沈晓娜说，每次召集活动，来自微信平台的反响总是最热烈的。几个月内，已有 500 余人次通过这个平台参与到奥通组织的大小活动当中来，这个数字大大超过来自其他平台的参与人数。通过这个平台预约保养时间、咨询新车优惠的粉丝也在逐渐上升。

"浙江奥通汽车"官方微信营销揭秘

(1)　从管理层开始重视新媒体或营销。

可以说浙江奥通是全行业最早开通微信公众号的 4S 店，据该公司微信运营负责人小栗介绍，公司从老总开始就非常重视利用新媒体，并且特别重视微信，这让小栗有了充分的积极性去学习钻研新媒体营销，最终让奥通抢占了汽车 4S 微信营销第一的位置，率先拿下汽车爱好者这批订阅用户的心智。"浙江奥通汽车"官方微信公众号界面如图 9-9～图 9-12 所示。

(2)　抢先认证，让用户直接搜索到你。

对于浙江奥通来说，他们在第一时间就抢先认证了微信公众账号，因为这样就可以在微信这个平台上与更多的粉丝、车主进行交流，然后利用微信平台实现点对点的沟通和交流，实现服务的产品化，形成一个移动领域的生态系统，除此之外，也更容易让用户直接搜索到它。

(3)　开发基于微信接口的微信网站。

为了使微信公众平台的展示内容更加丰富直观、用户体验更加良好，奥通在全行业率先尝试微信网站，并获得了空前的成功。在微信网站中还能用视频展示企业形象及活动，这一点奥通做得相当好，每个客户活动都会有视频支持，让潜在客户充分了解奥通的企业文化和客户服务。同时，奥通的微信网站上还实现了

一键电话拨号和一键 GPS 导航，可以让客户非常方便地进行联系。

图 9-9

图 9-10

图 9-11

图 9-12

（4）在微信上策划活动，把自己的品牌糅合进去。

借助品牌的优势，效果会提升一个档次。奥通策划的 R8 ADE 赛道培训和送原厂 Q7 车模的活动，搭上了不少国际知名汽车品牌的便车，又跟自己的服务紧密对接。通常来说，一般的汽车 4S 店都可以利用汽车品牌进行背书，以此来弥补自身品牌知名度的不足。奥通的另外一个过人之处在于，活动奖品的设置上非常有吸引力，通常是竞争对手很难模仿的。不像现在微博上送 iPad、送 iPhone，奥通的活动奖品采用奥迪系统小部件，市场上买不到而且竞争对手很难模仿，这样既可以突出品牌个性，又能保证一定的关注度。

（5）用好公众平台：给客户别样感觉。

公众平台每天群发的图文中尺寸为 700 像素×300 像素的头图都要经过精心设计，更不必说文章的摘要提炼。内容上做得用心，传递给客户的感觉就会不一样，这种内容上的体验就能促使客户主动去体验线下的服务。说白了，微信就是提供一对一的对话场所，内容上的感觉就会给客户形成一个"首因效应"。他们不盲目过分地追求粉丝数量，以"服务"和"有用"打动粉丝和潜在客户。奥通的做法是，奥通展示、二手车展厅、机场 VIP 馆的微信平台都有专人维护，在召集互动活动的同时，精选奥迪客户关心的旅游、养生等服务性强的内容，尽量不让粉丝产生"被骚扰"的感觉。

（6）微网站：汽车官网的移动版。

最后要提到的是他们利用 HTML5 的代码做成了自己的模板，其实就是汽车官网的移动版，微信微网站。用户可以很方便地通过微信来了解他们的各个频道，效果很好。